主 编 宋 艳（Maggie）

I can speak Chinese

我能说中国话

3

编者 雷若琳（Sophie）
万 黎（Sunny）
温晓宁（Sophy）
翻译 黄 烨（Kitty）

上海交通大學出版社
SHANGHAI JIAO TONG UNIVERSITY PRESS

内容提要

本系列教材是一套针对零起点的成年汉语学习者编写的汉语教程，共三册，每册三个级别，每个级别十八课。本系列教材按照《国际汉语教学通用课程大纲》的要求，打破传统教材格局，以生词讲解为切入点，将词语使用技巧公式化，并配以大量例句，使入门阶段的汉语学习更易懂、易掌握。除纸质教材外，本教材配有相应的数字化辅助教学资源供学习者使用，配合使用可有效提高学习效果。

图书在版编目(CIP)数据

我能说，中国话.3/宋艳主编.—上海：上海交通大学出版社，2016
ISBN 978-7-313-16265-6

Ⅰ.①我… Ⅱ.①宋… Ⅲ.①汉语—对外汉语教学—教材 Ⅳ.①H195.4

中国版本图书馆CIP数据核字(2016)第308845号

我能说，中国话3

主　　编：宋　艳
出版发行：上海交通大学出版社　　地　　址：上海市番禺路951号
邮政编码：200030　　电　　话：021-64071208
出 版 人：郑益慧
印　　制：常熟市文化印刷有限公司　　经　　销：全国新华书店
开　　本：710 mm×1000 mm　1/16　　印　　张：28.75
字　　数：420千字
版　　次：2016年12月第1版　　印　　次：2016年12月第1次印刷
书　　号：ISBN 978-7-313-16265-6/H
定　　价：128.00元

随着中国经济的蓬勃发展及中国国际地位的提升，汉语学习已不仅仅是个人的兴趣爱好，而越来越成为重要的工具语言。

如今的汉语学习者大抵可分为两大类：一类为来华脱产学习的学院派留学生；另一类则为因工作或生活需要而学习的实用派学习者。

市面上传统汉语教材或以留学生活为背景，或以日常生活场景为划分，或局限于地域性语言特色，或过多灌输专业语法知识，教材形式也多为冗长的课文配以大篇幅的生词表。此类教材已越来越无法满足广大学习者的学习需求。

本教材作者团队凭借十年以上的一线教学经验，打破传统教材格局，标新立异，扬长避短，以简洁、精练、通俗易懂的英语作为媒介语言进行解释说明，以生词讲解为切入点，将词语使用技巧公式化，再配以大量例句，使入门阶段的汉语学习更加易理解、易吸收、易掌握。

以“a little bit”为例，在汉语中可译为“有点儿”或“一点儿”，但用法却大不相同。本书未对其语法特点做过多讲解，仅用两个公式比较说明其相同点与不同点，即“有点儿 + adj.”和“adj. + 一点儿”。“有点儿 + adj.”用于不太满意时；“adj. + 一点儿”则用于比较。例如：“这个房间有点(儿)小，有大一点(儿)的吗?”这种讲解轻理论、重实用，言简意赅，相信能帮助学习者更加有效地分辨和记忆。

本教材的编写团队成员，皆为具有十年以上一线教学经验的对外汉语教师，他们直接了解学习者在学习中经常遇到的问题及学习需求，并以有效解决问题和满足实际需求作为编写宗旨。他们面对传统汉语教材越来越无法满足广大学习者学习需求的局面，勇于创新，探索新模式，历经一年半时间创作了本系列教材。

本教材为全英文教材，为本书担任翻译的是旅美多年的黄烨女士。黄女士多年的对外汉语教学经历最大程度地保证了媒介语言精准适用。

本套系列教材属于初级教程，共分九个级别，共三册，每册三个级别，每个级别 18 课，每册 54 课，内容由易到难，循序渐进，有助于稳步提高学习者的汉语水平。课文标题以 E508 为例，E 意为 Elementary（初级），5 为级别标号，08 为课文标号。

本教材的生词皆选取自 HSK 汉语水平考试大纲，并加以适当引申，初级教材三册书生词量共 1 020 个，可达到 HSK 考试三级水平。

本教材不仅可以作为汉语学习者的学习用书，也可作为汉语教学者的培训用书，因书中所选生词皆为教师日常教学中遇到的问题，本教材对这些问题给予了充分的解释和说明。

最后，向对本教材的出版给予过无私帮助的各界朋友表示感谢。衷心希望本套教材能够对大家学好汉语有所帮助。限于能力，不足之处请大家批评指正。

宋　艳

2016 年 8 月

With the vigorous development of economy and the rise of international status of China, learning Chinese is no longer just a personal interest, but becomes an increasingly important tool language.

Nowadays, Chinese learners probably can be roughly divided into two groups: full-time students and the learners to meet the needs of communication in daily life and work.

Traditional Chinese teaching materials, usually set in the scenes of overseas study or daily life, only focused on the regional language features, with too much professional grammars and lengthy texts and new words. Such teaching materials have been unable to meet the requirements of the majority of learners.

The author team of this series of textbooks, with nearly 20 years of teaching experience, aims to make the Chinese learning easy and simple to grasp by breaking the traditional teaching patterns, explaining the new words in brief and concise English and formulizing the usage of the words with great examples.

Illustrate the phrase "a little bit" as an example. It can be translated as "a little" in Chinese but it differs a lot in usage. We can explain the similarities and differences by comparing two formulas "a little bit +adj." and "adj. + a little bit". "A little bit + adj." is to show one is less satisfied; "adj. + a little bit" is used to compare. For example, "This room is a little bit small, do you have a bigger one?" This method gives much more attention to the practice rather than the theory, and it can help learners distinguish and memorize the new words more efficiently.

The compiling team consists of the Chinese teachers with a decade of teaching experiences. The profound knowledge of the problems students often encountered in the daily study makes the compiling more practical and efficient. To meet the market's large appetite for the qualified Chinese teaching textbooks, all the compiling team members strive for the new modes, creating this series of textbooks in one year and a half.

This series of textbooks, written in English, is translated by Ms. Huang Ye who has lived overseas for years. Her years' experience in teaching Chinese as a foreign language guarantees the accuracy of the media language to the greatest extent.

This series of textbooks, divided into nine levels, a total of three books, each book including three levels, each level 18 classes, one book 54 classes, can help the students improve their English step by step. For example, the title E 508, E represents "elementary", 5 "the grade label", and 08 "the text label".

New words in this series of textbooks are stem from the HSK test syllables with some extensions. The amount of the new words is 1,020, reaching HSK Level 3.

This series of textbooks cannot only be used as textbooks, but also as teachers' books. We give a detailed account of the new words in this series of textbooks.

Finally, the author would like to extend her sincere gratitude and acknowledgement to her friends for their dedicated help and wish this series of the textbooks could be of help to all the Chinese learners. If there exist any inadequacies, the author welcomes all the suggestions and advice.

Maggie（宋艳）

目录 Contents

七　级

八　级

九 级

七级

Please Do Me a Favor

Welcome to Elementary Level Seven, Lesson One of our ***ChineseAny*** podcast series teaching Mandarin Chinese. Today we will learn three new words: one modal verb and two verbs. Let's see them now.

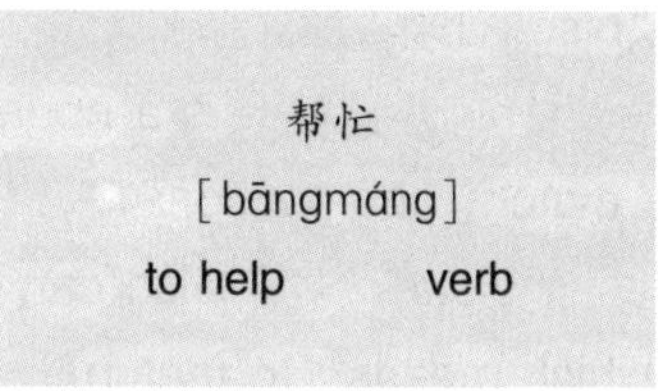

The 1st vocabulary is "*bāngmáng 帮忙*".

"*bāngmáng 帮忙*" means "to help", "*bāng 帮*" is a verb, means "to help"; "*máng 忙*", before we learned the meaning is "busy", but in this verb, "*máng 忙*" is a noun, which means "favor". "*bāngmáng 帮忙*" means "do somebody a favor". You may put somebody between "*bāng 帮*" and "*máng 忙*".

For example:

- 帮我的忙 [bāng wǒ de máng]
  do me a favor
- 帮他的忙 [bāng tā de máng]
  do him a favor
- 帮谁的忙? [bāng shuí de máng]
  do whose a favor? (to help whom)

Also you may add a measure word or adjective between "*bāng* 帮" and "*máng* 忙" to indicate what kind of favor to do.

For example：

- 你帮了我一个大忙。[Nǐ bāng le wǒ yí gè dà máng]
  You did me a big favor.
- 我可以帮你什么忙？[Wǒ kěyǐ bāng nǐ shénme máng]
  What can I help you?
- 请帮我一个忙。[Qǐng bāng wǒ yí gè máng]
  Please do me a favor.

OK, let's see the 2nd vocabulary, "*bǐsài* 比赛".

比赛
[bǐsài]

match	noun
to match	verb

"*bǐsài* 比赛" is a noun, which means "match, competition".

"*bǐsài* 比赛" also can be a verb, which means "to match".

So, "Watch a match" in Chinese is "*kàn bǐsài* 看比赛". You may add the name of the match before it.

For example：

- 网球比赛 [wǎngqiú bǐsài]
  tennis match
- 乒乓球比赛 [pīngpāngqiú bǐsài]
  table tennis match

Let's see some sentences：

- 你喜欢看什么比赛？[Nǐ xǐhuan kàn shénme bǐsài]
  What match do you like to watch?

- 今天晚上有比赛,你和我一起去吗?
  [Jīntiān wǎnshang yǒu bǐsài, nǐ hé wǒ yìqǐ qù ma]
  There is a match tonight, will you come with me?
- 这个比赛很有意思。[Zhè ge bǐsài hěn yǒuyìsi]
  This match is quite interesting.
- 明天我和他比赛。[Míngtiān wǒ hé tā bǐsài]
  I will match with him tomorrow.
- 你们后天什么时候比赛? [Nǐmen hòutiān shénme shíhou bǐsài]
  When will you match the day after tomorrow?

OK, the 3rd vocabulary is "*jiéhūn 结婚*". "*jiéhūn 结婚*" is a verb, which means "to get married". "*jié 结*" is a verb, which means "to get". "*hūn 婚*" is a noun, which means "marriage".

结婚
[jiéhūn]
to get married   verb

We normally use the format "*A hé B jiéhūn A 和B 结婚*", A get married to B.

A 和 B 结婚
[A hé B jiéhūn]
A get married to B

For example:

- 我觉得我的朋友可能十月结婚。
  [Wǒ juéde wǒ de péngyou kěnéng shí yuè jiéhūn]
  I think my friend will get married in October.
- 你们想什么时候结婚? [Nǐmen xiǎng shénme shíhou jiéhūn]
  When would you like to get married?
- 她三年前和我结婚了。[Tā sān nián qián hé wǒ jiéhūn le]
  She married me three years ago.
- 我下个星期和他结婚。[Wǒ xià gè xīngqī hé tā jiéhūn]
  I will marry him next week.

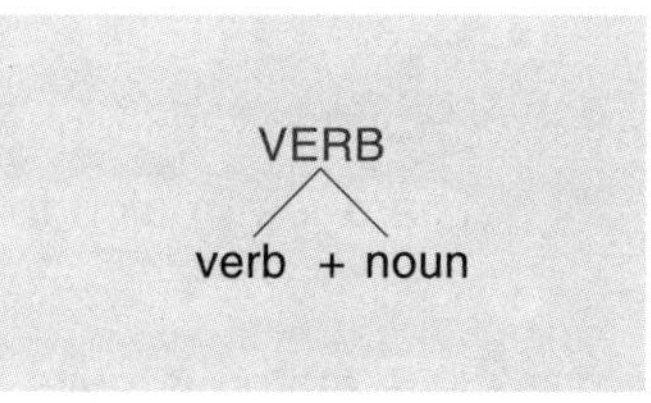

Great, let's learn the last thing.

In our formal lessons, we learned one kind of verb, which is composed of one verb and one noun, we call it "separable verb" in English. When you need to describe the noun, you may put all kinds of attributive words between the verb and the noun, such as the measure words, the adjectives, the time words and so on.

Let's see some examples:

- 我们去游一会儿泳吧。[Wǒmen qù yóu yíhuìr yǒng ba]
  Let's go to swim for a while.
  "*yóuyǒng 游泳*" is a verb, which is composed of a verb and a noun, if you want to say "swim for a while", you may put the time word between them.
- 我每天上汉语课。[Wǒ měitiān shàng Hànyǔ kè]
  I have Chinese lesson everyday.
  "have a lesson" in Chinese is "*shàng kè 上课*", if you want to explain the type of the lesson, you need to put it between them.
- 我们见过几次面。[Wǒmen jiàn guo jǐ cì miàn]
  We have met several times.
  "*jiànmiàn 见面*" means "to meet", "*jiàn 见*" is a verb, which means "to see"; "*miàn 面*" is a noun, which means "face". "to meet" also means "to see sb.'s face", so if you want to explain who you meet or how long your meeting lasts, you need to put those information between "*jiàn 见*" and "*miàn 面*".

Great, let's make some examples to practice what we have learned today.

- 你可以帮我一个忙吗？
  [Nǐ kěyǐ bāng wǒ yí gè máng ma]
  Could you do me a favor?
- 那个男的结了三次婚。
  [Nà ge nánde jié le sān cì hūn]
  That man got married for three times.

- 昨晚我睡了两个小时觉。
  [Zuówǎn wǒ shuì le liǎng gè xiǎoshí jiào]
  I slept for two hours last night.
- 你喜欢唱什么歌？
  [Nǐ xǐhuan chàng shénme gē]
  What song do you like to sing?

- 朱迪和迈克尔上个月结婚了。
  [Zhūdí hé Màikèěr shàng ge yuè jiéhūn le]
  Judy got married to Michael last month.
- 周末我要去看足球比赛。
  [Zhōumò wǒ yào qù kàn zúqiú bǐsài]
  I want to watch football match on weekend.

● 搬家的时候，他们帮了我很大的忙。
[Bānjiā de shíhou, tāmen bāng le wǒ hěn dà de máng]
They did me a big favor when we moved.

Great, so that wraps up today's lesson. Hope you have learned something there. Download our app to access our Chinese lessons, remember you can learn Chinese anywhere, anytime with ***ChineseAny***.

Word List

Main Vocabulary		
帮忙[bāngmáng] to help	比赛[bǐsài] match/to match	结婚[jiéhūn] to get married

Notes

Separable verb → verb + noun

verb + descriptive word + noun

E. g. ① 他们在一起吃了三次饭。[Tāmen zài yìqǐ chī le sān cì fàn]
They had dinner together three times.

② 我们今天游了一个小时泳。
[Wǒmen jīntiān yóu le yí gè xiǎoshí yǒng]
We swam for one hour today.

③ 他们比了两次赛。[Tāmen bǐ le liǎng cì sài]

They matched twice.

④ 请帮我一个忙,好吗? [Qǐng bāng wǒ yí gè máng, hǎo ma]
Could you do me a favor please?

Quiz

I. Pronunciation.

1. Please choose the initials or finals you heard.

	A.	B.
1)	bǐsài	pǐchái
2)	bāngmáng	bēnmáng
3)	dàsài	dàgài
4)	jiéhūn	jiéhuò
5)	bǐjiào	bǐdiào
6)	bāngzhù	bǎngzhù

2. Please choose the Pinyin you heard.

	A.	B.
1)	bǐ le sān cì	bǐ le sān jì
2)	jiéhūn shínián	jiéhūn sìnián
3)	jiéguǒ zěnme yàng	jiégòu zěnme yàng
4)	bāng wǒ dà máng	bāng wǒ bà máng
5)	jiànmiàn zài shuō	jiànmiàn cái shuō
6)	liǎng gè xiǎoshí	liǎng gè jiàoshì

II. Form sentences.

1.

tīngshuō	yí	guo	tā	jié	cì	hūn
1	2	3	4	5	6	7

____

2.

shíjiān	bāng	duìbuqǐ	máng	wǒ	méi	nǐ
1	2	3	4	5	6	7

____

3. bǐsài (1) ma (2) míngtiān (3) kàn (4) nǐ (5) qù (6)

____

4. hé (1) xǐhuan (2) pǎobù (3) yīnyuè (4) tīng (5) wǒ (6)

____

5. xǐzǎo (1) xiànzài (2) tā (3) kěyǐ (4) zìjǐ (5)

____

6. máfan (1) zài (2) hěn (3) jiéhūn (4) Zhōngguó (5)

____

III. Please translate the following sentences into Chinese.

1. How many hours did you sleep yesterday?

____

2. You did me a big favor.

____

3. I think that match is very important.

____

4. How long can you swim?

____

5. There is a tennis match next week.

____

6. Please tell me when you got married.

____

Brush Your Teeth

Welcome to Elementary Level Seven, Lesson Two of ***ChineseAny*** podcast series teaching Mandarin Chinese. Today we will learn three verbs. Let's see them now.

生气
[shēngqì]
to get angry verb

The 1st vocabulary is "*shēngqì* 生气". "*shēngqì* 生气" means "to get angry". "*shēng* 生" is a verb, which means "to be born, to get". "*qì* 气" is a noun, which means "air, energy". The air or the energy is released from the stomach, in Chinese we say "*shēngqì* 生气".

For example:

- 我真的非常生气。[Wǒ zhēnde fēicháng shēngqì]
  I am really very angry.
- 他常常迟到，我很生气。
  [Tā chángcháng chídào, wǒ hěn shēngqì]
  He often gets late, so I am very angry.

"*shēngqì* 生气" is also a separable verb, so if you say "get angry with somebody", in Chinese you may say "*A hé B shēngqì, A 和B 生气*" Or "*A shēng B de qì, A 生B 的气*"

A 和 B 生气 [A hé B shēngqì] A get angry with B	A 生 B 的气 [A shēng B de qì] A get angry with B

For example：

- 她生我的气了。[Tā shēng wǒ de qì le] or
  她和我生气了。[Tā hé wǒ shēngqì le]
  She got angry with me.
- 我生我男朋友的气了。[Wǒ shēng wǒ nán péngyou de qì le] or
  我和我男朋友生气了。[Wǒ hé wǒ nán péngyou shēngqì le]
  I got angry with my boyfriend.
- 我昨天生了一天的气。[Wǒ zuótiān shēng le yì tiān de qì]
  I got angry for a whole day yesterday.

OK, let's see the 2nd vocabulary, "*shuā yá 刷牙*".

"*shuā yá 刷牙*" means "to brush teeth". "*shuā 刷*" is a verb, which means "to brush"; "*yá 牙*" is a noun, which means "teeth".

刷牙 [shuā yá] to brush teeth verb

For example：

- 我们应该每天早上和晚上都刷牙。
  [Wǒmen yīnggāi měitiān zǎoshang hé wǎnshang dōu shuā yá]
  We should brush teeth every morning and evening.
- 他昨晚没刷牙。[Tā zuówǎn méi shuā yá]
  He didn't brush his teeth last night.

"*shuā 刷*" means "to brush", you may put other objects after it.

Like "*shuā wǎn 刷碗*", to brush the bowls; "*shuā chē 刷车*", to clean the car.

The difference between "*shuā 刷*" and "*xǐ 洗*" is, "*shuā 刷*" means "to wash by brush"; "*xǐ 洗*" means "to wash by hands or washing machine".

刷[shuā] to brush

洗[xǐ] to wash

And "*shuā 刷*" can also be used as a noun, means "brush (a tool)". So "teeth brush" in Chinese is "*yáshuā 牙刷*" You have to pay more attention to the difference between "*shuā yá 刷牙*" and "*yáshuā 牙刷*", The former is a verb, and the latter is a noun.

刷牙[shuā yá]
to brush teeth

牙刷[yáshuā]
teeth brush

Let's see some sentences:

- 刷牙以后,我的牙舒服多了。
  [Shuā yá yǐhòu, wǒ de yá shūfu duō le]
  After brushed, my teeth get more comfortable.
- 孩子每天吃饭以后,自己刷碗。
  [Háizi měitiān chī fàn yǐhòu, zìjǐ shuā wǎn]
  After the meal, the kid brushes bowls by himself.
- 你的车已经刷干净了。[Nǐ de chē yǐjīng shuā gānjìng le]
  Your car has been well cleaned.

OK, let's see the last vocabulary, "*cānjiā* 参加". "*cānjiā* 参加" means "to take part in, to join".

You may plus "*bǐsài* 比赛", match; "*huìyì* 会议", meeting, conference after "*cānjiā* 参加". Say "*cānjiā bǐsài* 参加比赛", "*cānjiā huìyì* 参加会议".

参加
[cānjiā]
to take part in　　verb

For example:

- 明天谁能来参加这个会议?
  [Míngtiān shuí néng lái cānjiā zhè ge huìyì]
  Who will attend this meeting tomorrow?
- 我已经参加过了。[Wǒ yǐjīng cānjiā guo le]
  I have taken part in it already.
- 你想参加这个比赛吗? [Nǐ xiǎng cānjiā zhè ge bǐsài ma]
  Do you want to join this match?
- 我的朋友不参加这次的游泳比赛。
  [Wǒ de péngyou bù cānjiā zhè cì de yóuyǒng bǐsài]
  My friend will not attend this swimming match.

Great, let's make some examples to practice the "Separable Verbs".

- 你一天洗几次澡?
  [Nǐ yì tiān xǐ jǐ cì zǎo]
  How many times do you take a shower per day?
- 他每次上几个小时汉语课?
  [Tā měi cì shàng jǐ gè xiǎoshí Hànyǔ kè]
  How many hours does he take Chinese lesson each time?

- 他去年搬了三次家。
  [Tā qùnián bān le sān cì jiā]
  He moved home for three times last year.
- 比完赛我们回家吃饭吧。
  [Bǐ wán sài wǒmen huí jiā chī fàn ba]
  Let's go home for dinner after the match.

- 你要先刷牙再睡觉。
  [Nǐ yào xiān shuā yá zài shuìjiào]
  You need brush teeth before you go to sleep.
- 这个会议你为什么不参加。
  [Zhè ge huìyì nǐ wèi shénme bù cānjiā]
  Why didn't you attend this meeting?

- 每个星期我们见一次面。
  [Měi gè xīngqī wǒmen jiàn yí cì miàn]
  We met once a week.
- 请别生他的气了。
  [Qǐng bié shēng tā de qì le]
  Please don't get angry with him.

Great, so that wraps up today's lesson. Hope you have learned something there. Download our app to access our Chinese lessons, remember you can learn Chinese anywhere, anytime with ***ChineseAny***.

Word List

Main Vocabulary		
生气[shēngqì] to get angry	刷牙[shuā yá] to brush teeth	参加[cānjiā] to take part in
Additional Vocabulary		
生[shēng] to give birth	气[qì] air	刷[shuā] to brush
牙[yá] tooth/teeth	牙刷[yáshuā] teeth brush	

Notes

Review some separable verbs

verb + descriptive thing + noun

E. g. ① 你们搬了几次家? [Nǐmen bān le jǐ cì jiā]
How many times did you move?

② 我一个星期上两次汉语课?
[Wǒ yí gè xīngqī shàng liǎng cì Hànyǔ kè]
I have Chinese class twice a week.

③ 去年我比了三次赛。[Qùnián wǒ bǐ le sān cì sài]
I had three matches last year.

④ 开完会，我们去吃晚饭。[Kāi wán huì, wǒmen qù chī wǎnfàn]
We will go to have dinner after the meeting.

Quiz

I. Pronunciation.

1. Please choose the initials or finals you heard.

	A	B
1)	A. shēngqì	B. xīngqī
2)	A. cān jiā	B. sān jiā
3)	A. shuāyá	B. shuākǎ
4)	A. xǐzǎo	B. tízǎo
5)	A. shēnqiǎn	B. shēngchǎn
6)	A. qiántou	B. quántou

2. Please choose the Pinyin you heard.

	A	B
1)	A. wǒ měi cì dōu mǎi	B. wǒ měi qī dōu mǎi
2)	A. qǐng xiān shuā yíxià	B. qǐng xiān suàn yíxià
3)	A. qǐng gěi wǒ biéde	B. qǐng gěi wǒ bái de
4)	A. tā xǐhuan miàntiáo	B. tā xǐhuan miáotiao
5)	A. tā yào diǎn cài	B. tā yào chūchāi
6)	A. Xiǎolǐ zài dǎ diànhuà	B. Xiǎolǐ zài tàng tóufa

II. Form sentences.

1. chángcháng (1) duì (2) bù (3) shēntǐ (4) shēngqì (5) hǎo (6)

____

2. bié (1) shēng (2) de (3) tā (4) qì (5)

____

3. měitiān (1) nǐ (2) gè (3) Hànyǔ (4) xué (5) xiǎoshí (6) jǐ (7)

____

4. yì tiān (1) cì (2) tā (3) xǐ (4) zǎo (5) sān (6)

____

5. shuìjiào (1) qǐng (2) shuā (3) yǐqián (4) yá (5)

____

6. wǒ (1) cānjiā (2) zuótiān (3) pǎobù (4) le (5) bǐsài (6)

____

III. Please translate the following sentences into Chinese.

1. He's getting angry with me.

____

2. The kid got angry with his Mum for one day.

____

3. After brushing teeth, I want to go to bed.

____

4. You should brush teeth every morning.

____

5. I will attend the meeting next Monday.

____

6. He wants to take part in swimming competition.

____

It's So Easy

Welcome to Elementary Level Seven, Lesson Three of ***ChineseAny*** podcast series teaching Chinese. Today we will learn three words, one noun and two verbs. Let's see them now.

The 1st vocabulary is "*càidān 菜单*". "*càidān 菜单*" means "menu". "*cài 菜*" means "dish, vegetable", like "*Zhōngguó cài 中国菜 Chinese food*". "*dān 单*" means "list, form". The dish list, in Chinese, we use it for menu.

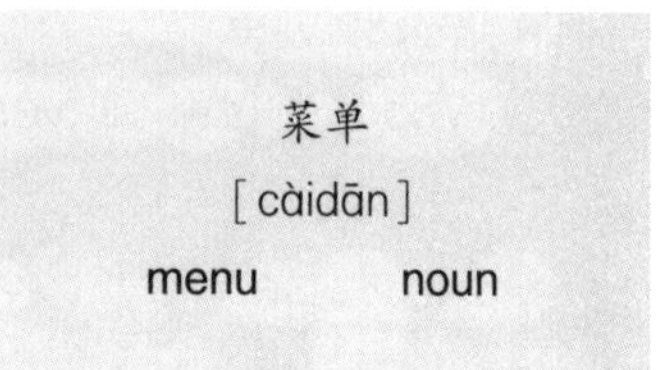

For example:

- 你可以给我看一下菜单吗? [Nǐ kěyǐ gěi wǒ kàn yíxià càidān ma]
  Could you show me the menu?
- 你们有英语菜单吗? [Nǐmen yǒu Yīngyǔ càidān ma]
  Do you have English menu?
- 你可以再给我一个菜单吗? [Nǐ kěyǐ zài gěi wǒ yí gè càidān ma]
  Can you give me one more menu, please?
- 对不起,我看不懂汉语菜单。
  [Duìbuqǐ, wǒ kàn bu dǒng Hànyǔ càidān]
  I'm sorry, I don't understand Chinese menu.

OK, let's learn something more.

Just now we learned "*dān* 单" of "*càidān* 菜单", which means "form or list", it also means "bill". To pay the bill, you may say "*mǎi dān* 买单" in Chinese. "*mǎi* 买" to buy, "*dān* 单" the bill. But I have to say, although the standard Mandarin of "paying the bill" should be "*mái dān* 埋单", to cover the bill, it's very common to say "*mǎi dān* 买单", and the meaning is quite easy to understand, to buy the bill, right?

For example:

- 这次吃饭我买单吧。[Zhè cì chī fàn wǒ mǎi dān ba]
  Let's me pay for this meal.
- 昨天谁买单了? [Zuótiān shuí mǎi dān le]
  Who paid the bill yesterday?

OK, let's see the 2nd vocabulary, "*róngyì* 容易". "*róngyì* 容易" is an adjective, which means "easy". The antonym of it is "*nán* 难"

容易	
[róngyì]	
easy	adjective

We normally put it at the end of sentence, for instance, something is easy, or doing something is easy.

For example:

- 我觉得这个问题很容易。[Wǒ juéde zhè ge wèntí hěn róngyì]
  I think this question is easy.
- 我觉得这个问题不难。[Wǒ juéde zhè ge wèntí bù nán]
  I think this question is not difficult.
- 找一个好老师不容易。[Zhǎo yí gè hǎo lǎoshī bù róngyì]
  It's not easy to find a good teacher.
- 这个问题很容易回答吧? [Zhè ge wèntí hěn róngyì huídá ba]

It's easy to answer this question, right?

- 学习汉语太容易了。[Xuéxí Hànyǔ tài róngyì le]
  Learning Chinese is so easy.
- 我觉得这个工作不太难。
  [Wǒ juéde zhè ge gōngzuò bú tài nán]
  I think this job is not too difficult.

OK, let's see the 3rd vocabulry, "*huài* 坏".

坏
[huài]

to be broken	adjective
to spoil	verb

"*huài* 坏" is an adjective, which means "bad"; to be broken; something doesn't work; or food is spoiled.

We normally use it in the format "something is broken", "*noun + huài le* 坏了", "*le* 了" here is to indicate the result of something broken.

Sth. + 坏 + 了
Sth. is broken.

For example:

- 我的手机坏了,不可以打电话。
  [Wǒ de shǒujī huài le, bù kěyǐ dǎ diànhuà]
  My phone is broken, so I can't make a call.
- 我的自行车坏了,不能骑。
  [Wǒ de zìxíngchē huài le, bù néng qí]
  My bicycle is broken, I can't ride it.
- 电脑又坏了,你应该买一个新的。
  [Diànnǎo yòu huài le, nǐ yīnggāi mǎi yí gè xīn de]
  Computer is broken again; you should buy a new one.
- 这个菜坏了,别吃了。[Zhè ge cài huài le, bié chī le]
  This dish is spoiled, don't eat it.

- 你的衣服坏了，换一件吧。[Nǐ de yīfu huài le, huàn yí jiàn ba]
  Your shirt is broken, please change another one.

Great, let's make some examples to practice what we have learned today.

- 这是新菜单吧？
  [Zhè shì xīn càidān ba]
  This is the new menu, right?
- 老师的问题又容易又有意思。
  [Lǎoshī de wèntí yòu róngyì yòu yǒuyìsi]
  The teacher's question is both easy and interesting.

- 这个面包看起来已经坏了。
  [Zhè ge miànbāo kàn qǐlái yǐjīng huài le]
  It seems that the bread was spoiled.
- 和游泳比起来，跑步很容易。
  [Hé yóuyǒng bǐ qǐlá, pǎobù hěn róngyì]
  Compared with swimming, running is easier.

- 我对他们的新菜单很满意。
  [Wǒ duì tāmen de xīn càidān hěn mǎnyì]
  I'm satisfied with their new menu.

- 汉语有时候很容易，有时候很难。
[Hànyǔ yǒu shíhou hěn róngyì, yǒu shíhou hěn nán]
Chinese is sometimes easy, while sometimes hard.

Great, so that wraps up today's lesson. Hope you have learned something there. Download our app to access our Chinese lessons, remember you can learn Chinese anywhere, anytime with ***ChineseAny***.

Word List

Main Vocabulary		
菜单[càidān] menu	容易[róngyì] easy	坏[huài] be broken, to spoil
Additional Vocabulary		
单[dān] list, form	买单[mǎi dān] to pay	

Notes

Confirm question sentence: 吧 [ba]

Sentence + ba?

E. g. ① 你知道他们叫什么吧? [Nǐ zhīdào tāmen jiào shénme ba]
You know what they are called, right?
② 他们不是汉语老师吧? [Tāmen bú shì Hànyǔ lǎoshī ba]

They are not Chinese teacher, right?

③ 你很喜欢喝咖啡吧？［Nǐ hěn xǐhuan hē kāfēi ba］
You like to drink coffee very much, right?

④ 你周末不上班吧？［Nǐ zhōumò bú shàng bān ba］
You don't work on weekend, right?

Quiz

I. Pronunciation.

1. Please choose the initials or finals you heard.

1) A. càidān B. cǎidàn
2) A. róngyì B. tóngyì
3) A. guàirén B. huàirén
4) A. mǎibàn B. mǎidān
5) A. fàncài B. fāngcái
6) A. hǎo huài B. hǎo kuài

2. Please choose the Pinyin you heard.

1) A. huài rén lái le B. guài rén lái le
2) A. nǎ wèi mǎidān B. nà wèi mǎidān
3) A. róngyì xuéxí B. róngyì liànxí
4) A. gěi wǒ càidān B. gěi wǒ cǎidài
5) A. wǒ qǐng dàjiā B. wǒ jìng dàjiā
6) A. nǐ mǎidān ma B. nǐ mǎidān ba

II. Form sentences.

1. huídá(1) bù(2) zhè ge(3) róngyì(4) wèntí(5)

____

2. zǒulù chē wǒmen le ba huài qù
   1 2 3 4 5 6 7

___

3. mǎidān wèi shénme cì shì nánde měi dōu
   1 2 3 4 5 6 7

___

4. róngyì gōngzuò juéde hǎo zhǎo bù wǒ
   1 2 3 4 5 6 7

___

5. yí qǐng wǒ càidān gè zài gěi
   1 2 3 4 5 6 7

___

6. huài xīn le yīfu mǎi de
   1 2 3 4 5 6

___

III. Please translate the following sentences into Chinese.

1. Who paid for yesterday's dinner?

___

2. This dish is easy to spoil.

___

3. I don't understand Chinese menu.

___

4. She thinks studying Chinese is not easy.

___

5. Who pays the bill often in China?

___

6. What kind of dish do you like to eat?

___

Can I Have a Try

Welcome to Elementary Level Seven, Lesson Four of ***ChineseAny*** podcast series teaching Mandarin Chinese. Today we will learn three verbs. Let's look at them now.

The 1st vocabulary is "*jiè 借*". "*jiè 借*" means "to borrow, to lend". We have two formats to use it:

借
[jiè]
to borrow, lend verb

➢ ① Borrow something from somebody: "*xiàng 向/hé 和 + sb. + jiè 借+ sth.* "

The "*xiàng 向*" here is a preposition, which means "from". The "*hé 和*" here is also a preposition, which means "with".

向/和 + Sb. + 借 + Sth.
[xiàng/hé] [jiè]
borrow something from somebody

For example:

- 你可以和他借那本书。[Nǐ kěyǐ hé tā jiè nà běn shū] or
  你可以向他借那本书。[Nǐ kěyǐ xiàng tā jiè nà běn shū]
  You may borrow that book from him.
- 他常常向别人借钱。[Tā chángcháng xiàng biérén jiè qián] or
  他常常和别人借钱。[Tā chángcháng hé biérén jiè qián]

He often borrows money from other people.

- 我昨天向他借了一百块钱。
  [Wǒ zuótiān xiàng tā jiè le yìbǎi kuài qián] or
  我昨天和他借了一百块钱。
  [Wǒ zuótiān hé tā jiè le yìbǎi kuài qián]
  I borrowed 100 RMB from him yesterday.

➢ ② Lend something to somebody: "*jiè 借 + gěi 给 + sb. + sth.*" "*gěi 给*" here is a preposition, which means "to".

借 + 给 + sb. + sth.
[jiè] [gěi]
lend something to somebody

For example:

- 这件衣服可以借给我吗? [Zhè jiàn yīfu kěyǐ jiè gěi wǒ ma]
  Could you lend this piece of clothes to me?
- 你的手机可以借给我看一下吗?
  [Nǐ de shǒujī kěyǐ jiè gěi wǒ kàn yíxià ma]
  Could you lend your phone to me to have a look?
- 他借给我一本有意思的书。
  [Tā jiè gěi wǒ yì běn yǒuyìsi de shū]
  He lent me a funny book.
- 你可以借给我你的足球吗? [Nǐ kěyǐ jiè gěi wǒ nǐ de zúqiú ma]
  Could you lend me your soccer?

OK, let's see the 2nd character, "*yòng 用*". "*yòng 用*" means "to use".

用
[yòng]
to use verb

For example：

- 请用英语说。[Qǐng yòng Yīngyǔ shuō]
  Please say it in English.
- 我不知道怎么用新手机。[Wǒ bù zhīdào zěnme yòng xīn shǒujī]
  I don't know how to use the new mobile phone.

The negative form "*bú yòng 不用*" has two meanings：

➢ The 1st meaning is "Don't use", and normally we may put a noun after it. The "*yòng 用*" here is a verb.

不用 + Noun
[bú yòng]
do not use + Noun

For example：

- 今天我不用电脑。[Jīntiān wǒ bú yòng diànnǎo]
  I don't use computer today.
- 他不常用手机。[Tā bù cháng yòng shǒujī]
  He doesn't use mobile phone often.

➢ The 2nd meaning of "*búyòng 不用*" means "don't need". Normally we put a verb after it.

不用 + Verb
[búyòng]
not need to + Verb

For example：

- 你不用介绍，我们是好朋友。
  [Nǐ búyòng jièshào, wǒmen shì hǎo péngyou]
  You don't need to introduce, we are friends.
- 她已经准备了，你不用买。[Tā yǐjīng zhǔnbèi le, nǐ búyòng mǎi]
  She has prepared, you don't need to buy.

- 我可以用一下这个吗? [Wǒ kěyǐ yòng yíxià zhè ge ma]
  Could I use this?
- 我用这本书学习汉语。[Wǒ yòng zhè běn shū xuéxí Hànyǔ]
  I use this book to study Chinese.
- 明天你不用来办公室。[Míngtiān nǐ búyòng lái bàngōngshì]
  You do not need to come to the office tomorrow.
- 我不用这个洗澡。[Wǒ bú yòng zhè ge xǐzǎo]
  I do not use this to take a shower.

Great, let's see the 3rd character, "*shì* 试". "*shì* 试" is a verb, which means "to try".

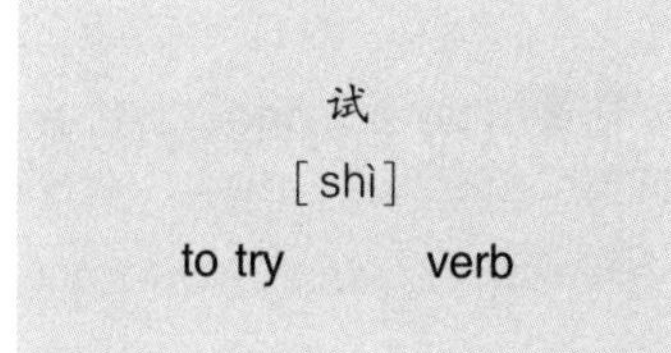

For example:

- 我可以试试这件衣服吗?
  [Wǒ kěyǐ shìshi zhè jiàn yīfu ma]
  Could I try on this piece of clothes?
- 你可以试一下在公司说汉语。
  [Nǐ kěyǐ shì yíxià zài gōngsī shuō Hànyǔ]
  You can try to speak Chinese in the office.
- 我已经试了很多次了。[Wǒ yǐjīng shì le hěn duō cì le]
  I have tried many times already.

Great, after these three new words, let's review one sentence format.

Before we have learned that, we would like to express something in an informal or polite way, we may repeat the verb, "*kàn* 看". When you would like to

say "Let me have a look", you may say "*wǒ kànkan 我看看*".

Today we will learn some new formats, which have the same meaning of this.

➢ The 1st one, "*A yī 一A*"

看 → 看一看
[kàn] [kàn yí kàn]
A → A 一 A
[yī]
to have a look

➢ The 2nd one, "*A + yíxià 一下*"

看 → 看一下
[kàn] [kàn yíxià]
A → A 一下
[yíxià]
to have a look

➢ The 3rd one is special one, which is used in the past tense.

That is "*A le 了A*".

看 → 看了看
[kàn] [kàn le kàn]
A → A 了 A
[le]
to have a look

➢ The 4th one is composed of a verb and a noun, like "AB", when you express it in an informal and polite way, you should say "AAB".

看书 → 看看书
[kàn shū] [kàn kàn shū]
AB → AAB
to look at the book

Let's see some sentences:

- 我看了看,没问题。[Wǒ kàn le kàn, méi wèntí]

I had a look, it is no problem.

- 我想洗洗澡。[Wǒ xiǎng xǐxi zǎo]
  I want to take a shower.
- 我们去跑跑步吧。[Wǒmen qù pǎopao bù ba]
  Let's go jogging.
- 我想试一试那双鞋。[Wǒ xiǎng shì yí shì nà shuāng xié]
  I want to try on that pair of shoes.
- 我们等一下他吧。[Wǒmen děng yíxià tā ba]
  Let's wait him for a while.

Great, let's make some examples to practice what we have learnt today.

- 你可以借我五百块钱吗?
  [Nǐ kěyǐ jiè wǒ wǔ bǎi kuài qián ma]
  Would you lend me five hundred yuan?
- 昨天我试了两次。
  [Zuótiān wǒ shì le liǎng cì]
  I tried twice yesterday.

- 你知道怎么用这个吗?
  [Nǐ zhīdào zěnme yòng zhè ge ma]
  Do you know how to use this?
- 你可以试试他借给我的自行车。
  [Nǐ kěyǐ shìshi tā jiè gěi wǒ de zìxíngchē]
  You may try the bicycle that he lent to me.

- 不用帮忙了,我可以自己搬家。
  [Búyòng bāngmáng le, wǒ kěyǐ zìjǐ bānjiā]
  No need to help, I can move by myself.

- 我的手机坏了，你可以借我用一下你的手机吗？
  [Wǒ de shǒujī huài le, nǐ kěyǐ jiè wǒ yòng yíxià nǐ de shǒujī ma]
  My phone is broken, can you lend me your phone?

Great, so that wraps up today's lesson. Hope you have learned something there. Download our app to access our Chinese lessons, remember you can learn Chinese anywhere, anytime with ***ChineseAny***.

Word List

Main Vocabulary		
借[jiè] to borrow, lend	用[yòng] to use	试[shì] to try
Additional Vocabulary		
不用[bú yòng] do not use, not need to		

Notes

Reduplication of verb:

Verb + verb

Verb + 一[yī] + verb

Verb + 一下[yíxià]

Verb + 了[le] **+ verb** (**the past tense**)

Verb + 了[le] **+ 一下**[yíxià] (**the past tense**)

E. g. ① 我可以试试这件衣服吗? [Wǒ kěyǐ shìshi zhè jiàn yīfu ma]
Could I try on this piece of clothes?

② 你喝一喝这杯咖啡。[Nǐ hē yì hē zhè bēi kāfēi]
Please try this cup of coffee.

③ 我想看一下那个电影。[Wǒ xiǎng kàn yíxià nà ge diànyǐng]
I want to watch that movie.

④ 我昨天看了看他新买的书。
[Wǒ zuótiān kàn le kàn tā xīn mǎi de shū]
Yesterday I looked at the book that he bought recently.

⑤ 我在那里等了一下。[Wǒ zài nàlǐ děng le yíxià]
I waited there for a while.

Quiz

I. Pronunciation.

1. Please choose the initials or finals you heard.

1) A. jiè shū　　B. xiě shū
2) A. bú yòng　　B. bú tòng
3) A. shí qī　　B. shì chī
4) A. chuánzhēn　　B. chuánshén
5) A. chūshǒu　　B. zhùshǒu
6) A. ránhòu　　B. yánhòu

2. Please choose the Pinyin you heard.

1) A. wǒ xiǎng shì yí shì　　B. wǒ xiǎng qí yì qí
2) A. nǐ kěyǐ jiè gěi tā　　B. nǐ kěyǐ xiě gěi tā
3) A. lùkǒu zài nàr　　B. rùkǒu zài nàr

4) A. wǒ zhǎodào le B. wǒ zǎo dào le
5) A. nà shì wǒ de zhuózi B. nà shì wǒ de zhuōzi
6) A. qǐng nǐ shuōshuo B. qǐng nǐ sōusou

II. Form sentences.

1. jiè (1) yì (2) Hànyǔ (3) le (4) wǒ (5) běn (6) shū (7)

____

2. kěyǐ (1) wǒ (2) jiè (3) ma (4) zhè ge (5) gěi (6)

____

3. yòng (1) nǐ (2) shǒujī (3) wǒ (4) yíxià (5) de (6) xiǎng (7)

____

4. nǐ (1) yòng (2) qù (3) bú (4) nàlǐ (5)

____

5. kěyǐ (1) nǐ (2) zhè (3) shìshi (4) yīfu (5) jiàn (6)

____

6. yǐjīng (1) tāmen (2) le (3) duō (4) cì (5) hěn (6) shì (7)

____

III. Please translate the following sentences into Chinese.

1. He borrowed 200 RMB from me yesterday.

____

2. Can you lend your bicycle to me?

____

3. I don't know how to say that in Chinese.

___

4. You don't need to tell me, I already knew.

___

5. Can you lend me that piece of clothes to try on?

___

6. It's too delicious, do you want to try it?

___

What Time Do You Get up

Welcome to Elementary Level Seven, Lesson Five of ***ChineseAny*** podcast series teaching Mandarin Chinese. Today we will learn three new words: three verbs. OK, let's see them now.

The 1st vocabulary is "*líkāi 离开*".
"*líkāi 离开*" means "to leave".
We normally put a location word or a person after it.

For example:

- 你们什么时候离开中国?
  [Nǐmen shénme shíhou líkāi Zhōngguó]
  When will you leave China?
- 这个地方很好,我不想离开。
  [Zhè ge dìfang hěn hǎo, wǒ bù xiǎng líkāi]
  This is a nice place, I do not want to leave.
- 他已经离开那个公司了。[Tā yǐjīng líkāi nà ge gōngsī le]
  He already left that company.
- 我们坐明天早上八点的飞机离开上海。
  [Wǒmen zuò míngtiān zǎoshang bā diǎn de fēijī líkāi Shànghǎi]
  We will take the flight to leave Shanghai at eight o'clock tomorrow morning.

- 请不要离开我。[Qǐng bú yào líkāi wǒ]
  Please don't leave me.
- 我不想离开他。[Wǒ bù xiǎng líkāi tā]
  I don't want to leave him.

OK, let's see the 2nd character, "*huán 还*". "*huán 还*" means "to return".

还
[huán]
to return verb

We normally use "*huán 还 + sb. + sth.*" And, the antonym of "*huán 还*" is "*jiè 借*", to borrow, to lend.

还 + sb. + sth.
[huán]
Return sb. sth.

Let's see some sentences:

- 你什么时候还我书? [Nǐ shénme shíhou huán wǒ shū]
  When will you return me the book?
- 我在哪里还这些衣服? [Wǒ zài nǎlǐ huán zhèxiē yīfu]
  Where can I return these clothes?
- 昨天借的书还了吗? [Zuótiān jiè de shū huán le ma]
  Did you return the book you borrowed yesterday?
- 他的东西我都还他了。[Tā de dōngxi wǒ dōu huán tā le]
  I returned all his things.

Maybe you feel this character is quite familiar, yes, we have learned it before, But that pronunciation is "*hái 还*". The same Chinese character in different pronunciations, please pay more attention.

Let's see some sentences to review the meaning of "*hái* 还".

- 你还要别的吗? [Nǐ hái yào biéde ma] (else)
  Do you want anything else?
- 下个星期我们还去旅行。[Xià gè xīngqī wǒmen hái qù lǚxíng] (still)
  We are still going to travel next week.

Great, let's see the 3rd vocabulary, "*fānyì* 翻译". "*fānyì* 翻译", it has two meanings in Chinese.

翻译
[fānyì]
to translate verb
translator noun

➢ The 1st one is a verb, which means to translate.

"*fān* 翻" means "to turn over".

"*yì* 译" means "to translate".

Let's see some examples:

- 请帮我翻译一下,好吗? [Qǐng bāng wǒ fānyì yíxià, hǎo ma]
  Could you please help me to translate it?
- 我听不懂,请翻译一下。[Wǒ tīng bu dǒng, qǐng fānyì yíxià]
  I can't understand, please translate it.
- 他翻译得很清楚。[Tā fānyì de hěn qīngchu]
  He translated it very clearly.
- 你知道这个用汉语怎么翻译吗?
  [Nǐ zhīdào zhè ge yòng Hànyǔ zěnme fānyì ma]
  Do you know how to translate it in Chinese?

➢ The 2nd meaning of "*fānyì* 翻译" is a noun, which means "translator or the translation".

Let's see some examples:

- 我的朋友是一个英语翻译。
  [Wǒ de péngyou shì yí gè yīngyǔ fānyì]
  My friend is an English translator.
- 我们的公司最近在找一个翻译。
  [Wǒmen de gōngsī zuìjìn zài zhǎo yí gè fānyì]
  Our company is looking for a translator recently.
- 我喜欢她的翻译。[Wǒ xǐhuan tā de fānyì]
  I like her translation.

Great, let's learn one useful format now.

Positive and negative questions:

"*sentence +le méi yǒu 了没有/ma 吗?*"

or "*subject +verb +bù 不/méi 没+ verb?*"

It means "did or not" or "will do or not".

Sentence +了没有/吗?
[le méi yǒu] [ma]
Sb. + V. +不/没+V.?
[bù] [méi]

Let's see some examples:

- 你喝不喝咖啡? [Nǐ hē bù hē kāfēi]
  Do you drink coffee or not?
- 飞机起飞了没有? [Fēijī qǐfēi le méiyǒu]
  Did the airplane take off?
- 你还没还她钱? [Nǐ huán méi huán tā qián]
  Did you return her money or not?
- 他已经离开办公室了吗? [Tā yǐjīng líkāi bàngōngshì le ma]
  Did he already leave the office?

Great, let's make some examples to practice what we have learned today.

- 他们离开多长时间了？
  [Tāmen líkāi duō cháng shíjiān le]
  How long did they leave?

- 我还没去还电脑。
  [Wǒ hái méi qù huán diànnǎo]
  I did not go to return the computer yet.

- 他对他的新翻译很满意。
  [Tā duì tā de xīn fānyì hěn mǎnyì]
  He is very satisfied with his new translator.

- 他们还没买飞机票。
  [Tāmen hái méi mǎi fēijī piào]
  They have not bought the air tickets yet.

- 你给他打电话了没有？
  [Nǐ gěi tā dǎ diànhuà le méiyǒu]
  Did you call him or not?

- 我还没去过美国。
  [Wǒ hái méi qù guo měiguǒ]
  I have not been to America yet.

- 他们结婚了吗？
  [Tāmen jiéhūn le ma]
  Have they got married?

- 今天你去不去跑步？
  [Jīntiān nǐ qù bú qù pǎobù]
  Are you going to run today?

Great, so that wraps up today's lesson. Hope you have learned something there. Download our app to access our Chinese lessons, remember you can learn Chinese anywhere, anytime with ***ChineseAny***.

Word List

Main Vocabulary		
离开[líkāi] to leave	还[huán] to return	翻译[fānyì] to translate

Notes

Positive and negative sentence:

Sentence + 了没有[le méiyǒu]?

Sentence + 了吗[le ma]?

Sb. + verb + 不[bù] **+ verb**?

Sb. + verb + 没[méi] **+ verb**?

E.g. ① 你晚上吃饭了没有? [Nǐ wǎnshang chī fàn le méiyǒu]
Did you have dinner or not?

② 他们都回家了吗? [Tāmen dōu huí jiā le ma]
Did they all go back home?

③ 你们去不去游泳? [Nǐmen qù bú qù yóuyǒng]
Do you go to swim or not?

④ 昨天你跑没跑步? [Zuótiān nǐ pǎo méi pǎo bù]
Did you jog or not yesterday?

Quiz

I. Pronunciation.

1. Please choose the initials or finals you heard.

	A.	B.
1)	A. líkāi	B. lièkāi
2)	A. huàn shū	B. huán shū
3)	A. qǐchuáng	B. qìchuǎn
4)	A. qǐfēi	B. qífēi
5)	A. zǒu kāi	B. cuò kāi
6)	A. huàn shuǐ	B. huàn shǔ

2. Please choose the Pinyin you heard.

	A.	B.
1)	A. líkāi gōngsī	B. dàgài gōngzī
2)	A. méiyǒu qìfèn	B. méiyǒu qǐfēi
3)	A. jǐ diǎn qǐchuáng	B. qī diǎn qǐchuáng
4)	A. huán shū zhèng	B. huàn shū zhèng
5)	A. lí bù kāi tā	B. lí bù kāi jiā
6)	A. huàn huí lái méi yǒu	B. chuān huí lái méi yǒu

II. Form sentences.

1. Zhōngguó (1) wǒmen (2) líkāi (3) xià ge (4) xīngqī (5)

____

2. huán (1) míngtiān (2) jǐ (3) zìxíngchē (4) diǎn (5) nǐ (6)

____

3. qǐchuáng (1) yǐjīng (2) kuài (3) ba (4) le (5) yìdiǎnr (6) jiǔ diǎn (7)

____

4. hái (1) fēijī (2) méiyǒu (3) tā (4) qǐfēi (5) de (6)

____

5. ma (1) shū (2) huán (3) zuótiān (4) de (5) le (6) jiè (7)

____

6. chī (1) nǐ (2) zǎofàn (3) bù (4) chī (5)

____

III. Please translate the following sentences into Chinese.

1. When do you want to leave this company?

____

2. What time do you get up?

____

3. What time will your flight take off?

____

4. I do not want to return that book.

____

5. She wants to buy a big bed.

____

6. Have you called her or not?

____

It Is About 600 RMB

Welcome to Elementary Level Seven, Lesson Six of ***ChineseAny*** podcast series teaching Mandarin Chinese. Today we will learn three nouns. Let's look at them now.

The 1st vocabulary is "*zuǒyòu 左右*".
"*zuǒyòu 左右*" means "around".

左右 [zuǒyòu] around　　noun

We normally put it after the number word or the measure word to express the approximate number.

number + 左右 [zuǒyòu]

For example:

- 我六点左右回来。[Wǒ liù diǎn zuǒyòu huílai]
  I will be back at around six o'clock.
- 这件衣服五百块左右。[Zhè jiàn yīfu wǔbǎi kuài zuǒyòu]
  This piece of clothes is around 500 RMB.
- 我去五天左右。[Wǒ qù wǔ tiān zuǒyòu]
  I will be off about five days.
- 我们公司有一千个人左右。
  [Wǒmen gōngsī yǒu yìqiān gè rén zuǒyòu]

There are around one thousand people in our company.

To express the approximate number, we can also use the adjacent two numbers.

For example:

- 三四个 [sān sì ge]
  three or four things
- 五六杯 [wǔ liù bēi]
  five or six cups
- 八九瓶 [bā jiǔ píng]
  eight or nine bottles
- 他有五六个中国朋友。[Tā yǒu wǔ liù gè Zhōngguó péngyou]
  He has around five or six Chinese friends.
- 我们要了七八瓶啤酒。[Wǒmen yào le qī bā píng píjiǔ]
  We ordered around seven or eight bottles of beer.
- 这个公司有四五百人。[Zhè ge gōngsī yǒu sì wǔ bǎi rén]
  There are around four or five hundred people in this company.

OK, let's see the 2nd vocabulary, "*gōnglǐ 公里*". "*gōnglǐ 公里*" means "kilometer".

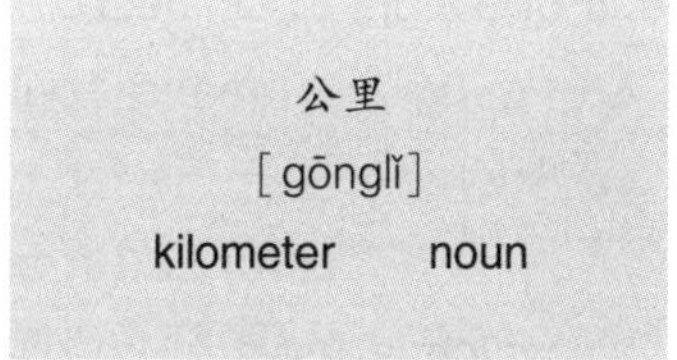

For example:

- 今天我走了五公里左右。[Jīntiān wǒ zǒu le wǔ gōnglǐ zuǒyòu]
  I walked around five kilometers today.
- 我家离机场三公里。[Wǒ jiā lí jīchǎng sān gōnglǐ]
  My home is three kilometers away from the airport.

- 从上海到北京多少公里。
  [Cóng Shànghǎi dào Běijīng duōshao gōnglǐ]
  How many kilometers are there from Shanghai to Beijing?
- 今天我开了三四十公里。[Jīntiān wǒ kāi le sān sì shí gōnglǐ]
  Today I drove around forty kilometers.
- 他每天晚上在公园跑一公里。
  [Tā měitiān wǎnshang zài gōngyuán pǎo yì gōnglǐ]
  He runs one kilometer in the park every night.

Before we learned "*qiānmǐ 千米*" "one thousand meters", so "*qiānmǐ 千米*" and "*gōnglǐ 公里*" both means "kilometer". But we use "*gōnglǐ 公里*" more often.

Great, let's move on to the last vocabulary, "*gōngjīn 公斤*". "*gōngjīn 公斤*" means "kilogram".

Before we learned "*jīn 斤*", for 500 grams, it's the very common unit of weight in Chinese.

"*gōng 公*" means "public, formal".
"*gōngjīn 公斤*" is for 1000 grams,
"*jīn 斤*" is for 500 grams,
which is used more often in China.
so "*yì gōngjīn shì liǎng jīn 一公斤是两斤。*"

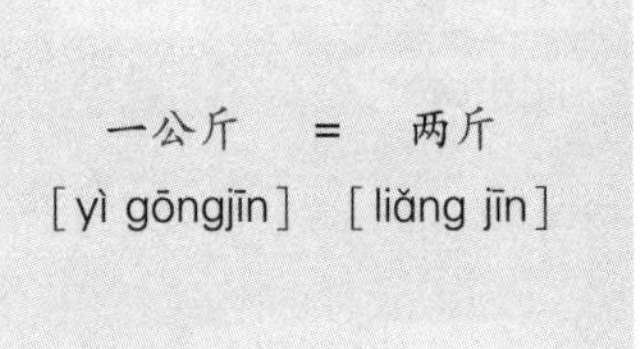

Let's look at some examples:

- 现在我五十二公斤。[Xiànzài wǒ wǔshíèr gōngjīn]

Now I am 52 kilograms.

- 这个包十公斤左右。[Zhè ge bāo shí gōngjī zuǒyòu]
  This bag is around ten kilograms.
- 一斤苹果七块钱。[Yì jīn píngguǒ qī kuài qián]
  It is seven yuan for 500 grams of apple.
- 你觉得我们要买几公斤苹果?
  [Nǐ juéde wǒmen yào mǎi jǐ gōngjīn píngguǒ]
  Do you think how many kilograms of apples we should buy?
- 请问,这个东西多少钱一公斤?
  [Qǐng wèn, zhè ge dōngxi duōshao qián yì gōngjīn]
  Excuse me, how much is this thing per kilogram?

Great, let's make some examples to practice what we have learned today.

- 我明天八点左右到。
  [Wǒ míngtiān bā diǎn zuǒyòu dào]
  I will arrive around 8 a.m. tomorrow.
- 你的男朋友多少公斤?
  [Nǐ de nán péngyou duōshao gōngjīn]
  How many kilograms is your boyfriend?

- 我已经走了三公里了。
  [Wǒ yǐjīng zǒu le sān gōnglǐ le]
  I have already walked for three kilometers.
- 昨天他游了五百米左右。
  [Zuótiān tā yóu le wǔ bǎi mǐ zuǒyòu]
  Yesterday he swam around five hundreds meters.

- 去年我们搬了两三次家。
  [Qùnián wǒmen bān le liǎng sān cì jiā]
  Last year we moved around two or three times.
- 那个电影一个半小时左右。
  [Nà ge diànyǐng yí gè bàn xiǎoshí zuǒyòu]
  That movie is around one and a half hours.

Great, so that wraps up today's lesson. Hope you have learned something there. Download our app to access our Chinese lessons, remember you can learn Chinese anywhere, anytime with ***ChineseAny***.

Word List

Main Vocabulary		
左右[zuǒyòu] around	公里[gōnglǐ] kilometer	公斤[gōngjīn] kilogram

Notes

The approximate number:
Number + 左右[zuǒyòu]
Two adjacent numerals are used together
E.g. ① 我学了两年左右。[Wǒ xué le liǎng nián zuǒyòu]
I studied around two years.
② 这件衣服五百块左右。[Zhè jiàn yīfu wǔ bǎi kuài zuǒyòu]
This piece of clothes is around 500 RMB.

③ 他有五六个中国朋友。[Tā yǒu wǔ liù gè Zhōngguó péngyou]
He has around five or six Chinese friends.

④ 我可以喝两三瓶啤酒。[Wǒ kěyǐ hē liǎng sān píng píjiǔ]
We can drink two or three bottles of beer.

Quiz

I. Pronunciation.

1. Please choose the initials or finals you heard.

1) A. yì jiān B. yì qiān
2) A. gōngjǐn B. gōngqǐng
3) A. sān qiān B. sān tiān
4) A. shūhuà B. shíhuà
5) A. qièshí B. quèshí
6) A. fāyán B. fāyuán

2. Please choose the Pinyin you heard.

1) A. wǒmen lèi le B. wǒmen lái le
2) A. jīntiān língxià sān dù B. jīntiān língshàng sān dù
3) A. tā mǎi le hěn duō shū B. tā mài le hěn duō shù
4) A. wǒ méiyǒu bàngōng B. wǒ méiyǒu bānggōng
5) A. bù zhīdào yǒu duōshao B. bù zhīdào yǒu duō xiǎo
6) A. wǒ yào mǎi bīng shuǐ B. wǒ yào mǎi píng shuǐ

II. Form sentences.

1. wǒ (1) shuì (2) sān (3) le (4) gè (5) zuǒyòu (6) xiǎoshí (7)

____

2. míngtiān (1) diǎn (2) zuǒyòu (3) jiā (4) wǒ (5) jiǔ (6) dào (7)

____

3. tā yì zǒu gōnglǐ le
   1 2 3 4 5

   ____

4. cóng chēzhàn zhèr dào gōnglǐ duōshao yào
   1 2 3 4 5 6 7

   ____

5. nǐ duōshao gōngjīn yǒu
   1 2 3 4

   ____

6. zhè ge zhòng zuǒyòu shí gōngjīn bāo
   1 2 3 4 5 6

   ____

III. Please translate the following sentences into Chinese.

1. There are around a hundred people there.

   ____

2. He drank two or three bottles of wine.

   ____

3. I learned for one or two hours.

   ____

4. He looks like around twenty years old.

   ____

5. He runs for one kilometer everyday.

   ____

6. I will arrive at around six o'clock.

   ____

He Is Extremely Sad

Welcome to Elementary Level Seven, Lesson Seven of ***ChineseAny*** podcast series teaching Mandarin. Today we will learn three words, one adverb and two adjectives. Let's look at them now.

The 1st vocabulary is "*jí le 极了*".

"*jí le 极了*" is an adverb, which means "extremely".

极了
[jí le]
extremely adverb

Normally we put it after an adjective to indicate the super lative.

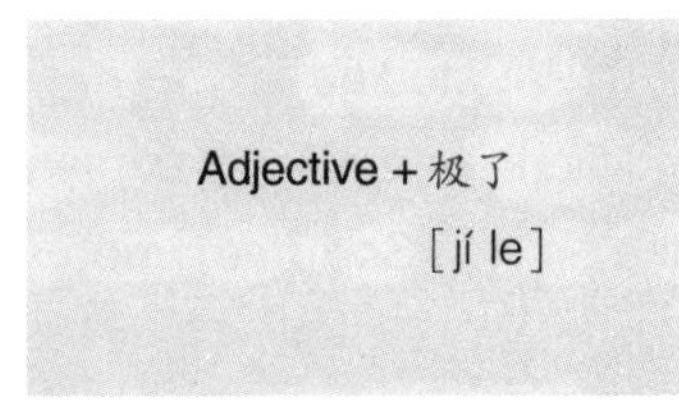

Before we studied some other adverbs, we put them with adjective together to describe the degree of the adjective, let's see them now.

- *"hěn 很" + adj*, very.
- *"tài 太" + adj + "le 了"*, too.
- *"fēicháng 非常" + adj*, very really.
- *adj + jí le 极了*, extremely.

For example:

- 他觉得学习汉语难极了。[Tā juéde xuéxí Hànyǔ nán jí le]
  He feels that studying Chinese is extremely difficult.
- 最近我忙极了。[Zuìjìn wǒ máng jí le]
  Recently I am extremely busy.
- 那个人麻烦极了。[Nà ge rén máfan jí le]
  That person is extremely troublesome.
- 那个饭店的菜难吃极了。[Nà ge fàndiàn de cài nánchī jí le]
  The dish in that restaurant is extremely awful.
- 孩子们又唱又跳,高兴极了。
  [Háizi men yòu chàng yòu tiào, gāoxìng jí le]
  The children are singing and dancing, they are extremely happy.

OK, let's see the 2nd vocabulary, "*nánguò 难过*". "*nánguò 难过*", is an adjective, which means "sad".

难过	
[nánguò]	
sad	adjective

We studied "*nán 难*", which means "difficult"; "*guò 过*", means "to spend the time". So if the time is very difficult to spend, it means "sad".

For example:

- 请别难过了! [Qǐng bié nánguò le]
  Please don't be sad!
- 他现在难过极了。[Tā xiànzài nánguò jí le]
  He is extremely sad now.
- 听说朋友生病了,她非常难过。
  [Tīngshuō péngyou shēngbìng le, tā fēicháng nánguò]
  She was very sad to hear that her friend was sick.

- 因为我的朋友们要离开了，所以我很难过。
  [Yīnwèi wǒ de péngyou men yào líkāi le, suǒyǐ wǒ hěn nánguò]
  Because my friends will leave, so I am very sad.

Great, let's move on to the last character, "*ǎi 矮*". "*ǎi 矮*" is an adjective, which means "short".

Normally we use it for people's height. We learned the antonym of it, which is "*gāo 高*", tall, high.

矮	
[ǎi]	
short	adjective

For example:

- 他的女朋友很矮。[Tā de nǚ péngyou hěn ǎi]
  His girlfriend is short.
- 她比我矮一点儿。[Tā bǐ wǒ ǎi yìdiǎnr]
  She is a little shorter than me.
- 我的男朋友有点儿矮，但是我爱他。
  [Wǒ de nán péngyou yǒudiǎnr ǎi, dànshì wǒ ài tā]
  My boyfriend is a little short, but I love him.
- 我的朋友不高，他有点儿矮。
  [Wǒ de péngyou bù gāo, tā yǒudiǎnr ǎi]
  My friend is not tall, and he is a little bit short.

Great, let's make some examples to practice what we have learned today.

- 那本书好看极了。
  [Nà běn shū hǎokàn jí le]
  That book is extremely interesting.
- 她唱得好听极了。
  [Tā chàng de hǎotīng jí le]
  She sings very well.

- 今天的天气好极了!
  [Jīntiān de tiānqì hǎo jí le]
  What a lovely day it is today!
- 这个服务员有意思极了。
  [Zhè ge fúwùyuán yǒuyìsi jí le]
  This waiter is extremely funny.

- 他们跟我一样难过。
  [Tāmen gēn wǒ yíyàng nánguò]
  They are as sad as me.
- 她看起来难过极了。
  [Tā kàn qǐlái nánguò jí le]
  She looks extremely sad.

- 我的阿姨又矮又胖。
  [Wǒ de āyí yòu ǎi yòu pàng]
  My aunty is both short and fat.
- 你们家谁最矮?
  [Nǐmen jiā shuí zuì ǎi]
  Who is the shortest in your family?

Great, so that wraps up today's lesson. Hope you have learned something there. Download our app to access our Chinese lessons, remember you can learn Chinese anywhere, anytime with ***ChineseAny***.

Word List

Main Vocabulary		
极了[jí le] extremely	难过[nánguò] sad	矮[ǎi] short, low

Notes

1. The degree adverb: 极了[jí le]

adj. +极了[jí le]

E.g. ① 他写的汉字漂亮极了。[Tā xiě de Hànzì piàoliang jí le]

He can write Chinese characters extremely beautifully.

② 那个饭店的菜好吃极了。[Nà ge fàndiàn de cài hǎochī jí le]

The food in that restaurant tastes extremely nice.

③ 最近我累极了。[Zuìjìn wǒ lèi jí le]

I am extremely tired recently.

④ 你的孩子聪明极了。[Nǐ de háizi cōngming jí le]

Your child is extremely clever.

2. Other degree adverb: 很[hěn]**, 太**[tài]**& 非常**[fēicháng]**:**

很[hěn] **+adj.; 太**[tài] **+adj. +了**[le]**; 非常**[fēicháng] **+adj.**

E.g. ① 这个咖啡很好喝。[Zhè ge kāfēi hěn hǎohē]

This coffee is very delicious.

② 这里的春天很暖和。[Zhèlǐ de chūntiān hěn nuǎnhuo]
The spring here is very warm.

③ 这瓶水太贵了。[Zhè píng shuǐ tài guì le]
This bottle of water is too expensive.

④ 他跑得太快了。[Tā pǎo de tài kuài le]
He runs too fast.

⑤ 我觉得这个星期上海非常热。
[Wǒ juéde zhè ge xīngqī Shànghǎi fēicháng rè]
I think Shanghai is really hot this week.

⑥ 这本书非常有意思。[Zhè běn shū fēicháng yǒuyìsi]
This book is very interesting.

Quiz

I. Pronunciation.

1. Please choose the initials or finals you heard.

1) A. jí le	B. jílè
2) A. nánguò	B. nánguó
3) A. bú ài	B. bù ǎi
4) A. nántí	B. lándǐ
5) A. xīngqī	B. xīngqǐ
6) A. gāochū	B. gāochù

2. Please choose the Pinyin you heard.

1) A. guì jí le	B. kuī jí le
2) A. yǒudiǎnr nán zhǎo	B. yǒudiǎnr nán zhāo
3) A. tā fēicháng ài	B. tā fēicháng ǎi
4) A. jìnxíng de shíhou	B. jìnxīn de shíhou

5) A. fēicháng xǐhuan B. fēicháng xíguàn
6) A. shǎo sān bǎi mǐ B. xiǎo sān bǎi mǐ

II. Form sentences.

1. hē (1) nánguò (2) bié (3) shíhou (4) jiǔ (5) de (6)

___

2. rén (1) bù (2) de (3) tā (4) xǐhuan (5) ǎi (6) hěn (7)

___

3. jí (1) zuìjìn (2) rè (3) Shànghǎi (4) le (5)

___

4. jí (1) wǒ (2) yǒuyìsi (3) zhè (4) shū (5) juéde (6) běn (7) le (8)

___

5. nǚ (1) yǒudiǎnr (2) ǎi (3) péngyou (4) tā (5)

___

6. xiǎng (1) bú (2) lǚxíng (3) wǒ (4) tài (5) qù (6)

___

III. Please translate the following sentences into Chinese.

1. What do you do when you are sad?

___

2. Do you like short one or high one?

___

3. My friend will leave China, and I am extremely sad.

____

4. That building is a little low.

____

5. He is as sad as me.

____

6. Please do not be sad, I will go with you.

____

I Decided What to Eat

Welcome to Elementary Level Seven, Lesson Eight of ***ChineseAny*** podcast series teaching Mandarin Chinese. Today we will learn three words. Let's look at them now.

The 1st vocabulary is “*juédìng 决定*”. “*juédìng 决定*” can be a verb, which means “to decide”. Also can be used as a noun, it means “decision”. “To make a decision” in Chinese should be “*zuò juédìng 做决定*”.

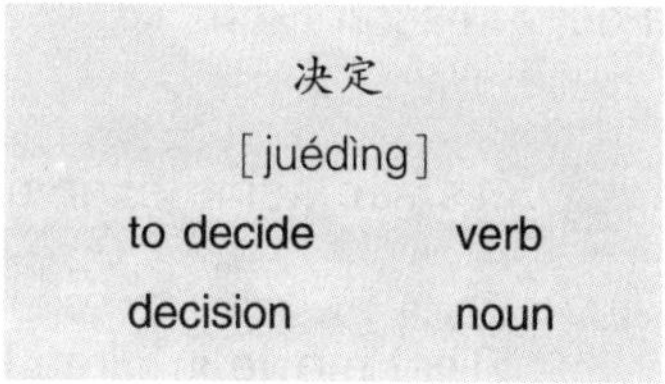
决定

[juédìng]

to decide	verb
decision	noun

For example:

- 我决定和她学习汉语。[Wǒ juédìng hé tā xuéxí Hànyǔ]
  I decided to study Chinese with her.
- 他决定在这个公司工作。[Tā juédìng zài zhè ge gōngsī gōngzuò]
  He decided to work in this company.
- 我太太的决定和我的一样。
  [Wǒ tàitai de juédìng hé wǒ de yíyàng]
  My wife's decision is as same as mine.
- 我知道做这个决定很难。[Wǒ zhīdào zuò zhè ge juédìng hěn nán]
  I know it is very hard to make this decision.
- 你决定买哪个了吗? [Nǐ juédìng mǎi nǎ ge le ma]

Did you decide which one to buy?

- 我已经做决定了。[Wǒ yǐjīng zuò juédìng le]
  I have made a decision.
- 生气的时候不要做决定。[Shēngqì de shíhou bú yào zuò juédìng]
  Please don't make decision when you are angry.

OK, let's see the 2nd vocabulary, "*jiéshù 结束*".

"*jiéshù 结束*" means "to finish", and the antonym of it is "*kāishǐ 开始*", "to start", which we learned in Level Four, Lesson Eight.

结束	
[jiéshù]	
to finish	verb

Let's see some examples:

- 那个电影已经结束了。[Nà ge diànyǐng yǐjīng jiéshù le]
  That movie is already finished.
- 这个会什么时候结束? [Zhè ge huì shénme shíhou jiéshù]
  When will this meeting finish?
- 我们的汉语课还没结束。[Wǒmen de Hànyǔ kè hái méi jiéshù]
  Our Chinese lesson hasn't finished yet.
- 比赛是昨天结束的。[Bǐsài shì zuótiān jiéshù de]
  The match is finished yesterday.
- 会没有结束以前，大家不能离开。
  [Huì méiyǒu jiéshù yǐqián, dàjiā bù néng líkāi]
  Nobody can leave before the meeting finish.
- 我们已经结束了，你们可以开始了。
  [Wǒmen yǐjīng jiéshù le, nǐmen kěyǐ kāishǐ le]
  We have finished, and you may start.
- 比赛还没开始就结束了。[Bǐsài hái méi kāishǐ jiù jiéshù le]

The match ended prematurely before the beginning.

Great, let's move on to the last character, "*huà 画*". "*huà 画*" has two meanings in Chinese.

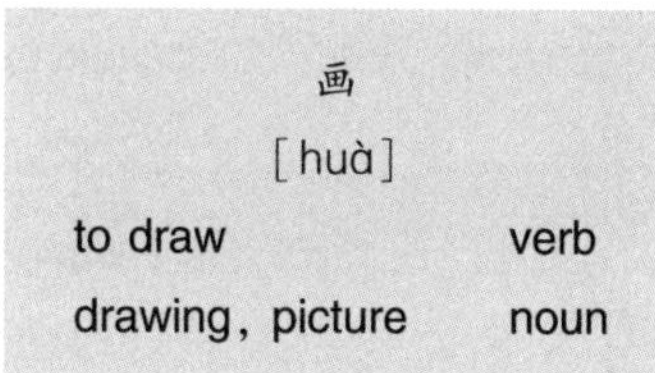

The 1st is a verb, which means "to draw a picture".

The 2nd is a noun, and it means "drawing or picture".

For example:

- 你喜欢画什么? [Nǐ xǐhuan huà shénme]
  What do you like to draw?
- 那个画很漂亮,你要买吗?
  [Nà ge huà hěn piàoliang, nǐ yào mǎi ma]
  That picture is very nice, do you want to buy it?
- 昨天她画了很多画。[Zuótiān tā huà le hěn duō huà]
  Yesterday she drew many pictures.
- 我们该画画了。[Wǒmen gāi huà huà le]
  It's time for us to draw a picture.
- 这是我上星期画的。[Zhè shì wǒ shàng xīngqī huà de]
  It was on last week that I drew it.
- 他想学习中国画。[Tā xiǎng xuéxí Zhōngguó huà]
  He wants to learn Chinese painting.
- 我看不懂他的画。[Wǒ kàn bu dǒng tā de huà]
  I can't understand his painting.

Great, let's make some examples to practice what we have learned today.

- 我决定一个人住。
  [Wǒ juédìng yí gè rén zhù]
  I decided to live alone.

- 我决定下个星期搬家。
  [Wǒ juédìng xià ge xīngqī bān jiā]
  I decided to move next week.

- 结束以后我给你打电话。
  [Jiéshù yǐhòu wǒ gěi nǐ dǎ diànhuà]
  I'll call you after it finishes.

- 那个网球比赛六点结束。
  [Nà ge wǎngqiú bǐsài liù diǎn jiéshù]
  That tennis match would finish at six.

- 他们决定明年结婚。
  [Tāmen juédìng míngnián jiéhūn]
  They have decided to get married next year.

- 你觉得他画得怎么样?
  [Nǐ juéde tā huà de zěnmeyàng]
  What do you think of his painting?

- 我不习惯画人。
  [Wǒ bù xíguàn huà rén]
  I'm not used to drawing the portrait.

- 我对你的画很满意。
  [Wǒ duì nǐ de huà hěn mǎnyì]
  I'm very satisfied with your painting.

Great, so that wraps up today's lesson. Hope you have learned something there. Download our app to access our Chinese lessons, remember you can learn Chinese anywhere, anytime with ***ChineseAny***.

Word List

Main Vocabulary		
决定[juédìng] to decide; decision	结束[jiéshù] to finish	画[huà] to draw picture, drawing

Notes

Review "是……的[shì … de]"

Subject + 是[shì] + time/place/method/purpose + verb + Object + 的[de]

E.g. ① 我们是上星期搬家的。[Wǒmen shì shàng xīngqī bān jiā de]
It was last week that we moved.

② 他是今天下午离开的。[Tā shì jīntiān xiàwǔ líkāi de]
It was this afternoon that he left.

③ 我是在中国买的。[Wǒ shì zài Zhōngguó mǎi de]
It was in China that I bought it.

④ 这件事是他告诉我的。[Zhè jiàn shì shì tā gàosu wǒ de]
I was told by him.

Quiz

I. Pronunciation.

1. Please choose the initials or finals you heard.

	A.	B.
1)	A. juédìng	B. quèdìng
2)	A. jièshū	B. jiéshù
3)	A. huáquán	B. huásuàn
4)	A. fěnhóng	B. fēihóng
5)	A. mùtou	B. bùtou
6)	A. jǐnjí	B. jīngjì

2. Please choose the Pinyin you heard.

	A.	B.
1)	A. hái bù néng juédìng	B. hái bù néng quèdìng
2)	A. tā hěn xīnjí	B. tā hěn xìngjí
3)	A. nǐ lái de zhēn qiǎo	B. nǐ lái de zhèng qiǎo
4)	A. jīntiān tài mēn le	B. jīntiān tài màn le
5)	A. shénme shíhou jiéshù	B. shenme shíhou jièsù
6)	A. tā zài xǐ jiǎo	B. tā zài xǐzǎo

II. Form sentences.

1. zìjǐ (1) juédìng (2) nǐ (3) kěyǐ (4)

____

2. jiàn miàn (1) diàn (2) wǒmen (3) juédìng (4) kāfēi (5) zài (6)

____

3. nǐ (1) Hànyǔ (2) le (3) jiéshù (4) de (5) kè (6) ma (7)

____

4. jīntiān (1) gōngzuò (2) hái (3) jiéshù (4) méiyǒu (5) de (6)

____

5. nǐ (1) de (2) huà (3) búcuò (4) zhēn (5)

____

6. tā (1) huà (2) wǒ (3) bǐ (4) de (5) hǎo (6)

____

III. Please translate the following sentences into Chinese.

1. They haven't decided yet.

____

2. We decided to travel next month.

____

3. It was yesterday that the match finished.

____

4. When will the movie finish?

____

5. My daughter is interested in drawing.

____

6. It's difficult to draw this picture.

____

I Am Coming Soon

Welcome to Elementary Level Seven, Lesson Nine of ***ChineseAny*** podcast series teaching Mandarin Chinese. Today we will learn three words, one verb and two adverbs. Let's see them now.

The 1st vocabulary is "*mǎshàng 马上*".

马上
[mǎshàng]
soon, immediately adverb

"*mǎshàng 马上*" is an adverb, which means "soon, immediately". Normally we put it before the verb, to indicate that some action will happen soon or immediately.

For example:

- 马上来 [mǎshàng lái]
  would come soon
- 马上开始 [mǎshàng kāishǐ]
  would start soon
- 马上到 [mǎshàng dào]
  would arrive soon

Since "*mǎshàng 马上*" is a time word, so you may not use it with another time word together. E. g. you could not say "I'm coming in 5 minutes soon."

OK, let's see some sentences:

- 请等一会儿，我们马上到。
  [Qǐng děng yíhuìr, wǒmen mǎshàng dào]
  Please wait a moment, we will arrive soon.
- 我的好朋友马上要结婚了。
  [Wǒ de hǎo péngyou mǎshàng yào jiéhūn le]
  My good friend will get married soon.
- 电影马上要开始了。[Diànyǐng mǎshàng yào kāishǐ le]
  The movie will start soon.
- 吃饭以后不可以马上游泳。
  [Chī fàn yǐhòu bù kěyǐ mǎshàng yóuyǒng]
  You should not swim immediately after eating.
- 我马上给他打电话。[Wǒ mǎshàng gěi tā dǎ diànhuà]
  I will call him right now.

OK, let's see the 2nd character, "*jiù 就*". "*jiù 就*" is an adverb, which means "just, exactly, soon". Normally we use it before a verb to emphasize or express a fact.

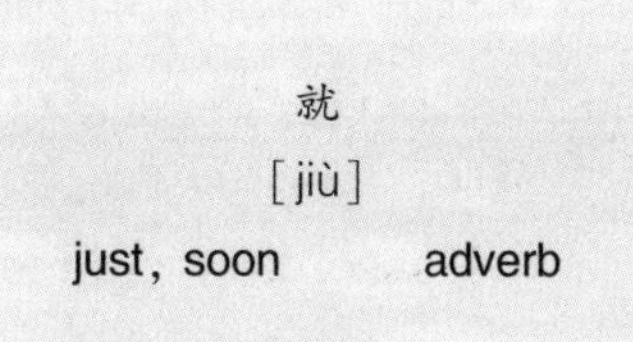

就
[jiù]
just, soon adverb

For example:

- 他就是我们的经理。[Tā jiù shì wǒmen de jīnglǐ]
  He is just our manager.
- 那儿就是地铁站。[Nàr jiù shì dìtiě zhàn]
  There is just a subway station.
- 书店就在那个楼的前边。
  [Shūdiàn jiù zài nà ge lóu de qiánbian]
  The bookstore is just in front of that building.

● 明天就是你的生日。[Míngtiān jiù shì nǐ de shēngrì]
Tomorrow will be your birthday.

OK, let's study its two formats of "*jiù* 就".

Subject + 就 + verb
[jiù]

➢ 1) Subject + "*jiù* 就" + Verb.

We use "*jiù* 就" before a verb to emphasize that the action or something will happen in a short time.

For example:

● 请等一下,我就来。[Qǐng děng yíxià, wǒ jiù lái]
Please wait a minute, I'll come right away.
● 比赛就要开始了。[Bǐsài jiù yào kāishǐ le]
The game will start right now.
● 你十分钟以后再给他打电话吧,会议就要结束了。
[Nǐ shí fēnzhōng yǐhòu zài gěi tā dǎ diànhuà ba, huìyì jiù yào jiéshù le]
Please call him in ten minutes, the meeting will be over soon.
● 他很快就习惯了。[Tā hěn kuài jiù xíguàn le]
He got used very soon.

S. + time + 就 + verb
[jiù]

➢ 2) We use a time word before "*jiù* 就", to indicate that the action started or finished in such a short time.

Let's see some examples:

● 他们马上就来。[Tāmen mǎshàng jiù lái]

They are coming soon.

- 我们下个星期就去上海。[Wǒmen xià ge xīngqī jiù qù Shànghǎi]
  We will go to Shanghai just in next week.
- 这个电影半个小时就能结束。
  [Zhè ge diànyǐng bàn gè xiǎoshí jiù néng jiéshù]
  This movie will finish just in half an hour.
- 我一个星期就能完成这个工作。
  [Wǒ yí gè xīngqī jiù néng wánchéng zhè ge gōngzuò]
  I can finish this job just in one week.
- 他们二十岁就结婚了。[Tāmen èrshí suì jiù jiéhūn le]
  They got married when they were just twenty.

Great, let's see the 3rd vocabulary, "*jiějué 解决*".

"*jiějué 解决*" means "to solve". The object normally would be a problem or an issue.

解决
[jiějué]
to solve verb

For example:

- 我可以帮你解决这个问题。
  [Wǒ kěyǐ bāng nǐ jiějué zhè ge wèntí]
  I can help you to solve this problem.
- 我现在就去解决。[Wǒ xiànzài jiù qù jiějué]
  I will go to solve it right now.
- 这个问题很难解决。[Zhè ge wèntí hěn nán jiějué]
  This problem is very hard to solve.

Great, let's make some examples to practice what we have learned today.

- 我马上去买水果。
  [Wǒ mǎshàng qù mǎi shuǐguǒ]
  I will go to buy fruit immediately.

- 他们马上要到上海了。
  [Tāmen mǎshàng yào dào Shànghǎi le]
  They will arrive in Shanghai soon.

- 电影就要开始了。
  [Diànyǐng jiù yào kāishǐ le]
  The movie will start soon.

- 他们两个星期前就到了。
  [Tāmen liǎng gè xīngqī qián jiù dào le]
  They have arrived just two weeks ago.

- 我们去年就认识了。
  [Wǒmen qùnián jiù rènshi le]
  We have just known each other since last year.

- 昨天我十点就睡觉了。
  [Zuótiān wǒ shí diǎn jiù shuìjiào le]
  I just slept at ten o'clock yesterday.

- 我想自己解决这个问题。
  [Wǒ xiǎng zìjǐ jiějué zhè ge wèntí]
  I want to solve this problem by myself.

- 你知道怎么解决吗？
  [Nǐ zhīdào zěnme jiějué ma]
  Do you know how to solve it?

Great, so that wraps up today's lesson. Hope you have learned something there. Download our app to access our Chinese lessons, remember you can learn Chinese anywhere, anytime with ***ChineseAny***.

Word List

Main Vocabulary		
马上[mǎshàng] soon, immediately	就[jiù] just	解决[jiějué] to solve

Notes

1. The adverb "就[jiù]"

Subject + 就[jiù] + verb

E.g. ① 停车场就在前面。[Tíngchēchǎng jiù zài qiánmiàn]
The parking lot is just ahead.
② 我就是他的太太。[Wǒ jiù shì tā de tàitai]
I am just his wife.
③ 右边第一个房间就是我的办公室。
[Yòubian dì yī gè fángjiān jiù shì wǒ de bàngōngshì]
The first room on the right is just my office.
④ 他就是我的汉语老师。[Tā jiù shì wǒ de Hànyǔ lǎoshī]
He is just my Chinese teacher.

2. Subject + time/age + 就[jiù] + verb + 了[le]

E.g. ① 我们十岁就去美国了。[Wǒmen shí suì jiù qù Měiguó le]

We went to America when I was just ten years old.

② 他们二十三岁就结婚了。[Tāmen èrshísān suì jiù jiéhūn le]

They got married at just twenty-three.

③ 他三年前就开始工作了。

[Tā sān nián qián jiù kāishǐ gōngzuò le]

He started working just three years ago.

④ 每天晚上我九点半就睡觉。

[Měitiān wǎnshang wǒ jiǔ diǎn bàn jiù shuìjiào]

I go to bed at half past nine everyday.

Quiz

I. Pronunciation.

1. Please choose the initials or finals you heard.

1) A. mǎshàng B. mǎnshàng
2) A. jiějué B. xièjué
3) A. jiùshì B. xiūshì
4) A. zàojiù B. zǎojiù
5) A. jièshào B. jièzào
6) A. jiěshǔ B. jiéshù

2. Please choose the Pinyin you heard.

1) A. mǎshàng dào le B. mǎshàng dǎo le
2) A. jiějué wèntí B. xièjué wéntǐ
3) A. qī diǎn qǐchuáng B. jǐ diǎn qǐchuáng
4) A. zuótiān jiù chī le B. zuótiān jiù qù le
5) A. zǎojiù qiān le B. zǎojiù juān le
6) A. zǎojiù liúxíng le B. zǎojiù liúxīn le

II. Form sentences.

1. jiù (1) wǒmen (2) le (3) kāi (4) mǎshàng (5) huì (6)

____

2. shénme (1) wèntí (2) zhè (3) shíhou (4) jiějué (5) nǐ (6) gè (7)

____

3. jiéhūn (1) péngyou (2) èrshí (3) jiù (4) le (5) wǒ (6) suì (7)

____

4. le (1) wǒmen (2) jiǔ (3) gōngsī (4) jiù (5) diǎn (6) dào (7)

____

5. jiéshù (1) xiǎoshí (2) huì (3) jiù (4) bàn (5) kěyǐ (6) gè (7)

____

6. zǎo jiù (1) tāmen (2) le (3) liǎng (4) gè (5) rènshi (6)

____

III. Please translate the following sentences into Chinese.

1. We have studied Chinese for a long time.

____

2. She has been to America for a long time.

____

3. I can help you to solve that problem.

____

4. You will know soon.

____

5. Sunday is coming soon.

____

6. Solving this problem is very troublesome.

____

What Do You Want to Order

Welcome to Elementary Level Seven, Lesson Ten of ***ChineseAny*** podcast series teaching Mandarin Chinese. Today we will learn three verbs. Let's look at them now.

The 1st vocabulary is "*diǎn 点*". "*diǎn 点*" here is a verb, which means "to order". We normally put the noun after it.

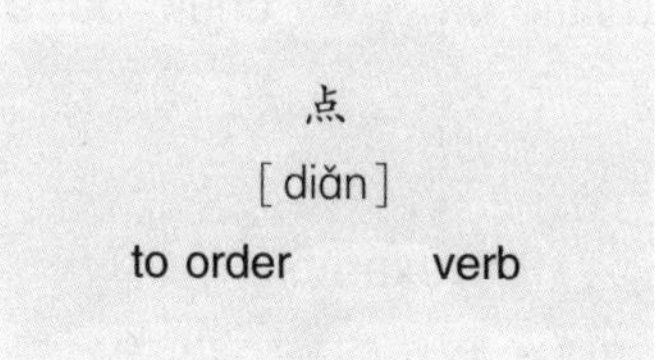

For example:

- 点菜 [diǎn cài]　to order dish
- 点东西 [diǎn dōngxi]　to order things

Let's see some sentences:

- 你想点什么? [Nǐ xiǎng diǎn shénme]
  What do you want to order?
- 在中国,我不知道怎么点菜。
  [Zài Zhōngguó, wǒ bù zhīdào zěnme diǎn cài]
  I do not know how to order food in China.
- 他点了很多菜。[Tā diǎn le hěn duō cài]
  He ordered a lot of food.
- 我们昨天吃的饭是我点的。

[Wǒmen zuótiān chī de fàn shì wǒ diǎn de]
I ordered the food that we ate yesterday.

Now let's summarize the meanings of "*diǎn 点*".

➢ As a noun, it means "o'clock".
Ten o'clock is "*shí diǎn 十点*";
four o'clock is "*sì diǎn 四点*".

➢ As an adjective, it has three meanings.

1) "*yìdiǎnr 一点儿*" means "some, a little bit"; we could put a noun after it. "*yìdiǎnr 一点儿+noun*"

一点儿 + noun
[yì diǎnr]
some/a little bit of + noun

For example:

- 我想喝一点儿咖啡。[Wǒ xiǎng hē yìdiǎnr kāfēi]
  I want to drink some coffee.
- 请给我一点儿水。[Qǐng gěi wǒ yìdiǎnr shuǐ]
  Please give me some water.

2) "*yǒu diǎnr 有点儿*", a little bit, we could put a negative adjective after it. Normally it describes "unsatisfied feeling for something".

有(一)点儿 + adj.
[yǒu diǎnr]
a little bit + adj.

For example:

- 我觉得那个有点儿贵。[Wǒ juéde nà ge yǒudiǎnr guì]
  I think that thing is a little expensive.
- 我觉得那件衣服有点儿大。[Wǒ juéde nà jiàn yīfu yǒudiǎnr dà]
  I think that shirt is a little big.

3) "*yìdiǎnr 一点儿*", we use that after the adjective to express the comparative degree. We can use it to describe the things we prefer.

adj. +一点儿
[yì diǎnr]
comparative degree

For example:

- 你可以说慢一点儿吗? [Nǐ kěyǐ shuō màn yìdiǎnr ma]
  Could you speak a little slower?
- 可以便宜一点儿吗? [Kěyǐ piányi yìdiǎnr ma]
  Can that be cheaper?

OK, let's see the 2nd vocabulary, "*wánchéng 完成*". "*wánchéng 完成*" means "to complete".

完成
[wánchéng]
to complete verb

For example:

- 你什么时候可以完成这个工作?
  [Nǐ shénme shíhou kěyǐ wánchéng zhè ge gōngzuò]
  When can you complete this job?
- 你可以自己完成吗? [Nǐ kěyǐ zìjǐ wánchéng ma]
  Can you complete it by yourself?
- 这个工作他们昨天就完成了。
  [Zhè ge gōngzuò tāmen zuótiān jiù wánchéng le]
  They completed this job yesterday.
- 是他帮我完成这个工作的。
  [Shì tā bāng wǒ wánchéng zhè ge gōngzuò de]
  It was he who helped me to complete this job.

Great, let's see the 3rd vocabulary, "*fāxiàn 发现*". "*fāxiàn 发现*" is a verb, which means "to discover, to find out".

发现
[fāxiàn]
to discover, find out
verb

For example:

- 我发现中国人不喜欢喝咖啡。
  [Wǒ fāxiàn Zhōngguó rén bù xǐhuan hē kāfēi]
  I found that Chinese people do not like drinking coffee.
- 我发现她喜欢穿红衣服。
  [Wǒ fāxiàn tā xǐhuan chuān hóng yīfu]
  I found that she likes wearing red clothes.
- 我发现他的汉语越来越好。
  [Wǒ fāxiàn tā de Hànyǔ yuèláiyuè hǎo]
  We found that his Chinese is getting better.
- 我们是在路上发现他的。
  [Wǒmen shì zài lùshàng fāxiàn tā de]
  It was on the road where we found him.

Great, let's make some examples to practice what we have learned today.

- 我已经点了两个菜。
  [Wǒ yǐjīng diǎn le liǎng gè cài]
  I have already ordered two dishes.
- 我的汉语不好，你点吧。
  [Wǒ de Hànyǔ bù hǎo, nǐ diǎn ba]
  My Chinese is not good, please order!

- 我每次都喜欢点这个菜。
[Wǒ měi cì dōu xǐhuan diǎn zhè ge cài]
Every time I like to order this dish.
- 我们上个星期就完成了。
[Wǒmen shàng ge xīngqī jiù wánchéng le]
We finished it last week.

- 他们完成得怎么样?
[Tāmen wánchéng de zěnmeyàng]
How is it going?
- 我发现她变了很多。
[Wǒ fāxiàn tā biàn le hěn duō]
I found that she had changed a lot.

- 你们是在哪里发现这个的?
[Nǐmen shì zài nǎlǐ fāxiàn zhè ge de]
Where did you find it?
- 我发现他还没完成这本书。
[Wǒ fāxiàn tā hái méi wánchéng zhè běn shū]
I found that he hadn't completed (reading) this book.

Great, so that wraps up today's lesson. Hope you have learned something there. Download our app to access our Chinese lessons, remember you can learn Chinese anywhere, anytime with ***ChineseAny***.

Word List

Main Vocabulary		
点[diǎn] to order; o'clock	完成[wánchéng] to complete	发现[fāxiàn] to discover, find out

Notes

"一点儿[yìdiǎnr]" & "有点儿[yǒu diǎnr]"

Verb / adj. + 一点儿[yìdiǎnr]; 有点儿[yǒu diǎnr] + adj.

E. g. ① 我想买一点儿水果。[Wǒ xiǎng mǎi yìdiǎnr shuǐguǒ]
I want to buy some fruits.

② 早上我喝了一点儿牛奶。[Zǎoshang wǒ hē le yìdiǎnr niúnǎi]
I drank a little milk in the morning.

③ 你可以说慢一点儿吗? [Nǐ kěyǐ shuō màn yìdiǎnr ma]
Could you speak a little slower?

④ 你有长一点儿的吗? [Nǐ yǒu cháng yìdiǎnr de ma]
Do you have a longer one?

⑤ 她觉得有点儿不舒服。[Tā juéde yǒudiǎnr bù shūfu]
She feels a bit uncomfortable.

⑥ 这儿离车站有点儿远。[Zhèr lí chēzhàn yǒudiǎnr yuǎn]
It's a little far from the station.

⑦ 我觉得有点累。[Wǒ juéde yǒudiǎnr lèi]
I feel a little tired.

Quiz

I. Pronunciation.

1. Please choose the initials or finals you heard.

1) A. diǎn cài	B. diǎn chá
2) A. wánshèng	B. wánchéng
3) A. fāxiàn	B. fāqián
4) A. zǎojiù	B. zǎoqiū
5) A. rúguǒ	B. rúhuǒ
6) A. qièshí	B. jiēshí

2. Please choose the Pinyin you heard.

1) A. tā diǎn le shuǐ	B. tā diǎn le shuí
2) A. wǒmen wánchéng le	B. wǒmen huànchèng le
3) A. wǒ búyào táng	B. wǒ búyào tāng
4) A. yuèláiyuè jìn	B. yuèláiyuè qīn
5) A. dāngrán fùxí le	B. dāngrán fúqì le
6) A. bù chángcháng liànxí	B. bù chángcháng liánxì

II. Form sentences.

1. yǐjīng (1) diǎn (2) wǒ (3) píjiǔ (4) le (5)

____

2. nǐmen (1) shénme (2) xiǎng (3) cài (4) diǎn (5)

____

3. nǐ (1) jǐ (2) de (3) wánchéng (4) diǎn (5)

____

4. wǒ (1) wánchéng (2) mǎshàng (3) le (4) jiù (5)

____

5. fāxiàn (1) wǒ (2) zǎo jiù (3) le (4)

____

6. shì (1) fāxiàn (2) gè (3) de (4) tā (5) wèntí (6) zhè (7)

____

III. Please translate the following sentences into Chinese.

1. Don't order too much food, please.

____

2. Do you want to order wine?

____

3. Can you complete it today?

____

4. Can you complete this job by yourself?

____

5. I found that he often came late recently.

____

6. Where did you find them?

____

She Is Younger Than Me

Welcome to Elementary Level Seven, Lesson Eleven of ***ChineseAny*** podcast series teaching Mandarin Chinese. Today we will learn two adjectives and one verb.

The 1st vocabulary is "*jiǎndān 简单*". "*jiǎndān 简单*" is an adjective, which means "simple, or easy". It has the same meaning with "*róngyì 容易*". And as you know, the antonym is "*nán 难*", which we have learned previously.

简单
[jiǎndān]
simple/easy adjective

Let's see some sentences:

- 这个没有那个简单。[Zhè ge méiyǒu nà ge jiǎndān]
  This is not as simple as that one.
- 这个问题太简单了。[Zhè ge wèntí tài jiǎndān le]
  This question is too easy.
- 你想得太简单了。[Nǐ xiǎng de tài jiǎndān le]
  You think it too simply.
- 他很简单,是一个好朋友。
  [Tā hěn jiǎndān, shì yí gè hǎo péngyou]
  He is very simple, he is a good friend.
- 汉语听起来很简单,说起来很难。

[Hànyǔ tīng qǐlái hěn jiǎndān, shuō qǐlái hěn nán]
Chinese is easier heard than spoken.

OK, let's see the 2nd vocabulary, "*liànxí 练习*". "*liànxí 练习*" can be a VERB, which means "to practice". Also can be a NOUN, which means "exercise". So "do exercise" in Chinese is "*zuò liànxí 做练习*".

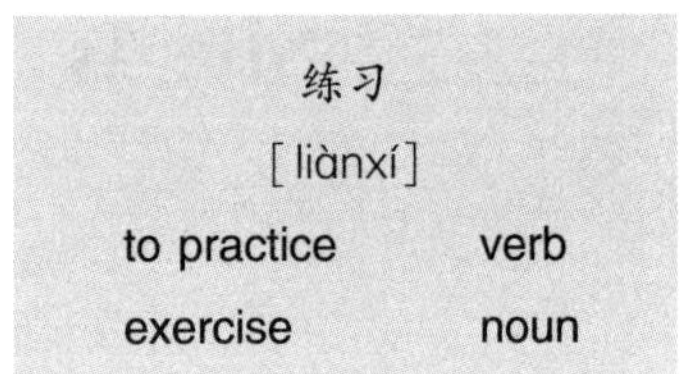

For example:

- 我们今天有练习吗? [Wǒmen jīntiān yǒu liànxí ma]
  Do we have exercises today?
- 我不喜欢做很简单的练习。
  [Wǒ bù xǐhuan zuò hěn jiǎndān de liànxí]
  I do not like to do such simple exercises.
- 我在公司不经常练习汉语。
  [Wǒ zài gōngsī bù jīngcháng liànxí Hànyǔ]
  I do not often practice my Chinese in the company.
- 这个练习比那个难。[Zhè ge liànxí bǐ nà ge nán]
  This exercise is more difficult than that one.
- 你昨天练习得怎么样? [Nǐ zuótiān liànxí de zěnmeyàng]
  How did you practice yesterday?
- 我练习了三个小时。[Wǒ liànxí le sān gè xiǎoshí]
  I practiced for three hours.

OK, let's see the 3rd vocabulary "*niánqīng 年轻*".

年轻	
[niánqīng]	
young	adjective

"*niánqīng* 年轻" means "young".

"*nián* 年" means "year", we studied before.

"*qīng* 轻" means "light for weight".

"Young people" in Chinese is "*niánqīng rén* 年轻人". The opposite word of it is "*lǎorén* 老人", old people.

Let's see some examples:

- 现在年轻人很喜欢喝咖啡。
  [Xiànzài niánqīng rén hěn xǐhuan hē kāfēi]
  Now young people like drinking coffee very much.
- 她没有我年轻。[Tā méiyǒu wǒ niánqīng]
  She is not as young as me.
- 我妈妈年轻的时候很漂亮。
  [Wǒ māma niánqīng de shíhou hěn piàoliang]
  My Mom was a beauty when she was young.
- 他年轻的时候,去过很多地方。
  [Tā niánqīng de shíhou, qù guo hěn duō dìfang]
  He had been to many places when he was young.
- 你穿那件新衣服看起来很年轻。
  [Nǐ chuān nà jiàn xīn yīfu kàn qǐlái hěn niánqīng]
  You look very young in that new dress.
- 我发现你越来越年轻。[Wǒ fāxiàn nǐ yuèláiyuè niánqīng]
  I found you are getting younger.

Great, let's make some examples to practice what we have learned today.

- 我觉得这个有点儿简单。
  [Wǒ juéde zhè ge yǒudiǎnr jiǎndān]
  I think this is a little simple.
- 他会做一些简单的菜。
  [Tā huì zuò yìxiē jiǎndān de cài]
  He can cook some simple dishes.

- 今天我学的汉字都很简单。
  [Jīntiān wǒ xué de Hànzì dōu hěn jiǎndān]
  The characters that I learned today are very simple.
- 你们练习了多长时间？
  [Nǐmen liànxí le duō cháng shíjiān]
  How long did you practice?

- 我们完成了那个练习。
  [Wǒmen wánchéng le nà ge liànxí]
  We finished that exercises.
- 他太太又年轻又漂亮。
  [Tā tàitai yòu niánqīng yòu piàoliang]
  His wife is young and beautiful.

- 我们公司有很多年轻人。
  [Wǒmen gōngsī yǒu hěn duō niánqīng rén]
  There are many young people in my company.
- 我已经不年轻了。
  [Wǒ yǐjīng bù niánqīng le]
  I'm not young any more.

Great, so that wraps up today's lesson. Hope you have learned something there. Download our app to access our Chinese lessons, remember you can learn Chinese anywhere, anytime with ***ChineseAny***.

Word List

Main Vocabulary		
简单[jiǎndān] simple, easy	练习[liànxí] exercise, to practice	年轻[niánqīng] young
Additional Vocabulary		
轻[qīng] light	年轻人[niánqīng rén] young people	老人[lǎorén] old people

Notes

Comparative sentence structure: the negative form

A + 没有[méiyǒu] **+ B + adjective**

E.g. ① 昨天没有今天热。[Zuótiān méiyǒu jīntiān rè]
Yesterday was not as hot as today.

② 我们公司男的没有女的多。
[Wǒmen gōngsī nánde méiyǒu nǚde duō]
The males are not as many as the females in my company.

③ 她没有我年轻。[Tā méiyǒu wǒ niánqīng]
She is not as young as me.

④ 他没有我高。[Tā méiyǒu wǒ gāo]
He is not as tall as me.

Quiz

I. Pronunciation.

1. Please choose the initials or finals you heard.

1) A. jiǎndān B. jiàntán
2) A. niánjǐn B. niánqīng
3) A. liànxí B. liánxì
4) A. liànjiù B. liànqiú
5) A. fāxiàn B. fāxià
6) A. wánchéng B. wǎnchéng

2. Please choose the Pinyin you heard.

1) A. tā bù jiǎndān B. tā bù jiàntán
2) A. liànxí Hànyǔ B. liànxí Hányǔ
3) A. niánqīng zhēn hǎo B. niánjì zhèng hǎo
4) A. qǐng qīng yìdiǎn B. qīnjìn yìdiǎn
5) A. nián jìn èrshí B. nián jǐn èrshí
6) A. yuèláiyuè qiáng B. yuèláiyuè qiǎn

II. Form sentences.

1. duō (1) nǐ (2) le (3) shíjiān (4) liànxí (5) cháng (6)

____

2. bù (1) niánqīng (2) zhè (3) zuò (4) xiǎng (5) rén (6) gè (7) gōngzuò (8)

____

3. wèntí (1) bú (2) gè (3) jiǎndān (4) nàme (5) zhè (6)

____

4. méiyǒu 1 zhèr 2 ānjìng 3 nàme 4 nàr 5

____

5. ma 1 zhè 2 jiějué 3 róngyì 4 gè 5

____

6. māma 1 niánqīng 2 hěn 3 qǐlái 4 kàn 5 nǐ 6

____

III. Please translate the following sentences into Chinese.

1. Now Chinese young people like drinking coffee.

____

2. She practiced many times.

____

3. I can simply answer your question.

____

4. I do exercise twice per day.

____

5. This exercise is not as simple as that one.

____

6. She does not eat as much as me.

____

If You Are Still Young

Welcome to Elementary Level Seven, Lesson Twelve of ***ChineseAny*** podcast series teaching Mandarin Chinese. Today we will learn three words: one verb, one adverb and one noun.

The 1st vocabulary is "*rúguǒ 如果*".

"*rúguǒ 如果*" is a conjunction, which means "if".

We normally use "*rúguǒ 如果…… jiù 就……*" to connect two causes, which means "if ... then ...".

If it is attached to the former clause, the latter clause is the conclusion, results, or request.

One thing we need to notice that if the subjects of the two causes are the same, the second subject could be omitted.

"*jiù 就*" must be used after the second subject, and it can be omitted sometimes.

如果
[rúguǒ]
if conjunction

如果……,sb. +就……。
[rúguǒ] [jiù]
if ... then ...

For example:

- 如果你有时间,(你)就给我打电话。
  [Rúguǒ nǐ yǒu shíjiān, (nǐ) jiù gěi wǒ dǎ diànhuà]

Please call me if you have time.

- 如果明天下雨，我们就不去外边。
  [Rúguǒ míngtiān xià yǔ, wǒmen jiù bú qù wàibian]
  We will not go outside, if it rains tomorrow.
- 如果你说得太快，我就听不懂。
  [Rúguǒ nǐ shuō de tài kuài, wǒ jiù tīng bù dǒng]
  If you speak fast, I cannot understand.
- 如果你觉得累，我们就休息五分钟。
  [Rúguǒ nǐ juéde lèi, wǒmen jiù xiūxi wǔ fēnzhōng]
  We may take a rest for five minutes, if you feel tired.
- 如果你不满意，(就)请告诉我。
  [Rúguǒ nǐ bù mǎnyì, (jiù) qǐng gàosu wǒ]
  If you are not satisfied, please tell me.

OK, let's see the 2nd character, "*mén 门*". "*mén 门*" means "door".

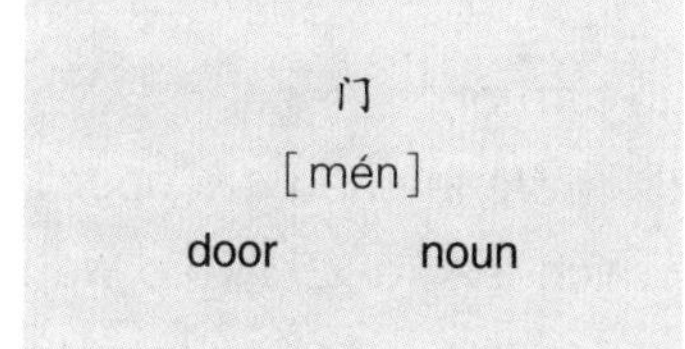
门
[mén]
door noun

You may put a place word before it to express where the door belongs to. Like "the room's door" in Chinese is "*fángjiān mén 房间门*"; "The door of the washroom" in Chinese is "*xǐshǒujiān mén 洗手间门*".

Before we have learned "*dà 大*"; so "entrance, gate" in Chinese is "*dàmén 大门*". The big door also means "the main gate, main entrance".

Before we learned "*kǒu 口*", mouth; so "doorway" in Chinese is "*ménkǒu 门口*".

For example：

- 我在门口等你。[Wǒ zài ménkǒu děng nǐ]
  I will wait for you at the doorway.
- 他们什么时候开门？[Tāmen shénme shíhou kāi mén]
  When do they open the door?
- 洗手间的门在哪儿？[Xǐshǒujiān de mén zài nǎr]
  Where is the washroom's door?
- 不要坐在门口。[Bú yào zuò zài ménkǒu]
  Don't sit at the doorway.
- 请问，商店的大门在哪儿？
  [Qǐng wèn，shāngdiàn de dàmén zài nǎr]
  Excuse me，where is the entrance of the shop?

关	
[guān]	
to close，turn off	verb

Great，let's see the 3rd character，"*guān* 关"."*guān* 关" means "to close，to turn off".

We learned "to open" in Chinese，which is "*kāi* 开"，so we may put "*kāi* 开" and "*guān* 关" together，that will make a new vocabulary，"*kāiguān* 开关". To open and to close，which means "switch"，it's a noun. The antonym of "*guān* 关" is "*kāi* 开".

For example：

关门 [guān mén] close the door
关机 [guān jī] turn off the phone
关电视 [guān diànshì] turn off the TV

OK，let's see some sentences：

- 你可以帮我关门吗？[Nǐ kěyǐ bāng wǒ guān mén ma]
  Could you help me to close the door?

- 这个房间的开关在哪儿? [Zhè ge fángjiān de kāiguān zài nǎr]
  Where is the switch of this room?
- 你出去的时候,别忘了关门。
  [Nǐ chūqu de shíhou, bié wàng le guān mén]
  Don't forget to close the door when you go out.
- 我们已经关门了,请明天再来吧。
  [Wǒmen yǐjīng guān mén le, qǐng míngtiān zài lái ba]
  We have finished the business, please come tomorrow.
- 那个饭店每天开门很早。
  [Nà ge fàndiàn měitiān kāi mén hěn zǎo]
  That restaurant opens early everyday.

Great, let's make some examples to practice what we have learned today.

- 如果天气好,我就去。
  [Rúguǒ tiānqì hǎo, wǒ jiù qù]
  If the weather is fine, I will go.
- 如果你想看比赛,我给你票。
  [Rúguǒ nǐ xiǎng kàn bǐsài, wǒ gěi nǐ piào]
  If you want to watch the match, I have the tickets.

- 如果你会说汉语,你可以认识更多的中国朋友。
  [Rúguǒ nǐ huì shuō Hànyǔ, nǐ kěyǐ rènshi gèng duō de Zhōngguó péngyou]
  If you can speak Chinese, you can make more Chinese friends.

- 请从右边的门走。
  [Qǐng cóng yòubian de mén zǒu]
  Please go from the right door.

- 请问，谁在门口？
  [Qǐng wèn, shuí zài ménkǒu]
  Excuse me, who is at the gate?

- 那个商店几点关门？
  [Nà ge shāngdiàn jǐ diǎn guān mén]
  What time does that shop close?

- 办公室的开关坏了。
  [Bàngōngshì de kāiguān huài le]
  The switch of office is broken.

Great, so that wraps up today's lesson. Hope you have learned something there. Download our app to access our Chinese lessons, remember you can learn Chinese anywhere, anytime with ***ChineseAny***.

Word List

Main Vocabulary		
如果[rúguǒ] if	门[mén] door	关[guān] close, turn off
Additional Vocabulary		
大门[dàmén] gate	门口[ménkǒu] doorway	开关[kāiguān] switch

Notes

The conjunction “如果[rúguǒ]……,就[jiù]……”

如果[rúguǒ]……, **sb. + 就**[jiù]……

E.g. ① 如果你喜欢,你就买吧。[Rúguǒ nǐ xihuan, nǐ jiù mǎi ba]
If you like it, buy it then.

② 如果明天天气好,我们就去打网球。
[Rúguǒ míngtiān tiānqì hǎo, wǒmen jiù qù dǎ wǎngqiú]
We will go to play tennis if the weather is fine tomorrow.

③ 如果你想去,我就和你一起去。
[Rúguǒ nǐ xiǎng qù, wǒ jiù hé nǐ yìqǐ qù]
If you want to go, I'll go with you.

④ 如果你不会做,我可以教你。
[Rúguǒ nǐ bú huì zuò, wǒ kěyǐ jiāo nǐ]
I can teach you if you can't do it.

Quiz

I. Pronunciation.

1. Please choose the initials or finals you heard.

1) A. rúguǒ B. rùkǒu
2) A. kāi mén B. kān mén
3) A. guānxīn B. kuānxīn
4) A. cǎisè B. cāicè
5) A. chūnfēng B. chōngfēng
6) A. jícù B. jìzhù

2. Please choose the Pinyin you heard.

1) A. jīntiān jǐ hào B. jīntiān qī hào
2) A. wǒ kànkan càidān B. wǒ kànkan cǎidiàn
3) A. tā liú xiě le B. tā liú xué le
4) A. wǒ mǎi le cídiǎn B. wǒ mǎi le zìdiǎn
5) A. xiàyuè wǒ bú qù B. xià xuě wǒ bú qù
6) A. yí liàng huǒchē B. yí liàng huòchē

II. Form sentences.

1. rúguǒ (1) xǐhuan (2) bù (3) nǐ (4) búyào (5) mǎi (6) jiù (7)

____

2. nǐ (1) dǎ (2) diànhuà (3) lái (4) rúguǒ (5) jiù (6) gěi (7) wǒ (8)

____

3. zhīdào (1) nǐ (2) diǎn (3) guān (4) mén (5) ma (6) jǐ (7)

____

4. kěyǐ (1) nǐmen (2) zhè (3) cóng (4) zǒu (5) ge (6) mén (7)

____

5. zài (1) wǒ (2) kāiguān (3) zhǎo (4)

____

6. yíxià (1) guān (2) qǐng (3) mén (4) ma (5) hǎo (6)

____

III. Please translate the following sentences into Chinese.

1. We're going to travel next week if the weather is nice.

____

2. Let's go for coffee if you are not busy.

____

3. You can ask me if you don't know how to do with it.

____

4. It's too hot, please don't close the door.

____

5. The switch is over there.

____

6. Do you know what time that restaurant closes?

____

I Have Only Been There Once

Welcome to Elementary Level seven, Lesson Thirteen of ***ChineseAny*** podcast series teaching Mandarin Chinese. Today we will learn three words: one adverb and two nouns.

The 1st adverb is "*zhǐ* 只".
"*zhǐ* 只" means "only, just".
In Chinese, we may place it before the verb.

只	
[zhǐ]	
only, just	adverb

For example:

- 我只去过那里一次。[Wǒ zhǐ qù guo nàlǐ yí cì]
  I have only been there once.
- 我只带了一百块钱。[Wǒ zhǐ dài le yìbǎi kuài qián]
  I only brought 100 RMB.
- 他只有一个孩子。[Tā zhǐ yǒu yí gè háizi]
  He only has one child.
- 他只知道拼音，不认识汉字。
  [Tā zhǐ zhīdào Pīnyīn, bú rènshi Hànzì]
  He only knows Pinyin, doesn't know Chinese characters.
- 我只会用汉语说"你好"。
  [Wǒ zhǐ huì yòng Hànyǔ shuō "Nǐ hǎo"]
  I can only say "Hello" in Chinese.

過去
[guòqù]
go over, previously
verb/adverb/noun

OK, the 2nd vocabulary is "*guòqù 过去*".

In Chinese, "*guòqù 过去*" has many meanings.

➢ Firstly, as a verb, it means "go over". "*qù 去*" should be pronounced in neutral tone.

過去
[guòqu]
go over (no place)
去
[qù]
go + place

The difference between "*guòqu 过去*" and "*qù 去*" is that "*guòqu 过去*" is for the short distance place, normally we don't use any place word after it.

But "*qù 去*" is followed by a location word.

For example:

- 午饭以后我就过去。[Wǔfàn yǐhòu wǒ jiù guòqu]
  I will go to your place just after lunch.
- 你是几点过去的? [Nǐ shì jǐ diǎn guòqu de]
  What time did you go there?

The opposite word of "*guòqu 过去*", to go over, is "*guòlai 过来*", to come over.

OK, let's make one dialogue with "*guòqu 过去*" and "*guòlai 过来*".

A: *喂,你好,玛姬。* [*Wéi, nǐ hǎo Maggie*] Hello, Maggie.
B: *你好 Rick。* [*Nǐ hǎo Rick*] Hi, Rick.
A: *我们今天见面吧。* [*Wǒmen jīntiān jiàn miàn ba*]
Let's meet today.

B: *好的,你过来还是我过去?* [*Hǎo de, nǐ guòlai háishi wǒ guòqu*]
OK, will you come over or I go over?

A: *我过去吧。* [*Wǒ guòqu ba*] Let me go over.

➢ Secondly, as a noun, it means "previously, before or in the past". Normally we use it alone and put it at the beginning of the sentences. And please pay attention, the phonetic tone of "*qù 去*" here would be in the fourth tone.

For example:

- 过去这里没有地铁。[Guòqù zhělǐ méiyǒu dìtiě]
  Previously there's no subway here.
- 过去他常常参加足球比赛。
  [Guòqù tā chángcháng cānjiā zúqiú bǐsài]
  Previously he often took part in the football match.
- 我过去不习惯喝咖啡。[Wǒ guòqù bù xíguàn hē kāfēi]
  I wasn't used to drinking coffee before.
- 过去没有手机,只能用公共电话。
  [Guòqù méiyǒu shǒujī, zhǐ néng yòng gōnggòng diànhuà]
  There was no mobile phone before, we can only use public phones.

OK, let's see the 3rd vocabulary "*guǒzhī 果汁*". "*guǒzhī 果汁*" is the total name of any kind of juice, "*guǒ 果*" here means "fruit".

果汁	
[guǒzhī]	
juice	noun

We have learned "*shuǐguǒ 水果*" before. "*zhī 汁*" means "juice". We may put the names of fruit you have known before "*zhī 汁*" to indicate the different names of fruit juice.

For example：

- 苹果汁 [píngguǒzhī]
  apple juice
- 橙汁 [chéngzhī]
  orange juice
- 你喜欢什么果汁? [Nǐ xǐhuan shénme guǒzhī]
  What kind of juice do you like?
- 请给我一杯橙汁。[Qǐng gěi wǒ yì bēi chéngzhī]
  Give me a glass of orange juice, please.
- 他每天喝两杯果汁。[Tā měitiān hē liǎng bēi guǒzhī]
  He drinks two glasses of juice everyday.
- 那个商店只卖果汁。[Nà ge shāngdiàn zhǐ mài guǒzhī]
  That shop sells only juice.
- 苹果汁没有橙汁好喝。[Píngguǒzhī méiyǒu chéngzhī hǎohē]
  Apple juice is not as tasty as orange juice.

Great, let's make some examples to practice what we have learned today.

- 今天我只想在家休息。
  [Jīntiān wǒ zhǐ xiǎng zài jiā xiūxi]
  I just want to have a rest at home today.
- 他不懂汉语，只懂英语。
  [Tā bù dǒng Hànyǔ, zhǐ dǒng Yīngyǔ]
  He doesn't understand Chinese, but only English.

- 现在我们只有冷水。
  [Xiànzài wǒmen zhǐ yǒu lěng shuǐ]
  Now we only have cold water.
- 过去他们只看护照。
  [Guòqù tāmen zhǐ kàn hùzhào]
  Previously they only checked passport.

- 过去中国人骑自行车上班。
  [Guòqù Zhōngguó rén qí zìxíngchē shàngbān]
  Previously Chinese people went to work by bicycle.
- 你想喝苹果汁还是茶？
  [Nǐ xiǎng hē píngguǒzhī háishi chá]
  Do you want to drink apple juice or tea?

- 做果汁很简单。
  [Zuò guǒzhī hěn jiǎndān]
  It is very easy to make the juice.
- 因为你不方便，所以我过去吧。
  [Yīnwèi nǐ bù fāngbiàn, suǒyǐ wǒ guòqu ba]
  Because it is inconvenient for you, I will go over to your place.

Great, so that wraps up today's lesson. Hope you have learned something there. Download our app to access our Chinese lessons, remember you can learn Chinese anywhere, anytime with ***ChineseAny***.

Word List

Main Vocabulary		
只[zhǐ] only	过去[guòqù] previously	果汁[guǒzhī] juice
Additional Vocabulary		
过去[guòqu] to go over	汁[zhī] juice	苹果汁[píngguǒzhī] apple juice
橙汁[chéngzhī] orange juice		

Notes

只 [zhǐ] **+ verb — only do . . .**

E. g. ① 那个孩子只喜欢喝果汁，不喜欢喝可乐。

[Nà ge háizi zhǐ xǐhuān hē guǒzhī, bù xǐhuān hē kělè]

That kid only likes to drink juice; he doesn't like to drink Coke.

② 他们只学了三个月。

[Tāmen zhǐ xué le sān gè yuè]

They only studied for three months.

③ 我只在这里住两年。

[Wǒ zhǐ zài zhèlǐ zhù liǎng nián]

I only live here for two years.

④ 我们公司只有一个男的。[Wǒmen gōngsī zhǐ yǒu yí gè nán de]

There is only one man in our company.

Quiz

I. Pronunciation.

1. Please choose the initials or finals you heard.

	A.	B.
1)	A. zhǐshì	B. zīzhì
2)	A. guòqù	B. kuòqi
3)	A. guǒzhī	B. guǒzi
4)	A. guǒlán	B. guòlái
5)	A. zhíchǐ	B. zhīchí
6)	A. zhìyǒu	B. zhǐyǒu

2. Please choose the Pinyin you heard.

	A.	B.
1)	A. guòqù bù zhīdào	B. guòqù bù chídào
2)	A. zhǐ zǎo dào yí kè	B. zhǐ zhǎo dào yí gè
3)	A. gùshi hěn lǎo	B. gùshi hěn hǎo
4)	A. zhǐ shì guòqù zhèyàng	B. zhǐ zhī guòqù zhèyàng
5)	A. tā zhǐ kàn guo yí cì	B. tā zhǐ gàn guo yí cì
6)	A. hē yì bēi guǒzhī	B. hé yì bēi guǒzhī

II. Form sentences.

1. fāngbiànmiàn (1) zhǐ (2) cì (3) guo (4) nà ge (5) yí (6) wǒ (7) chī (8)

____

2. yí (1) guo (2) cì (3) qì (4) zhǐ (5) tā (6) shēng (7)

____

3. fāngbiàn (1) guòqu (2) cóng (3) hěn (4) zhèr (5)

____

4. jiéhūn (1) zǎo (2) guòqù (3) hěn (4) tāmen (5)

____

5. jiārén (1) bù (2) wǒ (3) guòqù (4) zhù (5) hé (6) yìqǐ (7)

____

6. nǐ (1) guǒzhī (2) xiǎng (3) shuǐ (4) hē (5) háishi (6)

____

III. Please translate the following sentences into Chinese.

1. I can only speak Chinese, but I do not know Chinese characters.

____

2. That child only drinks apple juice.

____

3. What did you like to do previously?

____

4. Previously she was a Chinese teacher.

____

5. I only stay here for three days.

____

6. He only drunk a cup of juice.

____

Become Better and Better

Welcome to Elementary Level Seven, Lesson Fourteen of ***ChineseAny*** podcast series teaching Mandarin Chinese. Today we will learn three vocabulary words: one adverb and two adjectives.

Today's 1st vocabulary is "*yuèláiyuè 越来越*". "*yuèláiyuè 越来越*" means "more and more".

越来越
[yuèláiyuè]
more and more　　adverb

We put it before adjective or the mentation verb (to like, to love, to hate), to express the situation of some action is getting to the comparative.

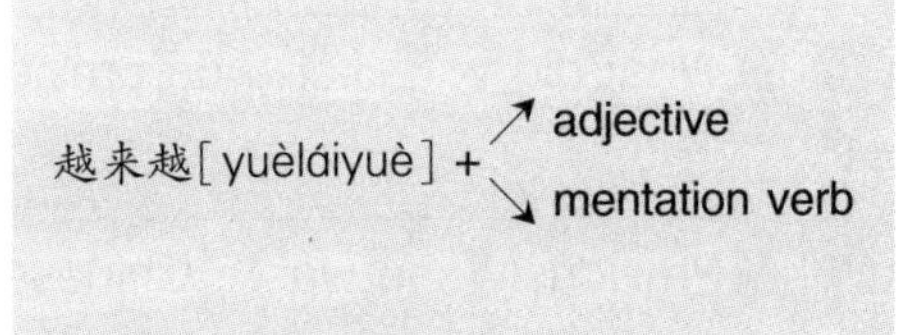

For example:

- 天气越来越热。[Tiānqì yuèláiyuè rè]
  The weather is getting warmer and warmer.
- 学汉语的人越来越多。[Xué Hànyǔ de rén yuèláiyuè duō]
  There are more and more people learning Chinese.
- 我越来越喜欢音乐。[Wǒ yuèláiyuè xǐhuan yīnyuè]

I like music more and more.

- 天越来越黑。[Tiān yuèláiyuè hēi]
  It's getting darker and darker.
- 我的汉语越来越好。[Wǒ de Hànyǔ yuèláiyuè hǎo]
  My Chinese is getting better.
- 我越来越习惯上海的天气。
  [Wǒ yuèláiyuè xíguàn Shànghǎi de tiānqì]
  I'm getting used to the weather in Shanghai more and more.
- 他越来越不喜欢旅行。[Tā yuèláiyuè bù xǐhuan lǚxíng]
  He does not like to travel more and more.

The 2nd character is "*bùhǎoyìsi 不好意思*". "*bùhǎoyìsi 不好意思*" is a PHRASE, it means "to feel embarrassed, sorry, shameful to do something". The tone is weaker than "*duìbuqǐ 对不起*", it is a kind of polite way.

不好意思
[bùhǎoyìsi]
to feel embarrassed phrase

Let's see some examples:

- 不好意思,我来晚了。[Bùhǎoyìsi, wǒ lái wǎn le]
  Sorry, I came late.
- 他越来越觉得不好意思。[Tā yuèláiyuè juéde bùhǎoyìsi]
  He feels shameful more and more.
- 别不好意思,请吃吧。[Bié bùhǎoyìsi, qǐng chī ba]
  Don't be shameful, please eat.
- 那个孩子不好意思说对不起。
  [Nà ge háizi bùhǎoyìsi shuō duìbuqǐ]
  That child is embarrassed to say sorry.

- 不好意思，我不知道你不会说汉语。
  [Bùhǎoyìsi, wǒ bù zhīdào nǐ bú huì shuō Hànyǔ]
  I'm really sorry; I don't know you can't speak Chinese.

Let's review some words we have learned before. "*yòuyìsi 有意思*" it is an adjective, which means "to be interesting, funny". "*yìsi 意思*" means "meaning".

Let's see more sentences:

- 那个电影有意思吗? [Nà ge diànyǐng yǒuyìsi ma]
  Is that movie interesting?
- 我的老师是非常有意思的人。
  [Wǒ de lǎoshī shì fēicháng yǒuyìsi de rén]
  My teacher is very interesting person.
- 这个字的意思很好。[Zhè ge zì de yìsi hěn hǎo]
  The meaning of this character is very good.
- 中国人不好意思说"我爱你"。
  [Zhōngguó rén bùhǎoyìsi shuō "wǒ ài nǐ"]
  Chinese feel embarrassed to say "I love you".

OK, the 3rd character of today's lesson is "*jiànkāng 健康*". "*jiànkāng 健康*" as an adjective, means "healthy"; as a noun, means health.

健康	
[jiànkāng]	
healthy	adjective
health	noun

Let's see some examples:

- 健康很重要。[Jiànkāng hěn zhòngyào]
  Health is very important.

- 你儿子看起来又聪明又健康。
  [Nǐ érzi kàn qǐlai yòu cōngming yòu jiànkāng]
  Your son looks clever and healthy.
- 他有很多健康的习惯。
  [Tā yǒu hěn duō jiànkāng de xíguàn]
  He has many healthy habits.
- 我妈妈的身体很健康。
  [Wǒ māma de shēntǐ hěn jiànkāng]
  My mother is very healthy.
- 他看起来不太健康。[Tā kàn qǐlai bú tài jiànkāng]
  He doesn't look very healthy.
- 他九十岁的时候还很健康。
  [Tā jiǔshí suì de shíhou hái hěn jiànkāng]
  He was still healthy when he was 90 years old.

Great, let's make some examples to practice what we learned today.

- 他的汉语说得越来越好。
  [Tā de Hànyǔ shuō de yuèláiyuè hǎo]
  His Chinese is getting better.
- 我越来越喜欢吃中国菜。
  [Wǒ yuèláiyuè xǐhuan chī Zhōngguó cài]
  I love to eat Chinese food more and more.

- 不好意思，我打错电话了。
  [Bùhǎoyìsi, wǒ dǎ cuò diànhuà le]
  Sorry, I got the wrong number.

- 别吃不健康的菜。
  [Bié chī bú jiànkāng de cài]
  Don't eat unhealthy food.

- 上海的东西越来越贵。
  [Shànghǎi de dōngxi yuèláiyuè guì]
  The things in Shanghai are more and more expensive.

- 健康比有钱更重要。
  [Jiànkāng bǐ yǒu qián gèng zhòngyào]
  Health is more important than wealth.

- 我对他们的服务越来越满意。
  [Wǒ duì tāmen de fúwù yuèláiyuè mǎnyì]
  I am satisfied with their service more and more.

- 不好意思，我又忘了带书。
  [Bùhǎoyìsi, wǒ yòu wàng le dài shū]
  Sorry, I forgot my book again.

Great, so that wraps up today's lesson. Hope you have learned something there. Download our app to access our Chinese lessons, remember you can learn Chinese anywhere, anytime with ***ChineseAny***.

Word List

Main Vocabulary		
越来越[yuèláiyuè] more and more	不好意思[bùhǎoyìsi] to feel embarrassed	健康[jiànkāng] healthy，health

Notes

越来越[yuèláiyuè]

越来越[yuèláiyuè] **+ adjective /mentation verb**

E.g. ① 天气越来越冷。[Tiānqì yuèláiyuè lěng]

The weather is getting colder and colder.

② 来中国的人越来越多。[Lái Zhōngguó de rén yuèláiyuè duō]

There are more and more people coming to China.

③ 我越来越喜欢游泳。[Wǒ yuèláiyuè xǐhuan yóuyǒng]

I love swimming more and more.

④ 房子越来越贵。[Fángzi yuèláiyuè guì]

The house is getting more and more expensive.

Quiz

I. Pronunciation.

1. Please choose the initials or finals you heard.

1) A. yuètuán　　B. yuèduàn

2) A. jiànkāng　　B. jiànháng
3) A. èrjiě　　B. érqiě
4) A. gānjìng　　B. gǎnjǐn
5) A. hútòng　　B. hùtōng
6) A. kùzi　　B. gǔzi

2. Please choose the Pinyin you heard.

1) A. wǒ bú huì huà huà　　B. wǒ bú huì huà huā
2) A. tā xiǎng kàn zázhì　　B. tā xiǎng kàn zájì
3) A. wǒ pà jīnyú　　B. wǒ pà jīngyú
4) A. méiyǒu zhuō zhù　　B. méiyǒu zhuā zhù
5) A. bié huáihèn le　　B. bié huǐhèn le
6) A. nǎlǐ yǒu hēibǎn　　B. nǎlǐ yǒu hēibān

II. Form sentences.

1. yuèláiyuè (1)　tā (2)　shòu (3)　le (4)　zuìjìn (5)

____

2. ài (1)　wǒ (2)　yuèláiyuè (3)　Zhōngguó (4)　chī (5)　cài (6)

____

3. qù (1)　lǚxíng (2)　yuèláiyuè (3)　duō (4)　nàlǐ (5)　rén (6)　de (7)

____

4. wǒ (1)　yǒudiǎn (2)　juéde (3)　duǎn (4)

____

5. huídá (1)　tā (2)　de (3)　duǎn (4)　tài (5)　le (6)

____

6. tāmen (1) de (2) jiànkāng (3) hěn (4) dōu (5) shēntǐ (6)

____

III. Please translate the following sentences into Chinese.

1. Now the young people in China get married later and later.

____

2. I love my job more and more.

____

3. His Chinese character is getting better.

____

4. I feel a little short, do you have longer one?

____

5. This story is very short, only five minutes.

____

6. Her daughter is healthy and beautiful.

____

Who Are You Afraid of

Welcome to Elementary Level Seven, Lesson Fifteen of ***ChineseAny*** podcast series teaching Mandarin Chinese. Today we will learn three words, two verbs and one noun. Let's look at them now.

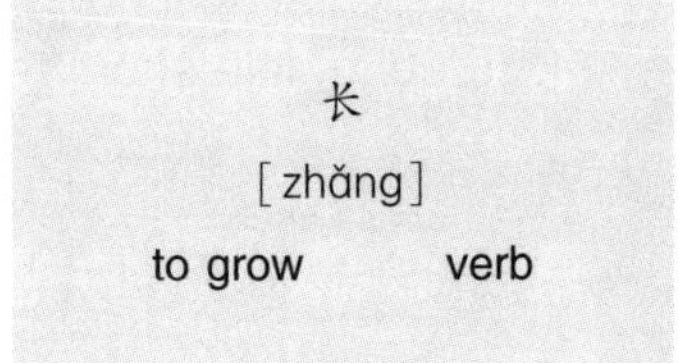

Today's 1st character is "*zhǎng* 长". Before we learned this character "长", which is pronounced as "*cháng* 长" and the meaning is "long", it's an adjective. But in this lesson we will learn it as a verb, which means "to grow".

In Chinese, we have many characters, which have two or three pronunciations, we call it "*duōyīn zì* 多音字", polyphone, one character has many pronunciations. Different pronunciation would have different meanings.

Like "*cháng* 长" is an adjective, which means "long", but "*zhǎng* 长" is a verb, which means "to grow".

You have already learned "*dà* 大" means "big", so "*zhǎng dà* 长大" means "to grow up".

Let's see some examples:

- 他的女朋友长得这么好看。

[Tā de nǚ péngyou zhǎng de zhème hǎokàn]
His girlfriend looks so nice.

- 她长得越来越漂亮了。[Tā zhǎng de yuèláiyuè piàoliang le]
  She is becoming more and more beautiful.
- 长大以后,你想做什么工作?
  [Zhǎngdà yǐhòu, nǐ xiǎng zuò shénme gōngzuò]
  What job do you want to do after you grow up?
- 他和他爸爸长得一样。[Tā hé tā bàba zhǎng de yíyàng]
  He looks as same as his father.
- 这个服务员长得特别高。
  [Zhè ge fúwùyuán zhǎng de tèbié gāo]
  This waiter is especially tall.

OK, let's see the 2nd vocabulary, "*hàipà 害怕*". "*hàipà 害怕*" is a verb. It means "to be afraid of, fear". We can put them before verb or noun to express "to be afraid of something, somebody, or to be afraid to do something."

害怕	
[hàipà]	
to be afraid of	verb

For example:

- 你害怕/怕谁? [Nǐ hàipà/pà shuí]
  Who are you afraid of?
- 我害怕/怕吃药。[Wǒ hàipà/pà chī yào]
  I'm afraid to take medicine.
- 她害怕/怕黑。[Tā hàipà/pà hēi]
  She is scared of the darkness.
- 我害怕/怕他们不在家。[Wǒ hàipà/pà tāmen bú zài jiā]

I am afraid that they are not at home.

- 我害怕我爸爸，不怕我妈妈。
  [Wǒ hàipà/pà wǒ bàba, bú pà wǒ māma]
  I am afraid of my father, not my Mom.
- 你为什么这么害怕? [Nǐ wèi shénme zhème hàipà]
  Why are you so scared?
- 他看起来很害怕。[Tā kàn qǐlai hěn hàipà]
  He looks very scared.

OK, let's see today's 3rd vocabulary "*bīngxiāng 冰箱*". "*bīngxiāng 冰箱*" means "refrigerator". "*bīng 冰*" means "ice".

冰箱	
[bīngxiāng]	
refrigerator	noun

We may say:

- "*bīng shuǐ 冰水*", "ice water",
- "*bīng chá 冰茶*", "ice tea",
- "*bīng píjiǔ 冰啤酒*", "ice beer".

"*xiāng 箱*" means "big box, trunk". we may say "*xiāngzi 箱子*".

For example:

- 冰箱里有很多东西。[Bīngxiāng lǐ yǒu hěn duō dōngxi]
  There are many things in the refrigerator.
- 女人都喜欢大冰箱。[Nǚrén dōu xǐhuan dà bīngxiāng]
  Women love big refrigerators.
- 请给我一杯冰水。[Qǐng gěi wǒ yì bēi bīngshuǐ]
  Please give me one cup of ice water.
- 旅行的时候，她常常带一个大箱子。
  [Lǚxíng de shíhou, tā chángcháng dài yí gè dà xiāngzi]
  She often goes to travel with a big luggage.

Great, let's see one Grammar point now, which is "**yuè 越 + verb + yuè 越 + adjective**", it means "the more ... the more ...".

Yes, we have learned "**yuèláiyuè 越来越 + adj.**" in lesson fourteen, which means "getting more and more". Today let's see another format.

Let's make some sentences:

- 雨越下越大。[Yǔ yuè xià yuè dà]
  The rain is getting harder and harder.
- 我越跑越累。[Wǒ yuè pǎo yuè lèi]
  The more I run, the more I feel tired.
- 越运动越健康。[Yuè yùndòng yuè jiànkāng]
  The more you exercise, the more healthy you will be.
- 汉语越学越难。[Hànyǔ yuè xué yuè nán]
  The more you learn Chinese, the more difficult you feel.

Great, let's make some examples to practice what we have learned today.

- 你已经长大了,可以自己坐车了。
  [Nǐ yǐjīng zhǎngdà le, kěyǐ zìjǐ zuò chē le]
  You have grown up, and you can take bus by yourself.
- 我在上海长大。
  [Wǒ zài Shànghǎi zhǎngdà]
  I grew up in Shanghai.

- 那个男孩很害怕他爸爸。
  [Nà ge nánhái hěn hàipà tā bàba]
  That boy is afraid of his father very much.
- 我越想越高兴。
  [Wǒ yuè xiǎng yuè gāoxìng]
  I was getting happier and happier when I thought about it.

- 你觉得他长得怎么样?
  [Nǐ juéde tā zhǎng de zěnmeyàng]
  How do you think he looks?
- 你怎么越说越快?
  [Nǐ zěnme yuè shuō yuè kuài]
  Why do you speak faster and faster?

- 别害怕，我在这里。
  [Bié hàipà, wǒ zài zhèlǐ]
  Don't be afraid, I am always here.
- 我想快一点长大。
  [Wǒ xiǎng kuài yìdiǎn zhǎngdà]
  I want to grow up a little faster.

Great, so that wraps up today's lesson. Hope you have learned something there. Download our app to access our Chinese lessons, remember you can learn Chinese anywhere, anytime with ***ChineseAny***.

Word List

Main Vocabulary		
长[zhǎng] to grow	害怕[hàipà] to be afraid of	冰箱[bīngxiāng] refrigerator
Additional Vocabulary		
怕[pà] to be afraid of	冰[bīng] ice	箱子[xiāngzi] box, trunk

Notes

Degree adverb —— 越来越 [yuèláiyuè], **越**[yuè]……**越**[yuè]……

越来越[yuèláiyuè] + **adj/ mentation verb(like, love, want ...),**

越[yuè] + **adjective** + **越**[yuè] + **adj.**

越[yuè] + **verb** + **越**[yuè] + **adj.**

E.g. ① 最近上海的天气越来越热。

[Zuìjìn Shànghǎi de tiānqì yuèláiyuè rè]

Recently Shanghai is getting hotter.

② 今年我越来越喜欢学习汉语。

[Jīnnián wǒ yuèláiyuè xǐhuan xuéxí Hànyǔ]

I like to study Chinese more and more this year.

③ 他越吃越胖。

[Tā yuè chī yuè pàng]

The more he eats, the fatter he gets.

④ 钱越多越好。

[Qián yuè duō yuè hǎo]

The more money you gain, the better it will be.

Quiz

I. Pronunciation.

1. Please choose the initials or finals you heard.

	A.	B.
1)	A. zhǎngdà	B. zhuàngdà
2)	A. bīngchǎng	B. bīngxiāng
3)	A. hàipà	B. hǎipài
4)	A. xiāngzi	B. xiànzhì
5)	A. chángduǎn	B. shàngduān
6)	A. pà shéi	B. pà zéi

2. Please choose the Pinyin you heard.

	A.	B.
1)	A. zhǎng de zěnmeyàng	B. zhǎng de shénme yàng
2)	A. hàipà xiǎotōu	B. hàipà xiǎo gǒu
3)	A. wǒ de xiāngzi hěn dà	B. wǒ de fángzi hěn dà
4)	A. shuāng mén bīngxiāng	B. sān mén bīngxiāng
5)	A. tā pà wǒ zhīdào	B. tā pà wǒ chídào
6)	A. zhǎng dà yǐhòu	B. zhǎng dà zhīhòu

II. Form sentences.

1. míngtiān (1) hàipà (2) xiàyǔ (3) wǒ (4)

____

2. yíyàng (1) tā (2) de (3) zhǎng (4) hé (5) shuí (6)

____

3. dà (1) tā (2) hěn (3) de (4) jiā (5) bīngxiāng (6)

____

4. tā (1) zài (2) nǎlǐ (3) de (4) xiāngzi (5)

____

5. yuè (1) yuè (2) hàipà (3) tīng (4) wǒ (5)

____

6. hàipà (1) tā (2) fēicháng (3) jiàn (4) wǒ (5)

____

III. Please translate the following sentences into Chinese.

1. I am afraid of water; I do not like to swim.

____

2. Who are you afraid of?

____

3. His girlfriend is pretty.

____

4. Previously I was scared of riding a horse.

____

5. The more his child grows, the more beautiful.

____

6. I am afraid to live in this place.

____

I'm Interested in Chinese

Welcome to Elementary Level Seven, Lesson Sixteen of ***ChineseAny*** podcast series teaching Mandarin Chinese. Today we will learn three words, One preposition, one verb and one noun. Let's look at them now.

The 1st preposition word is "*duì 对*". "*duì 对*" has many meanings in Chinese. We learned it before, which means "correct, toward, face to face". Today we will learn some other meanings.

对
[duì]
treat, for
verb/preposition

➤ As a verb it means "to treat, treat sb. well or bad".
For example (means to treat):

- 他对她太太很好。[Tā duì tā tàitai hěn hǎo]
  He treats his wife very well.
- 运动对身体好。[Yùndòng duì shēntǐ hǎo]
  The sport is good for the health.

From this sentence, please remember one format:
"*A duì 对 B hǎo 好*", A is good for B.
Or "*A duì 对 B bù hǎo 不好*", A is bad for B.

➤ As a preposition, it means "for".
For example (means for or to):

- 你为什么总是对我生气?
  [Nǐ wèi shénme zǒngshì duì wǒ shēngqì]
  Why are you always angry with me?
- 他喜欢对我说谢谢。[Tā xǐhuan duì wǒ shuō xièxie]
  He likes to say "THANK YOU" to me.

➢ As an adjective, it means "right, correct".

For example (means right, correct):

- 你说得对。[Nǐ shuō de duì]
  What you said is right.
- 你是对的! [Nǐ shì duì de]
  You are right.

The opposite word of "*duì 对*" is "*cuò 错*", which means "wrong".

- 这是错的! [Zhè shì cuò de]
  This is wrong.
- 你说错了。[Nǐ shuō cuò le]
  What you said is wrong.

OK, the 2nd vocabulary is "*gǎn xìngqù 感兴趣*". "*gǎn xìngqù 感兴趣*" means to be interested in. "*gǎn 感*" means "to feel"; it's a verb. "*xìngqù 兴趣*" means "interest, hobby".

感兴趣
[gǎn xìngqù]
to be interested verb

We normally say "*A duì 对 B gǎn xìngqù 感兴趣*", which means A be interested in B.

The B here can be a noun, like somebody or something; also can be a gerund.

The negative form would be "*A duì 对 B bù gǎn xìngqù 不感兴趣*".

For examples:

- 她对画画感兴趣。[Tā duì huàhuà gǎn xìngqù]
  She is interested in drawing.
- 我对这里的工作很感兴趣。
  [Wǒ duì zhèlǐ de gōngzuò hěn gǎn xìngqù]
  I'm very interested in the work here.
- 你对学习汉语感兴趣吗？[Nǐ duì xuéxí Hànyǔ gǎn xìngqù ma]
  Are you interested in learning Chinese?
- 你对什么感兴趣？[Nǐ duì shénme gǎn xìngqù]
  What are you interested in?
- 我对运动不感兴趣。[Wǒ duì yùndòng bù gǎn xìngqù]
  I'm not interested in doing sports.

爱好	
[àihào]	
hobby	noun

The 3rd vocabulary is a noun "*àihào 爱好*". "*àihào 爱好*" means "hobby".

We need to pay attention that the pronunciation of "*hào 好*", which we always know as "*hǎo 好*".

In Chinese, "*hào 好*" is a verb, and it means "to like, to love doing something". "*hǎo 好*" is an adjective, which means "good, well".

For example:

- 我的爱好是打网球、游泳和听音乐。
  [Wǒ de àihào shì dǎ wǎngqiú, yóuyǒng hé tīng yīnyuè]
  My hobbies are tennis, swim and music.
- 你的爱好是什么？[Nǐ de àihào shì shénme]
  What's your hobby?
- 我们的爱好一样。[Wǒmen de àihào yíyàng]

Our hobbies are the same.

- 她有很多爱好。[Tā yǒu hěn duō àihào]
  She has a lot of hobbies.

Great, let's make some examples to practice what we learned today.

- 他对我说他不能来。
  [Tā duì wǒ shuō tā bù néng lái]
  He told me that he could not come.
- 常常喝酒对你的身体不好。
  [Chángcháng hē jiǔ duì nǐ de shēntǐ bù hǎo]
  It's not good for your health to drink very often.

- 我对这个不太感兴趣。
  [Wǒ duì zhè ge bú tài gǎn xìngqù]
  I am not interested in this.
- 他的爱好是看足球比赛。
  [Tā de àihào shì kàn zúqiú bǐsài]
  His hobby is watching football match.

- 他对运动没(有)兴趣。
  [Tā duì yùndòng méi(yǒu) xìngqù]
  He is not interested in doing sports.
- 你去买单是对的。
  [Nǐ qù mǎidān shì duì de]
  It is right that you pay the bill.

- 我们都对旅行感兴趣。
  [Wǒmen dōu duì lǚxíng gǎn xìngqù]
  We all are interested in traveling.
- 吃完饭以后刷牙对健康好。
  [Chī wán fàn yǐhòu shuā yá duì jiànkāng hǎo]
  It's good for health to brush teeth after eating.

Great, so that wraps up today's lesson. Hope you have learned something there. Download our app to access our Chinese lessons, remember you can learn Chinese anywhere, anytime with ***ChineseAny***.

Word List

Main Vocabulary		
对[duì] treat, for	感兴趣[gǎn xìngqù] to be interested	爱好[àihào] hobby
Additional Vocabulary		
兴趣[xìngqù] interest		

Notes

1. The preposition word —— 对[duì]

E. g. ① 她的男朋友对她很好。
[Tā de nánpéngyou duì tā hěn hǎo]

Her boyfriend treats her very well.

② 我对果汁不感兴趣。

[Wǒ duì guǒzhī bù gǎn xìngqù]

I am not interested in juice.

③ 他对你说什么了?

[Tā duì nǐ shuō shénme le]

What did he talk to you?

2. The adjective word —— 对[duì]

E.g. ① 你说得不对。

[Nǐ shuō de bú duì]

What you said was wrong.

② 他给我的电话号码不对。

[Tā gěi wǒ de diànhuà hàomǎ bú duì]

The phone number that he gave me is not correct.

③ 这个颜色对吗?

[Zhè ge yánsè duì ma]

Is this color right?

Quiz

I. Pronunciation.

1. Please choose the initials or finals you heard.

1) A. xìngqù	B. xīngxǔ
2) A. zòuyuè	B. zhuòyè
3) A. shāngxīn	B. sānxīng
4) A. zhīzú	B. zhīzhū
5) A. gānjìng	B. gànjìn
6) A. yíxià	B. yìxiē

2. Please choose the Pinyin you heard.

	A.	B.
1)	A. wǒ méiyǒu xìngzhì	B. wǒ méiyǒu xìnzhǐ
2)	A. tā shēngzhí le	B. tā shēngqì le
3)	A. wǒ yào qīngjìng yíxià	B. wǒ yào qīngxǐng yíxià
4)	A. zhèngzài zhuǎnbō	B. zhèngzài chuánbō
5)	A. tā méi yǒu yìsi	B. tā méi yǒu yìshi
6)	A. qǐng bié kǎn shù	B. qǐng bié kàn shū

II. Form sentences.

1.

duì	tā	gǎn	shénme	xìngqù
1	2	3	4	5

____

2.

lǎobǎn	hěn	duì	dàjiā	hǎo
1	2	3	4	5

____

3.

tā	duō	àihào	de	le	tài
1	2	3	4	5	6

____

4.

shuǐguǒ	jiànkāng	duì	hǎo	hěn
1	2	3	4	5

____

5.

wǒ	lǚxíng	xìngqù	bú	duì	gǎn	tài
1	2	3	4	5	6	7

____

6.

yóuyǒng	shì	wǒ	àihào	de	bú
1	2	3	4	5	6

____

III. Please translate the following sentences into Chinese.

1. When I was young, I was very interested in paining.

____

2. He is not interested in Chinese characters.

____

3. What are you interested in?

____

4. My hobbies are less than his.

____

5. He is not saying goodbye to me.

____

6. My hobbies are jogging and swimming.

____

Thank for Your Help

Welcome to Elementary Level Seven, Lesson Seventeen of ***ChineseAny*** podcast series teaching Chinese. Today we will learn three words, one conjunction, one verb and one noun. Let's look at them now.

Today's the 1st vocabulary is "*érqiě 而且*". "*érqiě 而且*" is a conjunction, we use it to connect two clauses, it means "also, and even". normally we may also put "*yě 也*" or "*hái 还*" after it, to emphasize "a step further".

> 而且
> [érqiě]
> but also, and
> conjunction

For example:

- 这些衣服很好看,而且不贵。
  [Zhè xiē yīfu hěn hǎokàn, érqiě bú guì]
  These clothes are nice and not expensive.
- 他会说汉语,而且说得很好。
  [Tā huì shuō Hànyǔ, érqiě shuō de hěn hǎo]
  He can speak Chinese, and also can speak it very well.
- 他是我的老师,而且也是我的朋友。
  [Tā shì wǒ de lǎoshī, érqiě yě shì wǒ de péngyou]
  He is my teacher, and also is my friend.

- 他会说汉语,而且还会说英语。
  [Tā huì shuō Hànyǔ, érqiě hái huì shuō Yīngyǔ]
  He can speak Chinese, and also can speak English.
- 今天很冷,而且还下雨。[Jīntiān hěn lěng, érqiě hái xià yǔ]
  It is cold, and also rains today.

OK, let's see the 2nd vocabulary "*bāngzhù 帮助*". "*bāngzhù 帮助*" means "to help". It can be both a verb and a gerund. "*bāng 帮*" is the shorten form. Yes, before we learned "*bāng 帮*" and "*bāngmáng 帮忙*", which also mean "to help".

帮助
[bāngzhù]
to help, help
verb/gerund

Now let's see the difference between them. "*bāngzhù 帮助*" and "*bāng 帮*", we should put the object, somebody after them; "*bāngmáng 帮忙*", we need to put the object between "*bāng 帮*" and "*máng 忙*". Since "*bāngmáng 帮忙*" is a separated word, "*bāng 帮*" is a verb and "*máng 忙*" is a noun, so we **cannot** put any noun or pronoun after "*máng 忙*".

For example:

- 他常常帮助/帮我们。[Tā chángcháng bāngzhù/bāng wǒmen]
  He often helps us.
- 谢谢你对我们的帮助。[Xièxie nǐ duì wǒmen de bāngzhù]
  Thank you for your help.
- 你可以帮我一个忙吗? [Nǐ kěyǐ bāng wǒ yí gè máng ma]
  Would you please do me a favor?
- 他帮了我很多忙。[Tā bāng le wǒ hěn duō máng]
  He helped me a lot.

- 请帮我拿一下。[Qǐng bāng wǒ ná yíxià]
  Please help me to hold it.
- 他帮助/帮我们解决了很多问题。
  [Tā bāngzhù/bāng wǒmen jiějué le hěn duō wèntí]
  He helped us to solve a lot of problems.

OK, today's 3rd character is "*gùshi* 故事";"*gùshi* 故事" means "story".

For example:
- 他对这个故事很感兴趣。[Tā duì zhè ge gùshi hěn gǎn xìngqù]
  He is interested in this story.
- 是谁告诉你这个故事的? [Shì shuí gàosu nǐ zhè ge gùshi de]
  Who told you this story?
- 他对我说了很多他的故事。
  [Tā duì wǒ shuō le hěn duō tā de gùshi]
  He told me a lot of his stories.
- 我觉得这个故事很好听。[Wǒ juéde zhè ge gùshi hěn hǎotīng]
  I think this story is very nice.
- 他是一个有故事的人。[Tā shì yí ge yǒu gùshi de rén]
  He is a sophisticated person.
- 你觉得我的故事怎么样? [Nǐ juéde wǒ de gùshi zěnmeyàng]
  What do you think about my story?

Great, let's make some examples to practice what we learned today.

● 他的歌唱得好，而且舞也跳得好。
[Tā de gē chàng de hǎo, érqiě wǔ yě tiào de hǎo]
He sings very well, and also dances well.

● 我的朋友很漂亮，而且还很聪明。
[Wǒ de péngyou hěn piàoliang, érqiě hái hěn cōngming]
My friend is both beautiful and clever.

● 我马上帮你解决这个问题。
[Wǒ mǎshàng bāng nǐ jiějué zhè ge wèntí]
I'll help you to solve this problem immediately.

● 孩子们睡觉以前喜欢听故事。
[Háizi men shuìjiào yǐqián xǐhuan tīng gùshi]
Kids like to hear stories before sleep.

● 这个故事好听，而且也很有意思。
[Zhè ge gùshi hǎotīng, érqiě yě hěn yǒu yìsi]
This story is very nice, and also very interesting.

● 过去她不喜欢帮助别人。
[Guòqù tā bù xǐhuan bāngzhù biérén]
Previously she did not like helping other people.

● 今天的练习很多，而且都很难。
[Jīntiān de liànxí hěn duō, érqiě dōu hěn nán]
There are lots of exercises today, and all of them are difficult.

● 我只知道这一个故事。
[Wǒ zhǐ zhīdào zhè yí gè gùshi]
I only know this one story.

Great, so that wraps up today's lesson. Hope you have learned something there. Download our app to access our Chinese lessons, remember you can learn Chinese anywhere, anytime with ***ChineseAny***.

Word List

Main Vocabulary		
而且[érqiě] but also, and even	帮助[bāngzhù] to help, help	故事[gùshi] story
Additional Vocabulary		
帮忙[bāngmáng] to help		

Notes

Conjunction —— 而且[érqiě]

Basic level, 而且[érqiě] **+ higher level**

E. g. ① 这个东西不好，而且很贵，我不想买。

[Zhè ge dōngxi bù hǎo, érqiě hěn guì, wǒ bù xiǎng mǎi]

This thing is not good, and very expensive; I don't want to buy.

② 他每天说汉语，而且说很长时间。

[Tā měitiān shuō Hànyǔ, érqiě shuō hěn cháng shíjiān]

He speaks Chinese everyday, and speaks for a long time.

③ 外边下雨了，而且下得很大。

[Wàibian xiàyǔ le, érqiě xià de hěn dà]
It is raining outside, and it is very heavy.

Quiz

I. Pronunciation.

1. Please choose the initials or finals you heard.

	A.	B.
1)	àiqiè	āiqiè
2)	bānbù	bāngzhù
3)	gùshi	gǔshī
4)	bāngzhù	bāngzhǔ
5)	àihào	āiháo
6)	xīnqū	xìngqù

2. Please choose the Pinyin you heard.

	A.	B.
1)	gěi wǒ bāngzhù	péi wǒ bāngzhù
2)	érqiě hěn guì	érqiě hěn duì
3)	wǒ xǐhuan tīng gùshi	wǒ xǐhuan tīng gǔshī
4)	piányi érqiě hǎokàn	biànlì érqiě hǎokàn
5)	bāngzhù jiějué	bāngzhù jiějiǔ
6)	nǐ dǒng gǔshì ma	nǐ dǒng gǔshī ma

II. Form sentences.

1. hěn (1) hǎo (2) de (3) huì (4) shuō (5) Hànyǔ (6) érqiě (7) tā (8)

____

2. zěnmeyàng (1) zhè ge (2) nǐ (3) juéde (4) gùshi (5)

____

3. de (1) tā (2) chángcháng (3) wǒ (4) bāng (5) máng (6)

____

4. tā (1) bù (2) wǒ (3) zěnme (4) zhīdào (5) bāngzhù (6)

____

5. qǐng (1) ná (2) bāng (3) yíxiàr (4) wǒ (5)

____

6. gùshi (1) zhè ge (2) duì (3) gǎn (4) hěn (5) wǒ (6) xìngqù (7)

____

III. Please translate the following sentences into Chinese.

1. There are a lot of Chinese people helping me to study Chinese.

____

2. What kind of story do you want to listen to?

____

3. I am too tired, and it is raining outside; let's go tomorrow.

____

4. Previously I did not like to help other people.

____

5. They gave me a big favor.

____

6. The dishes in that restaurant are very delicious, and it is not expensive.

____

We've Finally Got to There

Welcome to Elementary Level Seven, Lesson Eighteen of ***ChineseAny*** podcast series teaching Chinese. Today we will learn three words, one adverb and two verbs. Let's look at them now.

Today's 1st vocabulary is "*zhōngyú* 终于". "*zhōngyú* 终于" means "finally, at last". We need to give a good result or the result you expected after it. The format is "*zhōngyú* 终于 + *verb* + *le* 了"

> 终于
> [zhōngyú]
> at last, finally　　adverb

For example:

- 我终于读完这本书了。[Wǒ zhōngyú dú wán zhè běn shū le]
  I finally finished reading this book.
- 他们终于完成这个工作了。
  [Tāmen zhōngyú wánchéng zhè ge gōngzuò le]
  They finally completed this work.
- 他们终于决定结婚了。[Tāmen zhōngyú juédìng jiéhūn le]
  They decided to get married finally.
- 我终于发现问题了。[Wǒ zhōngyú fāxiàn wèntí le]
  I found the problem at last.
- 我终于明白了。[Wǒ zhōngyú míngbai le]
  I understood it finally.

- 他终于不生我的气了。[Tā zhōngyú bù shēng wǒ de qì le]
  He was not angry with me finally.

The 2nd character is "*bāo 包*". "*bāo 包*" is a verb here, which means "to wrap, to make a package". "*bāo 包*" has many meanings in Chinese.

包
[bāo]
to wrap verb

➤ As a noun, it means "bag".

- "*wǒ de bāo 我的包*", my bag.
- "*shǒubāo 手包*", handbag.
- "*shūbāo 书包*", book bag → schoolbag.
- "*hóngbāo 红包*", red bag → lucky money.

In China, during the New Year, or celebrating some special holidays, Chinese people love to put some lucky money inside a red bag as a gift, so we call these red bags "*hóngbāo 红包*" in Chinese.

Let's see some more examples:

- 昨天我买了一个新手包。
  [Zuótiān wǒ mǎi le yí gè xīn shǒubāo]
  I bought a new handbag yesterday.
- 这些是孩子们的书包。[Zhè xiē shì háizi men de shūbāo]
  These are the children's schoolbags.
- 新年的时候，我要准备很多红包。
  [Xīnnián de shíhou, wǒ yào zhǔnbèi hěn duō hóngbāo]
  I need to prepare a lot of lucky money during the New Year.

➤ As a verb, it means "to wrap, to make a package". So "*dǎ bāo 打包*" it means "to pack".

Let's see some more examples:

- 你可以帮我包一下吗? [Nǐ kěyǐ bāng wǒ bāo yíxià ma]
  Can you help me to wrap it?
- 请包得漂亮一点。[Qǐng bāo de piàoliang yìdiǎn]
  Please wrap it nicely.
- 服务员,这个菜请打包。[Fúwùyuán, zhè ge cài qǐng dǎbāo]
  Waitress, please pack this dish.

In the restaurant, you can use this sentence if you want to keep the rest of your food or take away.

The 3rd vocabulary is a verb "*jiǎng 讲*". "*jiǎng 讲*" means "to talk, to explain, to tell". We often say "*jiǎnghuà 讲话*", means "to speech". "*huà 话*" means "words". "*jiǎnghuà 讲话*" means "to talk words".

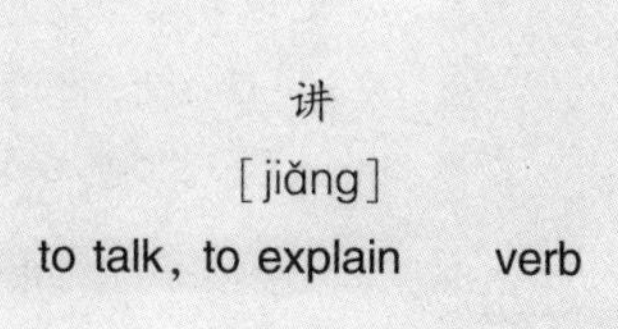

The format is "*A hé 和 B jiǎnghuà 讲话*" We also say "*jiǎng gùshi 讲故事*", means "to tell the story". The format is "*A gěi 给 B jiǎng gùshi 讲故事*".

For example:

- 我不知道他在讲什么。[Wǒ bù zhīdào tā zài jiǎng shénme]
  I don't know what he's talking about.
- 他讲了很长时间,但是我没听懂。
  [Tā jiǎng le hěn cháng shíjiān, dànshì wǒ méi tīng dǒng]
  He talked for a long time, but I didn't understand.
- 老师讲得非常清楚。[Lǎoshī jiǎng de fēicháng qīngchu]
  The teacher explains very clearly.

- 你可以再讲一遍吗？［Nǐ kěyǐ zài jiǎng yí biàn ma］
  Could you explain it one more time?
- 今天我们讲一个新故事。［Jīntiān wǒmen jiǎng yí gè xīn gùshi］
  Today we will tell a new story.

Great, let's make some examples to practice what we learned today.

- 我们终于到上海了。
  ［Wǒmen zhōngyú dào Shànghǎi le］
  We arrived in Shanghai finally.
- 故事终于讲完了。
  ［Gùshi zhōngyú jiǎng wán le］
  The story is over finally.

- 你可以教我怎么包礼物吗？
  ［Nǐ kěyǐ jiāo wǒ zěnme bāo lǐwù ma］
  Could you teach me how to pack the gift?
- 爸爸每天晚上给我讲一个故事。
  ［Bàba měitiān wǎnshang gěi wǒ jiǎng yí gè gùshi］
  My Dad tells me a story every evening.

- 那件事终于解决了。
  ［Nà jiàn shì zhōngyú jiějué le］
  That issue was solved finally.
- 我喜欢听她讲的课。
  ［Wǒ xǐhuan tīng tā jiǎng de kè］
  I enjoy listening to the lesson she teaches.

- 我们终于又可以见面了。
  [Wǒmen zhōngyú yòu kěyǐ jiànmiàn le]
  We can meet again finally.
- 昨天我和妈妈讲了很多话。
  [Zuótiān wǒ hé māma jiǎng le hěn duō huà]
  Yesterday my Mom and I talked a lot.

Great, so that wraps up today's lesson. Hope you have learned something there. Download our app to access our Chinese lessons, remember you can learn Chinese anywhere, anytime with ***ChineseAny***.

Word List

Main Vocabulary		
终于[zhōngyú] at last, finally	包[bāo] to wrap	讲[jiǎng] to talk, explain
Additional Vocabulary		
红包[hóngbāo] red bag, lucky money	打包[dǎ bāo] to pack the food	

Notes

终于[zhōngyú]

终于[zhōngyú] **+ verb + 了**[le]

E. g. ① 我终于看完那个电影了。
[Wǒ zhōngyú kàn wán nà ge diànyǐng le]
I finally finished watching that movie.
② 他们终于做决定了。
[Tāmen zhōngyú zuò juédìng le]
They finally made a decision.
③ 我朋友终于开始学习汉语了。
[Wǒ péngyou zhōngyú kāishǐ xuéxí Hànyǔ le]
My friend finally started to learn Chinese.

Quiz

I. Pronunciation.

1. Please choose the initials or finals you heard.

1) A. jiǎnghuà B. qiánghuà
2) A. zhōngyú B. chōngyù
3) A. bāozi B. bàozhǐ
4) A. bāozhuāng B. bǎozàng
5) A. hóngpáo B. hóngbāo
6) A. jiějué B. xièjué

2. Please choose the Pinyin you heard.

1) A. jiǎng le yí gè gùshi B. xiǎng le yí gè gùshi
2) A. zhōngyú fāxiàn le B. zhōngyú fā qián le
3) A. bèi tā tiáo le B. bèi tā diào le
4) A. hái méi chuān wán B. hái méi zhuāng wán
5) A. wǒ qù huán chē B. wǒ qù huàn chē
6) A. yìdiǎnr yě bù piányi B. yìdiǎnr yě bú biànlì

II. Form sentences.

1. zhōngyú (1) dǒng (2) wǒ (3) le (4) tīng (5)

____

2. wèi shénme (1) le (2) wǒ (3) zhōngyú (4) zhīdào (5)

____

3. huì (1) wǒ (2) bāo (3) bú (4) lǐwù (5)

____

4. tā (1) pǎo (2) le (3) liǎng qiān (4) mǐ (5) wán (6) zhōngyú (7)

____

5. jiǎng (1) tā (2) de (3) fēicháng (4) qīngchu (5)

____

6. nǐ (1) duì (2) le (3) tā (4) shénme (5) jiǎng (6)

____

III. Please translate the following sentences into Chinese.

1. We can finally leave here.

____

2. He finally decided to join the match.

____

3. I finally finished learning this book.

____

4. They finally finished packing the gift.

____

5. He talks with me in English.

____

6. Do you understand what he said?

____

八级

I'm Quite Busy Recently

Welcome to Elementary Level Eight, Lesson One of ***ChineseAny*** podcast series teaching Chinese. Today we will learn three words, one adverb, one adjective and one noun. Let's see them now.

The 1st vocabulary is "*bǐjiào 比较*". "*bǐjiào 比较*" is a verb and also can be an adverb, Today we will learn it as the adverb, which means "quite; relatively".

比较
[bǐjiào]
quite, relatively adverb

You may put a verb or an adjective after it, the verb should be related to the emotion, such as to like or to love.

比较 + v./adj.
[bǐjiào]
quite, relatively adverb

For example:

- 她比较年轻。[Tā bǐjiào niánqīng]
  She is quite young.
- 他们比较矮。[Tāmen bǐjiào ǎi]
  They are quite short.
- 我们比较满意。[Wǒmen bǐjiào mǎnyì]
  We are quite satisfied.

- 最近我的工作比较忙。[Zuìjìn wǒ de gōngzuò bǐjiào máng]
  I'm quite busy with my work recently.
- 我觉得今天的练习比较简单。
  [Wǒ juéde jīntiān de liànxí bǐjiào jiǎndān]
  I think today's exercise is relatively simple.
- 他的手机比较好，也比较新。
  [Tā de shǒujī bǐjiào hǎo, yě bǐjiào xīn]
  His mobile phone is quite good and rather new.
- 我比较喜欢红茶。[Wǒ bǐjiào xǐhuan hóngchá]
  I like black tea much more.
- 他比较爱听中国音乐。[Tā bǐjiào ài tīng Zhōngguó yīnyuè]
  He loves listening to Chinese music much more.

OK, let's see the 2nd vocabulary, "*yǒumíng 有名*". "*yǒumíng 有名*" is adjective, which means "famous".

有名
[yǒumíng]
famous　　adjective

You may say
- 有名的红酒[yǒumíng de hóngjiǔ]
  famous wine
- 有名的画[yǒumíng de huà]
  famous painting
- 有名的歌[yǒumíng de gē]
  famous song

For example:
- 上海最有名的菜是什么?
  [Shànghǎi zuì yǒumíng de cài shì shénme]
  What is the most famous food in Shanghai?
- 我听说这家商店比较有名。

[Wō tīngshuō zhè jiā shāngdiàn bǐjiào yǒumíng]

I heard this shop is quite famous.

- 青岛啤酒在中国很有名。

  [Qīngdǎo píjiǔ zài Zhōngguó hěn yǒumíng]

  Tsingtao beer is very famous in China.
- 这张照片上的人很有名。

  [Zhè zhāng zhàopiān shang de rén hěn yǒumíng]

  The person on the photo is famous.

OK, the 3rd vocabulary is "*kuàizi* 筷子". "*kuàizi* 筷子" means "chopsticks". The measure word is "*shuāng* 双". A pair of chopsticks in Chinese is "*yì shuāng kuàizi* 一双筷子".

筷子
[kuàizi]
chopsticks noun

Let's see some examples:

- 刚来中国的时候,我不习惯用筷子。

  [Gāng lái Zhōngguó de shíhou, wǒ bù xíguàn yòng kuàizi]

  When I just came to china, I was not used to using chopsticks.
- 服务员,请给我两双筷子。

  [Fúwùyuán, qǐng gěi wǒ liǎng shuāng kuàizi]

  Waiter, give me two pairs of chopsticks please.
- 现在我还不会用筷子。

  [Xiànzài wǒ hái bú huì yòng kuàizi]

  I don't know how to use chopsticks till now.
- 我觉得筷子太长了,不方便。

  [Wǒ juéde kuàizi tài cháng le, bù fāngbiàn]

  I think chopsticks are too long, and it's not convenient.

OK, let's see the following pictures to learn some vocabularies about tableware.

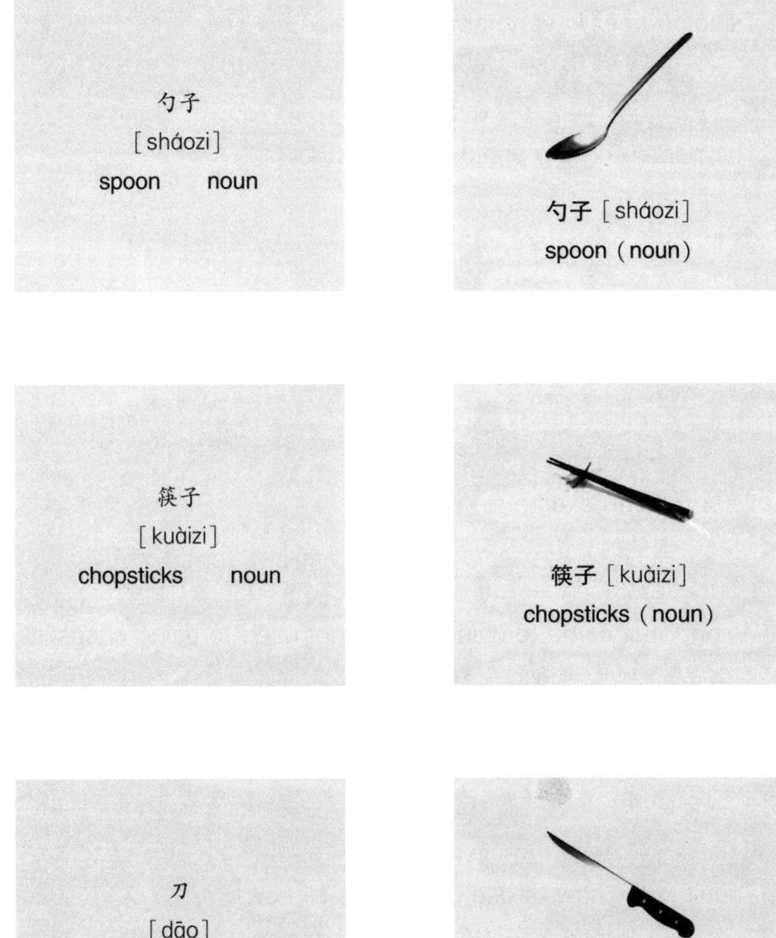

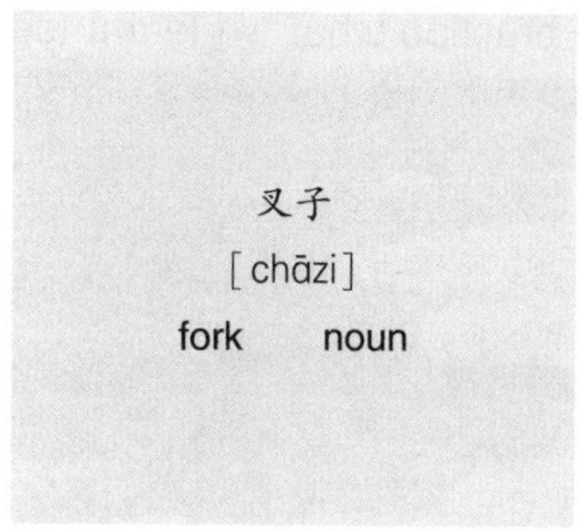

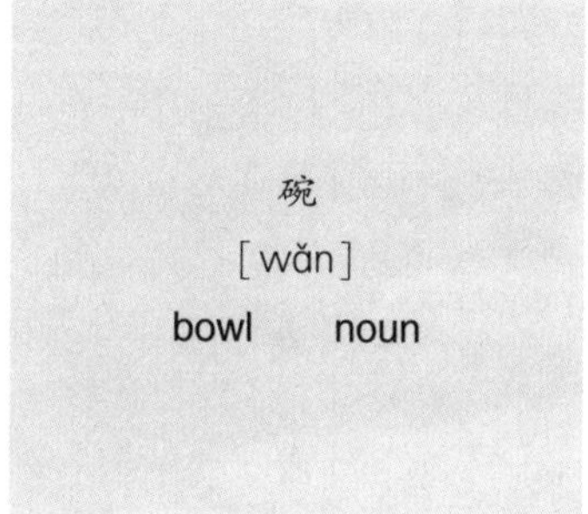

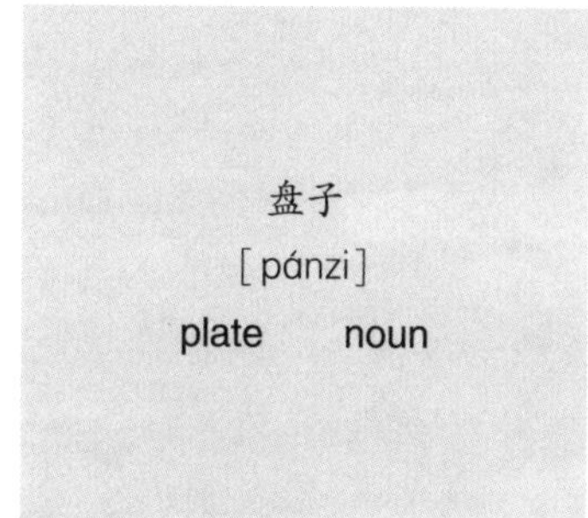

Great, after we know the names of the tableware, now we learn some measure words of them. In Chinese, a plate and a bowl should be "*yí ge pánzi/wǎn 一个盘子/碗*"; a spoon, a fork and a knife should be "*yì bǎ sháozi/chāzi/dāo 一把勺子/叉子/刀*".

Great, let's make some examples to practice what we learnt today.

- 我们都觉得这个故事比较有意思。
  [Wǒmen dōu juéde zhè ge gùshi bǐjiào yǒuyìsi]
  We all felt this story was quite interesting.
- 上海的春天比较暖和。
  [Shànghǎi de chūntiān bǐjiào nuǎnhuo]
  Spring in Shanghai is quite warm.

- 孩子还不太会用筷子。
  [Háizi hái bú tài huì yòng kuàizi]
  The child is still not good at using chopsticks.
- 我朋友对中国的筷子很感兴趣。
  [Wǒ péngyou duì Zhōngguó de kuàizi hěn gǎn xìngqù]
  My friend is interested in Chinese chopsticks.

- 这家酒店没有那家酒店有名。
  [Zhè jiā jiǔdiàn méiyǒu nà jiā jiǔdiàn yǒumíng]
  This hotel is not as famous as that one.

- 你能向他介绍一些中国有名的地方吗?
  [Nǐ néng xiàng tā jièshào yìxiē Zhōngguó yǒumíng de dìfang ma]
  Could you introduce some famous places in China to him?

- 我搬了新家，需要买一些盘子。
  [Wǒ bān le xīn jiā, xūyào mǎi yìxiē pánzi]
  I moved to a new house and need some plates.
- 中国人不常用叉子和刀吃饭。
  [Zhōngguó rén bù cháng yòng chāzi hé dāo chī fàn]
  Chinese people don't eat by fork and knife quite often.

Great, so that wraps up today's lesson. Hope you have learned something there. Download our app to access our Chinese lessons, remember you can learn Chinese anywhere, anytime with ***ChineseAny***.

Word List

Main Vocabulary		
比较[bǐjiào] quite, relatively	有名[yǒumíng] famous	筷子[kuàizi] chopsticks
Additional Vocabulary		
勺子[sháozi] spoon	叉子[chāzi] fork	盘子[pánzi] plate
碗[wǎn] bowl	刀[dāo] knife	双[shuāng] a measure word
把[bǎ] a measure word		

Notes

The adverb “比较[bǐjiào]Quite, relatively” + verb/adjective

E. g. ① 我觉得今天比较冷。[Wǒ juéde jīntiān bǐjiào lěng]
I think today is quite cold.

② 我的朋友最近工作比较忙。
[Wǒ de péngyou zuìjìn gōngzuò bǐjiào máng]
My friend is quite busy recently.

③ 坐地铁去应该比较快。[Zuò dìtiě qù yīnggāi bǐjiào kuài]
It is faster to go by metro.

④ 我的男朋友对踢足球比较感兴趣。
[Wǒ de nánpéngyou duì tī zúqiú bǐjiào gǎn xìngqù]
My boyfriend is quite interested in playing football.

Quiz

I. Pronunciation.

1. Please choose the initials or finals you heard.

1) A. bǐjiào　　B. bǐjià
2) A. yǒumíng　　B. yóumín
3) A. kuàizi　　B. kuàidì
4) A. jīngjì　　B. jīngqí
5) A. jīngpì　　B. jīngpǐn
6) A. héshì　　B. hēishì

2. Please choose the Pinyin you heard.

1) A. zhè shì wǒ de sǎozi　　B. zhè shì wǒ de sháozi

2) A. qǐng nín zǒu hǎo B. qǐng nín zuò hǎo
3) A. wǒ qù kàn le gōngsī B. wǒ qù kàn le gōngzī
4) A. nà ge fángzi yǐjīng dā le B. nà ge fángzi yǐjīng tā le
5) A. tùzi táo zǒu le B. tùzi pǎo zǒu le
6) A. wǒ xǐhuan míngyuè B. wǒ xǐhuan mínyuè

II. Form sentences.

1. shuǐguǒ (1) bǐjiào (2) de (3) jīntiān (4) piányi (5)

____

2. bǐjiào (1) tā (2) tī (3) xǐhuan (4) zúqiú (5)

____

3. cài (1) zhè (2) fàndiàn (3) de (4) wǒmen (5) zuì (6) yǒumíng (7) shì (8)

____

4. nǐ (1) yě (2) qù (3) búyòng (4) nàlǐ (5)

____

5. néng (1) nǐ (2) wǒ (3) jiāo (4) kuàizi (5) ma (6) yòng (7)

____

6. chī (1) wǎn (2) mǐfàn (3) liǎng (4) wǒ (5) kěyǐ (6)

____

III. Please translate the following sentences into Chinese.

1. I think the character is quite difficult.

____

2. This spring is comparatively cold.

____

3. We have been many famous places.

____

4. I heard the movie is quite famous.

____

5. We often use fork and spoon.

____

6. My friend is learning to use the chopsticks.

____

What Should I Do

Welcome to Elementary Level Eight, Lesson Two of ***ChineseAny*** podcast series teaching Chinese. Today we will learn three verbs. Let's take a look at them now.

The 1st vocabulary is "*bàn 办*".
"*bàn 办*" means "to do, handle".
OK, let's make some words with "*bàn 办*".

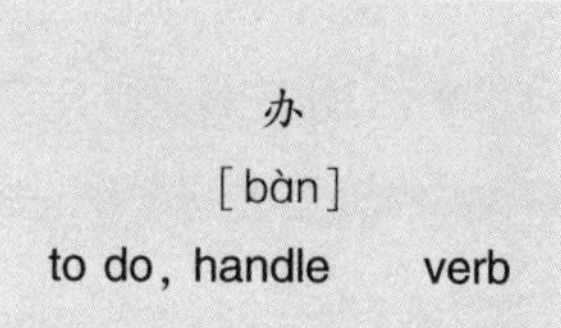
办
[bàn]
to do, handle verb

For example:

- 怎么办 [zěnme bàn]
  how to do?
- 办护照 [bàn hùzhào]
  getting the passport
- 办事 [bàn shì]
  to handle issues

Let's see some sentences:

- 我应该怎么办? [Wǒ yīnggāi zěnme bàn]
  What should I do?
- 我觉得这件事很难办。[Wǒ juéde zhè jiàn shì hěn nán bàn]
  I think that it's difficult to handle this issue.
- 办完以后,我想休息休息。[Bàn wán yǐhòu, wǒ xiǎng xiūxi xiūxi]

After finish doing it, I would like to have a rest.

- 出国旅行以前，你需要先办护照。
  [Chūguó lǚxíng yǐqián, nǐ xūyào xiān bàn hùzhào]
  You need to get the passport first, before you go abroad for travel.

OK, let's see the 2nd vocabulary, "*duànliàn* 锻炼". "*duànliàn* 锻炼" means "to take exercise".

锻炼
[duànliàn]
to take exercise verb

For example:

- 他每天早上锻炼身体。[Tā měitiān zǎoshang duànliàn shēntǐ]
  He does exercise every morning.
- 我朋友的身体非常健康，他常常锻炼。
  [Wǒ péngyou de shēntǐ fēicháng jiànkàng, tā chángcháng duànliàn]
  My friend is very healthy; he often does exercise.
- 我一个星期锻炼两三次。[Wǒ yígè xīngqī duànliàn liǎng sān cì]
  I take exercise two or three times a week.
- 迈克一边锻炼身体，一边听音乐。
  [Màikè yìbiān duànliàn shēntǐ, yìbiān tīng yīnyuè]
  Mike listens to the music while taking exercise.

OK, let's see the last vocabulary, "*kǎolǜ* 考虑". "*kǎolǜ* 考虑" means "to think over, to consider".

考虑
[kǎolǜ]
to think over, consider verb

Yes, we learned "*xiǎng* 想", which also means "to think". But "*kǎolǜ* 考虑" emphasizes you consider something carefully before making decision.

For example:

- 你先考虑一下，再告诉我。[Nǐ xiān kǎolǜ yíxià, zài gàosu wǒ]
  You think it over first, and then tell me.
- 你考虑清楚了吗? [Nǐ kǎolǜ qīngchu le ma]
  Did you consider it well?
- 那个问题我已经考虑过了。[Nà ge wèntí wǒ yǐjīng kǎolǜ guo le]
  I have already considered that question.
- 你考虑考虑吧。[Nǐ kǎolǜ kǎolǜ ba]
  Please consider it.

Great, let's look at one Grammar point, "*Verb + hǎo 好*", which is to indicate that the action has been finished and well completed. The negative form is "*méi 没 + verb + hǎo 好*".

Verb + 好
[hǎo]
well completed

We have learned "*Verb + wán 完*" before. The difference between these two patterns is: "*Verb + wán 完*" just means "finish doing action", to emphasize the completion of the action. But "*Verb + hǎo 好*" means "both to finish doing and well completed".

Verb + 完[hǎo]
finish doing
Verb + 好[hǎo]
finish doing + well completed.

Let's make some sentences:

- 我关好门了。[Wǒ guān hǎo mén le]
  I have closed the door well.
- 他的护照终于办好了。[Tā de hùzhào zhōngyú bàn hǎo le]

His passport was finally ready.

- 汤姆问老师怎么学好汉语。
  [Tāngmǔ wèn lǎoshī zěnme xué hǎo Hànyǔ]
  Tom asked his teacher how to learn Chinese well.
- 妈妈还没做好晚饭。[Māma hái méi zuò hǎo wǎnfàn]
  Mum hasn't prepared dinner yet.
- 我已经考虑好了。[Wǒ yǐjīng kǎolǜ hǎo le]
  I considered it well already.
- 我已经打扫完房间了，现在很干净。
  [Wǒ yǐjīng dǎsǎo wán fāngjiān le, xiànzài hěn gānjìng]
  I finished cleaning the room already; it is clean now.

Great, let's make some examples to practice what we learned today.

- 我办完以后给你打电话。
  [Wǒ bàn wán yǐhòu gěi nǐ dǎ diànhuà]
  I'll call you after I finish doing it.
- 这件事明天就能办好。
  [Zhè jiàn shì míngtiān jiù néng bàn hǎo]
  It'll be done tomorrow.

- 我现在还不想考虑结婚。
  [Wǒ xiànzài hái bù xiǎng kǎolǜ jiéhūn]
  Now I don't want to think about marriage yet.
- 你考虑好，再决定。
  [Nǐ kǎolǜ hǎo, zài juédìng]
  Think it over before you decide.

- 你经常去哪里锻炼?
  [Nǐ jīngcháng qù nǎlǐ duànliàn]
  Where do you often go for exercise?
- 这个周末我们一起去锻炼吧。
  [Zhè ge zhōumò wǒmen yìqǐ qù duànliàn ba]
  Let's do exercise together this weekend.

- 你还没考虑好这件事吗?
  [Nǐ hái méi kǎolǜ hǎo zhè jiàn shì ma]
  Have you decided it yet?
- 锻炼完以后,我和朋友见面。
  [Duànliàn wán yǐhóu, wǒ hé péngyou jiànmiàn]
  After doing exercise, I will meet my friend.

Great, so that wraps up today's lesson. Hope you have learned something there. Download our app to access our Chinese lessons, remember you can learn Chinese anywhere, anytime with ***ChineseAny***.

Word List

Main Vocabulary		
办[bàn] to do, handle	锻炼[duànliàn] to take exercise	考虑[kǎolǜ] to think over, consider

Notes

The adjective "好[hǎo]" as a complement of result verb + "好[hǎo]"

E. g. ① 我想好怎么做了。[Wǒ xiǎng hǎo zěnme zuò le]
I have already considered well about how to do it.

② 我问好他公司的地址了。[Wǒ wèn hǎo tā gōngsī de dìzhǐ le]
I have already got the address of his company.

③ 他已经做好午饭了。[Tā yǐjīng zuò hǎo wǔfàn le]
The lunch has been already cooked well by him.

④ 我朋友还没想好假期去哪里旅行。
[Wǒ péngyou hái méi xiǎng hǎo jiàqī qù nǎlǐ lǚxíng]
My friend has not decided where to go during the holiday.

Quiz

I. Pronunciation.

1. Please choose the initials or finals you heard.

1) A. bànfǎ B. bàifǎng
2) A. duànliàn B. duànliè
3) A. kǎoyú B. kǎolǜ
4) A. Qíncháo B. Qīngcháo
5) A. kāishǐ B. kāizhī
6) A. shíxíng B. shíqíng

2. Please choose the Pinyin you heard.

1) A. nǐmen tài shūfu le B. nǐmen tài shūhu le

2) A. gěi wǒ yì zhāng xìnzhǐ B. gěi wǒ yì zhāng xīn zhǐ
3) A. qǐng fēn chéng liǎng zǔ B. qǐng fēn chéng liǎng chù
4) A. yìbiān tīng yìbiān tiào B. yìbiān tīng yìbiān tiáo
5) A. zhè shì nǐ de fǔzi B. zhè shì nǐ de húzi
6) A. tāmen qù yóuxíng le B. tāmen qù yóu xìn le

II. Form sentences.

1. jiàn (1) wǒ (2) wán (3) le (4) bàn (5) nà (6) shì (7)

____

2. zhèngzài (1) wǒmen (2) hùzhào (3) bàn (4)

____

3. chángcháng (1) nǎlǐ (2) duànliàn (3) nǐ (4) zài (5)

____

4. tā (1) yí (2) měitiān (3) duànliàn (4) xiǎoshí (5) gè (6)

____

5. nǐ (1) kǎolǜ (2) duō (3) yào (4) cháng (5) shíjiān (6)

____

6. mǎi (1) dōngxi (2) wǒ (3) hǎo (4) xiǎng (5) le (6) nǎlǐ (7) qù (8)

____

III. Please translate the following sentences into Chinese.

1. It is very troublesome to do this matter.

____

2. I would like to think it over first.

___

3. I don't like that he only considers himself.

___

4. The dinner is ready.

___

5. You should take exercise everyday.

___

6. Would you like take exercise with me together?

___

The Quality Is Quite Good

Welcome to Elementary Level Eight, Lesson Three of our ***ChineseAny*** podcast series teaching Chinese. Today we will learn one conjunction and two verbs. Let's look at them now.

Today's 1st vocabulary is "*suīrán 虽然*". "*suīrán 虽然*" is a conjunction, it means "though, although".

虽然
[suīrán]
though, although
conjunction

We learned "*dànshì 但是*" before. We normally put them together to form a complex sentence indicating a transitional meaning. "*suīrán 虽然*" is put before or after the subject in the first clause, while "*dànshì 但是*" is put the beginning of the second clause.

虽然……但是……
[suīrán] [dànshì]
Although . . . , . . .
(but) . . .

For example:

- 虽然我会说一点汉语,但是我不懂汉字。
  [Suīrán wǒ huì shuō yìdiǎn Hànyǔ, dànshì wǒ bù dǒng Hànzì]
  Although I can speak a little bit Chinese; I don't understand the characters.

- 虽然我想去旅游，但是我没有钱。
  [Suīrán wǒ xiǎng qù lǚyóu, dànshì wǒ méiyǒu qián]
  I have no money though I'd like to travel.
- 这件衣服虽然很漂亮，但是太贵了。
  [Zhè jiàn yīfu suīrán hěn piàoliang, dànshì tài guì le]
  Although this jacket is beautiful; it's too expensive.
- 虽然便宜，但是颜色不好看。
  [Suīrán piányi, dànshì yánsè bù hǎokàn]
  Although it's cheap; the color is not quite good.
- 虽然他每天做运动，但是他还是有点儿胖。
  [Suīrán tā měitiān zuò yùndòng, dànshì tā háishì yǒudiǎn pàng]
  Although he does sports every day; he is still a little fat.

OK, let's see the 2nd vocabulary "*jiàgé* 价格". "*jiàgé* 价格" means "price". In Chinese, "*jià* 价" means "price, value". "*gé* 格" means "rule, standard". Also you may say "*jiàqián* 价钱", as you know, "*qián* 钱" means "money".

价格
[jiàgé]
price　　noun

Normally, we use "*gāo* 高", but not "*guì* 贵" or "*piányi* 便宜" to express "*jiàgé* 价格".

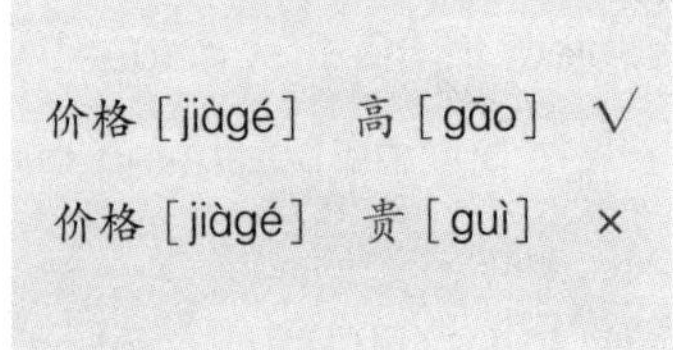

For example:

- 最近房子的价格越来越高。[Zuìjìn fángzi de jiàgé yuèláiyuè gāo]
  The price of house is becoming higher and higher recently.
- 这里水果的价格比丹麦高。

[Zhèlǐ shuǐguǒ de jiàgé bǐ Dānmài gāo]
The price of fruits here is higher than in Denmark.

- 老板对他们的价格不满意。
  [Lǎobǎn duì tāmen de jiàgé bù mǎnyì]
  The boss is not satisfied with their price.
- 我们公司的价格跟他们的一样。
  [Wǒmen gōngsī de jiàgé gēn tāmen de yíyàng]
  The price of our company is as same as theirs.

OK, today's 3rd vocabulary is "*zhìliàng 质量*". "*zhìliàng 质量*" means "quality".

质量
[zhìliàng]
quality noun

Good quality in Chinese you may say

- 质量好。[zhìliàng hǎo]
  The quality is good.
- 质量不错。[zhìliàng búcuò]
  The quality is very good (no bad).
- 质量高。[zhìliàng gāo]
  The quality is very high.

For example:

- 苹果手机的质量怎么样?
  [Píngguǒ shǒujī de zhìliàng zěnmeyàng]
  How is the quality of iPhone?
- 我觉得质量比价格更重要。
  [Wǒ juéde zhìliàng bǐ jiàgé gèng zhòngyào]
  I think quality is more important than price.
- 这个冰箱的质量不错,而且价格也不高。

[Zhè ge bīngxiāng de zhìliàng búcuò, érqiě jiàgé yě bú gāo]

The refrigerator is high-qualified and also is not expensive either.

- 有时候，在网上买东西，虽然价格不高，但是质量不太好。

  [Yǒu shíhou zài wǎngshang mǎi dōngxi, suīrán jiàgé bù gāo, dànshì zhìliàng bú tài hǎo]

  Sometimes you buy the things online. Although the price is not high, the quality is not so good.

Great, let's make some examples to practice what we learnt today.

- 虽然已经是春天了，但是还这么冷。

  [Suīrán yǐjīng shì chūntiān le, dànshì hái zhème lěng]

  Although it is spring already, it is still so cold.

- 虽然天气不好，但是他还锻炼身体。

  [Suīrán tiānqì bù hǎo, dànshì tā hái duànliàn shēntǐ]

  Although the weather is not good, he still takes exercise.

- 我想先看看价格，再决定。

  [Wǒ xiǎng xiān kànkan jiàgé, zài juédìng]

  I'd like to see the price first, then make a decision.

- 因为价格太高，所以我没有买。

  [Yīnwèi jiàgé tài gāo, suǒyǐ wǒ méiyǒu mǎi]

  I didn't buy it because the price was too high.

- 这个商店的东西价格不高,质量又好。
  [Zhè ge shāngdiàn de dōngxi jiàgé bù gāo, zhìliàng yòu hǎo]
  The things in this shop are cheap, and the quality is good.

- 我觉得这个东西的质量马马虎虎。
  [Wǒ juéde zhè ge dōngxi de zhìliàng mǎmǎhūhū]
  I think the quality of this thing is so-so.

Great, so that wraps up today's lesson. Hope you have learned something there. Download our app to access our Chinese lessons, remember you can learn Chinese anywhere, anytime with ***ChineseAny***.

Word List

Main Vocabulary		
虽然[suīrán] though, although	价格[jiàgé] price	质量[zhìliàng] quality
Additional Vocabulary		
价钱[jiàqián] price		

Notes

The conjunction "虽然[suīrán]……,但是[dànshì]……"

E. g. ① 虽然天气很冷,但是我的朋友穿得很少。
[Suīrán tiānqì hěn lěng, dànshì wǒ de péngyou chuān de hěn shǎo]

Although it was very cold, my friend wore very few.

② 虽然我想去超市，但是今天我没有时间。
[Suīrán wǒ xiǎng qù chāoshì, dànshì jīntiān wǒ méiyǒu shíjiān]
Although I want to go to the supermarket, I have no time today.

③ 这个商场虽然很大，但是人非常少。
[Zhè ge shāngchǎng suīrán hěn dà, dànshì rén fēicháng shǎo]
Although the shopping mall is very big, there are few people there.

④ 那个饭店虽然很小，但是菜很好吃。
[Nà ge fàndiàn suīrán hěn xiǎo, dànshì cài hěn hǎo chī]
Although that restaurant is small, the food is very delicious.

Quiz

I. Pronunciation.

1. Please choose the initials or finals you heard.

1)	A. suīrán	B. sùrán
2)	A. jiàngé	B. jiàgé
3)	A. jiàqián	B. jièqián
4)	A. zhìliàng	B. zìliàn
5)	A. jīn nián	B. jì niàn
6)	A. xuéyuàn	B. juéyuán

2. Please choose the Pinyin you heard.

1)	A. nǐ de yǎnjīng zhēn hǎokàn	B. nǐ de yǎnjìng zhēn hǎokàn
2)	A. wǒ xiǎng jīntiān qù	B. wǒ xiǎng qíngtiān qù
3)	A. xuéxiào lǐmiàn yǒu jiàoshī	B. xuéxiào lǐmiàn yǒu jiàoshì
4)	A. yǐjīng kāi fàn le	B. yǐjīng kāifàng le
5)	A. píngguǒ tài shǎo le	B. píngguǒ tài xiǎo le

6) A. zhǐ liàn yí cì B. zhǐ liáng yí cì

II. Form sentences.

1. piányi (1) dànshì (2) bù (3) suīrán (4) hǎochī (5)

____

2. zhōumò (1) shì (2) dànshì (3) suīrán (4) shàngbān (5) wǒ (6) hái (7)

____

3. jiàgé (1) hǎokàn (2) bú (3) gāo (4) érqiě (5) hěn (6)

____

4. juéde (1) nǐmen (2) zhè (3) zěnme yàng (4) ge (5) zhìliàng (6)

____

5. wǒmen (1) jiàgé (2) duì (3) mǎnyì (4) hěn (5)

____

6. shǒujī (1) zhè (2) zhēn (3) zhìliàng (4) ge (5) búcuò (6) de (7)

____

III. Please translate the following sentences into Chinese.

1. The price of clothes in this shop is quite high.

____

2. Although I'm very tired, I can't go home early.

____

3. Although the price is very high; the quality is quite good.

____

4. The price of the painting is too high.

____

5. Many people like to buy it because the quality is good.

____

6. Do you have anything that has the better quality?

____

Let's Go Another Day

Welcome to Elementary Level Eight, Lesson Four of ***ChineseAny*** podcast series teaching Chinese. Today we will learn two adverbs and one verb. Let's look at them now.

Today's 1st vocabulary is "*yídìng* 一定". "*yídìng* 一定" is an adverb. It means "surely, definitely, must", which can be used to express that the speaker is determined to do something or insist someone doing something. It can also be indicated certainly or unquestionably. You may put verb or adjective after it.

> 一定
> [yídìng]
> surely, definitely; must
> adverb

> 一定 + verb/adjective
> [yídìng]
> surely, definitely; must
> adverb

For example:

- 十点以前,我一定回家。[Shí diǎn yǐqián, wǒ yídìng huí jiā]
  I shall definitely be home before ten o'clock.
- 他一定知道这件事。[Tā yídìng zhīdào zhè jiàn shì]
  He must have known this thing.
- 他每天锻炼,身体一定很健康。
  [Tā měitiān duànliàn, shēntǐ yídìng hěn jiànkāng]
  He takes exercise everyday, surely he is very healthy.
- 以后我一定不迟到。[Yǐhòu wǒ yídìng bù chídào]

I'll not be late from now on.

- 昨天晚上你一定没复习。[Zuótiān wǎnshang nǐ yídìng méi fùxí]
  You didn't review last night definitely.

改天
[gǎitiān]
another day,
some other day adverb

改天 + 再 + verb
[gǎitiān] [zài]
(again) another day,
another day

OK, let's see the 2nd vocabulary "*gǎitiān 改天*". "*gǎitiān 改天*" means "another day, some other day". "*gǎi 改*" means "to change"; "*tiān 天*" means "day". You may put a verb after it. In Chinese, we normally use "*zài 再*" followed "*gǎitiān 改天*", to indicate that you would do something again in another day.

For example:

- 改天(再)说 [gǎitiān zài shuō]
  to talk another day
- 改天(再)买 [gǎitiān zài mǎi]
  to buy another day
- 改天(再)去 [gǎitiān zài qù]
  to go another day

Now you can make many words with "*gǎitiān 改天*" by yourself.

- 今天我没有时间，改天再说吧。
  [Jīntiān wǒ méiyǒu shíjiān, gǎitiān zài shuō ba]
  I have no time today; let's talk another day.
- 我改天再请你喝酒。[Wǒ gǎitiān zài qǐng nǐ hē jiǔ]
  I'll invite you to drink another day.
- 最近我忙极了，我们改天再见面。

[Zuìjìn wǒ máng jí le, wǒmen gǎitiān zài jiànmiàn]
I'm very busy recently; let's meet another day.

- 改天我们在公园见吧。[Gǎitiān wǒmen zài gōngyuán jiàn ba]
  Let's meet at park another day.
- 这个星期大家都有事,我们改天再去看电影吧。
  [Zhè ge xīngqī dàjiā dōu yǒu shì, wǒmen gǎitiān zài qù kàn diànyǐng ba]
  Everyone is busy this week, let's watch movie another day.

OK, today's 3rd character is "*shāngliang 商量*". "*shāngliang 商量*" is a verb; it means "to discuss, to consult". Normally you may also pronounce it "*shāngliang 商量*" verbally. Discuss something with somebody in Chinese should be "*A gēn/hé 跟/和 + B + shāngliang 商量 +sth.* "

商量
[shāngliang]
To discuss, consult
Verb

A 跟/和 + B + 商量 + sth.
[gēn/hé] [shāngliang]
A discuss something with B

For example:

- 我想跟/和你商量一下这个问题。
  [Wǒ xiǎng gēn/hé nǐ shāngliang yíxià zhè ge wèntí]
  I'd like to discuss the problem with you.
- 我已经跟/和朋友商量好去北京旅行了。
  [Wǒ yǐjīng gēn/hé péngyou shāngliang hǎo qù Běijīng lǚxíng le]
  I have discussed with my friend about traveling to Beijing.
- 刚才你是跟/和谁商量的? [Gāngcái nǐ shì gēn/hé shuí shāngliang de]
  Who did you discuss with just now?
- 他们正在商量价格。[Tāmen zhèngzài shāngliang jiàgé]
  They're discussing about the price.

- 我们应该先商量一下，再决定怎么做。
  [Wǒmen yīnggāi xiān shāngliang yíxià, zài juédìng zěnme zuò]
  We should discuss first, and then decide how to do.
- 他们商量了很长时间。[Tāmen shāngliang le hěn cháng shíjiān]
  They discussed for a long time.

Great, let's make some examples to practice what we learnt today.

- 我一定马上解决这件事。
  [Wǒ yídìng mǎshàng jiějué zhè jiàn shì]
  I shall definitely solve this matter at once.
- 我们一定帮你的忙。
  [Wǒmen yídìng bāng nǐ de máng]
  We will definitely help you.

- 改天我们一起去打网球吧。
  [Gǎitiān wǒmen yìqǐ qù dǎ wǎngqiú ba]
  Let's go and play tennis another day.
- 我没带钱，改天再买。
  [Wǒ méi dài qián, gǎitiān zài mǎi]
  I have no money with me; I'll buy another day.

- 你们商量好以后，请告诉我。
  [Nǐmen shāngliang hǎo yǐhòu, qǐng gàosu wǒ]
  Please tell me after you have discussed.
- 他们已经商量了一天了。
  [Tāmen yǐjīng shāngliang le yì tiān le]
  They have been discussing for a day.

- 别担心，改天我和/跟他们再商量商量吧。
  [Bié dānxīn, gǎitiān wǒ hé/gēn tāmen zài shāngliang shāngliang ba]
  Don't worry, I will discuss with them another day.

Great, so that wraps up today's lesson. Hope you have learned something there. Download our app to access our Chinese lessons, remember you can learn Chinese anywhere, anytime with ***ChineseAny***.

Word List

Main Vocabulary		
一定[yídìng] surely, definitely, must	改天[gǎitiān] another day, some other day	商量[shāngliang] to discuss, consult
Additional Vocabulary		
改[gǎi] to change		

Notes

"一定[yídìng]" + verb/adjective

E.g. ① 明天我一定不会迟到的。[Míngtiān wǒ yídìng bú huì chídào de]
I won't be late tomorrow certainly.
② 我觉得明天一定会下雨。[Wǒ juéde míngtiān yídìng huì xià yǔ]
I think it will rain tomorrow definitely.

③ 他一定常常说汉语。[Tā yídìng chángcháng shuō Hànyǔ]
He must speak Chinese often.

④ 你一定要先刷牙再睡觉。
[Nǐ yídìng yào xiān shuā yá zài shuìjiào]
You must brush teeth firstly and then go to sleep.

Quiz

I. Pronunciation.

1. Please choose the initials or finals you heard.

1)	A. yídìng	B. yìtīng
2)	A. gǎiqiān	B. gǎitiān
3)	A. shāngliang	B. shànliáng
4)	A. qiǎohé	B. xiǎohé
5)	A. qiūfēn	B. jiūfēn
6)	A. jíbié	B. qūbié

2. Please choose the Pinyin you heard.

1)	A. nǐ yídìng yào zìxìn	B. nǐ yídìng yào xìxīn
2)	A. gǎitiān qù ba	B. gǎitiān jù ba
3)	A. nàlǐ shì shīfàn xuéxiào	B. nàlǐ shì shìfàn xuéxiào
4)	A. tā xiǎng líkāi le	B. tā xiān líkāi le
5)	A. wǒ xǐhuan xué Hànzì	B. wǒ xǐhuan xiě Hànzì
6)	A. kū de lìhai	B. kǔ de lìhai

II. Form sentences.

1.

zhīdào	tā	nǐ	diànhuà	de	yídìng	hào mǎ
1	2	3	4	5	6	7

____

2. hǎo (1) yào (2) Hànyǔ (3) wǒ (4) yídìng (5) xué (6)

____

3. wǒmen (1) zài (2) yìqǐ (3) gǎitiān (4) ba (5) qù (6)

____

4. gǎitiān (1) nǐ (2) chī (3) wǒ (4) qǐng (5) cài (6) Zhōngguó (7)

____

5. xiǎng (1) wǒ (2) shāngliang (3) nǐ (4) yíxià (5) jiàgé (6) gēn (7)

____

6. yídìng (1) shāngliang (2) míngtiān (3) wǒmen (4) hǎo (5)

____

III. Please translate the following sentences into Chinese.

1. I shall definitely tell you if I know.

____

2. Could you help me to alter this piece of clothes?

____

3. He must be very tired.

____

4. He is going to solve this problem another day.

____

5. Let's go and drink coffee some other day.

____

6. You can discuss the price first.

____

You Can Go Today or Tomorrow

Welcome to Elementary Level Eight, Lesson Five of our ***ChineseAny*** podcast series teaching Mandarin Chinese. Today we will learn one conjunction, one verb and one noun. Let's look at them now.

Today's 1st vocabulary is "*huòzhě 或者*". "*huòzhě 或者*" is a conjunction, and it means "or". "*háishi 还是*" means "or" also.

> 或者
> [huòzhě]
> or conjunction

But "*háishi 还是*" is used in alternative question, while "*huòzhě 或者*" is used in statement.

> 或者 [huòzhě]
> statement
> 还是 [háishi]
> alternative question

For example:

- 我今天去或者明天去。[Wǒ jīntiān qù huòzhě míngtiān qù]
  I'll go today or tomorrow.
- 你今天去还是明天去? [Nǐ jīntiān qù háishi míngtiān qù]
  Will you go today or tomorrow?
- 你可以坐地铁或者坐公车。[Nǐ kěyǐ zuò dìtiě huòzhě zuò gōngchē]
  You can take metro or bus.
- 你坐地铁还是坐公车? [Nǐ zuò dìtiě háishi zuò gōngchē]
  Will you take metro or bus?

- 你可以用汉语或者英语回答。
  [Nǐ kěyǐ yòng Hànyǔ huòzhě Yīngyǔ huídá]
  You can answer in Chinese or English.
- 你用汉语回答还是用英语回答?
  [Nǐ yòng Hànyǔ háishi yòng Yīngyǔ huídá]
  Will you answer in Chinese or English?
- 我想喝一点茶或者咖啡。[Wǒ xiǎng hē yìdiǎn chá huòzhě kāfēi]
  I want to drink some tea or coffee.
- 你想喝一点茶还是咖啡? [Nǐ xiǎng hē yìdiǎn chá háishi kāfēi]
  Would you like to drink some tea or coffee?

OK, let's see the 2nd vocabulary "*fā* 发". "*fā* 发" has many meanings in Chinese. "*fā* 发" here is verb. It means "to send, give out".

发
[fā]
to send, give out verb

You may put "*gěi* 给" after it, which means "send to someone".

发给 + sb.
[fā gěi]
send to somebody

For example:

- 你是什么时候发给我的? [Nǐ shì shénme shíhou fā gěi wǒ de]
  When did you send to me?
- 请发一下你的电话号码。[Qǐng fā yíxià nǐ de diànhuà hàomǎ]
  Please send your telephone number.
- 对不起,我发错了。[Duìbuqǐ, wǒ fā cuò le]
  Sorry, I sent a wrong message.
- 这个做完以后,马上发给老板。
  [Zhè ge zuò wán yǐhòu, mǎshàng fā gěi lǎobǎn]

Please send it to the boss as soon as you finish.

- 我生日的时候，他给我发了一个大红包。
  [Wǒ shēngrì de shíhou, tā gěi wǒ fā le yí gè dà hóngbāo]
  He gave me a big red envelope on my birthday.
- 可以发给我你的护照吗？[Kěyǐ fā gěi wǒ nǐ de hùzhào ma]
  Could you send me your passport?

OK, today's 3rd vocabulary is "*diànzǐ yóujiàn 电子邮件*". "*diànzǐ yóujiàn 电子邮件*" means "E-mail". "*diànzǐ 电子*" means "electric"; "*yóujiàn 邮件*" means "mail"; "*yóu 邮*" is a verb, which means "to post". You may put some verbs before it.

> 电子邮件
> [diànzǐ yóujiàn]
> E-mail noun

OK, let's make some useful words:

- 发电子邮件 [fā diànzǐ yóujiàn]
  To send E-mail
- 看电子邮件 [kàn diànzǐ yóujiàn]
  To read E-mail
- 回电子邮件 [huí diànzǐ yóujiàn]
  To reply E-mail

Great, let's see some sentences:

- 每天我看很多电子邮件。
  [Měitiān wǒ kàn hěn duō diànzǐ yóujiàn]
  I read a lot of E-mails everyday.
- 如果你决定了，就给我发电子邮件。
  [Rúguǒ nǐ juédìng le, jiù gěi wǒ fā diànzǐ yóujiàn]
  Please send me E-mail if you decide.

- 你可以教我用汉语发邮件吗?
  [Nǐ kěyǐ jiāo wǒ yòng Hànyǔ fā yóujiàn ma]
  Can you teach me to send E-mail in Chinese?
- 请告诉我一下你的电子邮件。
  [Qǐng gàosu wǒ yíxià nǐ de diànzǐ yóujiàn]
  Please tell me your E-mail address.
- 今天有太多邮件,我看不完。
  [Jīntiān yǒu tài duō yóujiàn, wǒ kàn bù wán]
  There are too many E-mails today, I can't finish reading them.
- 我看不懂英语邮件。[Wǒ kàn bu dǒng Yīngyǔ yóujiàn]
  I can't understand English E-mail.

Great, let's make some examples to practice what we learnt today.

- 她正在给男朋友写邮件。
  [Tā zhèngzài gěi nánpéngyou xiě yóujiàn]
  She is writing mail to her boyfriend.
- 我觉得发电子邮件比较方便。
  [Wǒ juéde fā diànzǐ yóujiàn bǐjiào fāngbiàn]
  I think it's quite convenient to send E-mail.

- 你给我发了什么?
  [Nǐ gěi wǒ fā le shénme]
  What did you send to me?
- 他的邮件总是很长。
  [Tā de yóujiàn zǒngshì hěn cháng]
  His E-mail is always very long.

- 旅行的时候，你喜欢和朋友一起还是和家人一起？
  [Lǚxíng de shíhou, nǐ xǐhuan hé péngyou yìqǐ háishi hé jiārén yìqǐ]
  Do you like to go with your friends or your families when you travel?

Great, so that wraps up today's lesson. Hope you have learned something there. Download our app to access our Chinese lessons, remember you can learn Chinese anywhere, anytime with ***ChineseAny***.

Word List

Main Vocabulary		
或者[huòzhě] or	发[fā] to send	电子邮件 [diànzǐ yóujiàn] E- mail
Additional Vocabulary		
电子[diànzǐ] electrical	邮件[yóujiàn] mail	邮[yóu] to post

Notes

The conjunction word "或者[huòzhě]" means "or"

E. g. ① 我想喝红茶或者果汁。[Wǒ xiǎng hē hóngchá huòzhě guǒzhī]
I want black tea or juice.
② 你可以打电话或者发邮件。

[Nǐ kěyǐ dǎ diànhuà huòzhě fā yóujiàn]
You can make a phone call or send an E-mail.

③ 你问他或者问我都可以。
[Nǐ wèn tā huòzhě wèn wǒ dōu kěyǐ]
You can ask either him or me.

④ 明天上班或者休息都可以。
[Míngtiān shàng bān huòzhě xiūxi dōu kěyǐ]
To go to work or have a rest are both okay.

Quiz

I. Pronunciation.

1. Please choose the initials or finals you heard.

1) A. huòzhě B. huózhe
2) A. yǔyán B. yùyán
3) A. yǒuqián B. yóujiàn
4) A. bǎibù B. běibù
5) A. fādiàn B. fāxiàn
6) A. xiǎngliàng B. shāngliang

2. Please choose the Pinyin you heard.

1) A. wǒmen shāngliang wǎn le
B. wǒmen shāngliang wán le
2) A. běnzi fàng zài nǎlǐ
B. bèizi fàng zài nǎlǐ
3) A. nàlǐ yǒu yí gè lǎonóng B. nàlǐ yǒu yí gè niǎolóng
4) A. wǒ juédìng bù kǎo le B. wǒ juédìng bǔkǎo le
5) A. xiǎoxīn zhuāng chē B. xiǎoxīn zhuàng chē
6) A. wǒ mǎi le mǐfěn B. wǒ mǎi le miànfěn

II. Form sentences.

1. kěyǐ (1) xiě (2) nǐ (3) huòzhě (4) tīng (5)

____

2. wǒ (1) líkāi (2) zhōuliù (3) huòzhě (4) zhōurì (5) zhèlǐ (6)

____

3. nǐ (1) gěi (2) diànzǐ yóujiàn (3) tā (4) fā (5) míngtiān (6)

____

4. zuótiān (1) huí (2) gěi (3) tāmen (4) le (5) yóujiàn (6) wǒ (7)

____

5. xiànzài (1) zài (2) yóujiàn (3) wǒ (4) fā (5)

____

6. wǒ (1) wàng (2) le (3) yóujiàn (4) fā (5) nǐ (6) gěi (7)

____

III. Please translate the following sentences into Chinese.

1. I want to buy a black car or a white car.

____

2. They will take a trip on the first or the second week of next month.

____

3. Should I send it right now?

____

4. Who do you want to send?

____

5. Can I have a look at the E-mail?

____

6. If you have any question, then send me e-mail.

____

It's Especially Good

Welcome to Elementary Level Eight, Lesson Six of our ***ChineseAny*** podcast series teaching Chinese. Today we will learn three new words, one adverb, one verb and one adjective. Let's look at them now.

The 1st new word is "*tèbié 特别*". "*tèbié 特别*" is an adjective, it means special. It also is an adverb, which means specially.

特别
[tèbié]

special	adjective
specially	adverb

➢ Firstly let's see it as an adjective, you may put the noun after it and linked by "*de 的*".

For example：

- 特别的人[tèbié de rén]
  special person
- 特别的菜[tèbié de cài]
  special food
- 特别的礼物[tèbié de lǐwù]
  special present
- 今天我过了一个特别的生日。
  [Jīntiān wǒ guò le yí gè tèbié de shēngrì]
  I had a special birthday today.

- 这个汉字有特别的意思吗?
  [Zhè ge Hànzì yǒu tèbié de yìsi ma]
  Does this character have special meaning?

➢ "*tèbié 特别*" as an adverb means "especially". You may put verb or adjective after it.

特别 + verb/adjective
[tèbié]
especially adverb

For example:

- 在上海坐地铁特别方便。
  [Zài Shànghǎi zuò dìtiě tèbié fāngbiàn]
  It's especially convenient to take the metro in Shanghai.
- 这个电脑的质量特别好。
  [Zhè ge diànnǎo de zhìliàng tèbié hǎo]
  The quality of this computer is especially good.
- 妈妈做的菜特别好吃。[Māma zuò de cài tèbié hǎochī]
  The meals that Mum cooked are especially delicious.
- 她看起来特别难过。[Tā kàn qǐlai tèbié nánguò]
  She looks especially sad.

OK, let's see the 2nd new word "*dǔchē 堵车*". "*dǔchē 堵车*" can be a noun or a verb; it means "traffic jam". "*dǔ 堵*" is a verb, and it means "get blocked, block up".

堵车
[dǔchē]
traffic jam noun/verb

For example:

- 早上这里总是堵车。[Zǎoshang zhèlǐ zǒngshì dǔchē]
  There is always a traffic jam in the morning here.

- 这个时候常常堵车。[Zhè ge shíhou chángcháng dǔchē]
  There is always a traffic jam at this time.
- 前边堵车，我们走别的路吧。
  [Qiánbian dǔchē, wǒmen zǒu biéde lù ba]
  There is a traffic jam in the front; let's go another way.
- 我喜欢坐地铁上班，因为我怕堵车。
  [Wǒ xǐhuan zuò dìtiě shàng bān, yīnwèi wǒ pà dǔchē]
  I like to go to work by subway because I'm afraid of traffic jam.
- 因为堵车，所以我迟到了。[Yīnwèi dǔchē, suǒyǐ wǒ chídào le]
  I was late because of the traffic jam.

"*dǔchē 堵车*" is a separable verb, which is composed by a verb and a noun, so you may put the time word between them.

堵 + Time + 车
[dǔ] [chē]
traffic jam for some time

For example:

- 已经堵了几个小时车了。[Yǐjīng dǔ le jǐ gè xiǎoshí chē le]
  The traffic has been blocked for several hours.

Because "*dǔchē 堵车*" is not an adjective, so you may not say "*hěn dǔchē 很堵车*", please pay more attention to it.

OK, let's look at the 3rd vocabulary "*lìhai 厉害*". "*lìhai 厉害*" is an adjective, it has many meanings.

厉害
[lìhai]
serious, terrible,
(of a person) harsh
adjective

➢ The 1st meaning is to be serious; terrible; (of a person) harsh.

"*Adjective + de 得 + lìhai 厉害*"

adjective + 得 + 厉害
[de] [lìhai]
... to be serious

For example:

- 他病得非常厉害。[Tā bìng de fēicháng lìhai]
  He is very seriously sick.
- 这里热得厉害。[Zhèlǐ rè de lìhai]
  It's terribly hot here.
- 孩子害怕得厉害,不敢一个人在家。
  [Háizi hàipà de lìhai, bù gǎn yí gè rén zài jiā]
  The child is scared a lot, afraid to stay at home alone.

➢ The 2nd meaning is that you may also say someone is "*lìhai 厉害*", which has two meanings.

1) it means "someone is terrible, cruel";

2) it means "someone is so excellent, great and awesome".

Let's see two sentences:

- 这个人太厉害了,他们都怕他。
  [Zhè ge rén tài lìhai le, tāmen dōu pà tā]
  This man is too cruel; they're all afraid of him.
- 他厉害极了! 他会说汉语、英语、韩语和日语。
  [Tā lìhai jí le! Tā huì shuō Hànyǔ, Yīngyǔ, Hányǔ hé Rìyǔ]
  He is awesome! He can speak Chinese, English, Korean and Japanese.
- 你真厉害,自己搬家了。[Nǐ zhēn lìhai, zìjǐ bān jiā le]
  You are so great that you moved house by yourself.

Great, let's do some exercises to review what we learned today.

- 如果不堵车，半个小时就到了。
[Rúguǒ bù dǔchē, bàn ge xiǎoshí jiù dào le]
If there is no traffic jam, we will arrive there in half an hour.

- 这条路每天堵车堵得很厉害。
[Zhè tiáo lù měitiān dǔchē dǔ de hěn lìhai]
There is a lot of traffic jam on this road everyday.

- 这个饭店特别有名。
[Zhè ge fàndiàn tèbié yǒumíng]
The restaurant is especially famous.

- 你妈妈看起来特别年轻。
[Nǐ māma kàn qǐlai tèbié niánqīng]
Your Mum looks very young.

- 我的哥哥是很厉害的人，这些问题对他来说都很容易。
[Wǒ de gēge shì hěn lìhai de rén, zhè xiē wèntí duì tā lái shuō dōu hěn róngyì]
My brother is so excellent, these problems are easy for him.

- 她害怕得厉害，不敢一个人睡觉。
[Tā hàipà de lìhai, bù gǎn yí ge rén shuìjiào]
She is so scared that she dare not to sleep alone.

Great, so that wraps up today's lesson. Hope you have learned something helpful. Download our app to access our Chinese lessons.

Remember, you can learn Chinese anywhere, anytime with ***ChineseAny***.

Word List

Main Vocabulary		
特别[tèbié] special, especially	堵车[dǔchē] traffic jam	厉害[lìhai] serious, terrible, (of a person) harsh
Additional Vocabulary		
堵[dǔ] to get blocked, block up		

Notes

"特别[tèbié]"

◇ **As an adjective: "特别[tèbié]" + 的[de] + noun**

E.g. ① 他是一个很特别的人。[Tā shì yí gè hěn tèbié de rén]

He is a special man.

② 对我来说,这是个非常特别的地方。

[Duì wǒ lái shuō, zhè shì gè fēicháng tèbié de dìfang]

Here is a special place for me.

③ 这是一个很特别的电影。

[Zhè shì yí gè hěn tèbié de diànyǐng]

This is a very special movie.

◇ **As an adverb："特别 [tèbié]" + verb/adjective**

E. g. ① 我觉得这个电影特别好看。
[Wǒ juéde zhè ge diànyǐng tèbié hǎokàn]
I think this movie is really interesting.

② 这件事特别麻烦。[Zhè jiàn shì tèbié máfan]
This thing is especially troublesome.

③ 那个足球比赛特别有意思。
[Nà ge zúqiú bǐsài tèbié yǒu yìsi]
That soccer match is especially funny.

Quiz

I. Pronunciation.

1. Please choose the initials or finals you heard.

1) A. tèbié B. tèxiě
2) A. dúshé B. dǔchē
3) A. jìnéng B. zhínéng
4) A. zhuànglì B. chuànglì
5) A. pínmín B. pīnmìng
6) A. xīn qiú B. xīng qiú

2. Please choose the Pinyin you heard.

1) A. tèbié shāngxīn B. tèbié shàngxīn
2) A. dǔ le hěn jiǔ B. tú le hěn jiǔ
3) A. shēngchǎn de hěn kuài B. zēngchǎn de hěn kuài
4) A. zhōngyú dǒng le B. zhōngyú tōng le
5) A. tā de shǒujī búcuò B. tā de shǒuqì búcuò
6) A. bāng wǒ xiūshì yíxià B. bāng wǒ shōushi yíxià

II. Form sentences.

1. tèbié(1) zǎo(2) chūntiān(3) lái(4) de(5)

____

2. Zhè(1) ge(2) wǒ(3) hǎotīng(4) juéde(5) gē(6) tèbié(7)

____

3. zǒngshì(1) tā(2) wánchéng(3) tèbié(4) kuài(5) de(6)

____

4. yǐjīng(1) liǎng(2) le(3) dǔ(4) gè(5) xiǎoshí(6)

____

5. zhōumò(1) lù(2) dǔ(3) zhè(4) tiáo(5) de(6) lìhai(7)

____

6. wǒ(1) jí le(2) lìhai(3) péngyou(4) de(5)

____

III. Please translate the following sentences into Chinese.

1. Sometimes I'm especially angry with him.

____

2. My husband gave me a special present.

____

3. Traffic jam is extremely troublesome!

____

4. There is a traffic jam on this way from 7:00 a.m. to 7:00 p.m.

____

5. Sometimes it rains heavily.

____

6. I heard his mother was very sick.

____

Besides Him, I Like Beer Also

Welcome to Elementary Level Eight, Lesson Seven of our ***ChineseAny*** podcast series teaching Mandarin Chinese. Today we will learn one preposition, one noun and one verb. Let's look at them now.

Today's 1st word is "*chúle … (yǐwài) 除了……(以外)*". "*chúle … (yǐwài) 除了……(以外)*" is a preposition, "*yǐwài 以外*" can be omitted. It has two meanings.

> 除了……(以外)
> [chúle] [yǐwài]
> except, besides, in addition to
> preposition

➢ One meaning is "besides", which indicates "there is something else" and is often followed by "*hái/yě 还/也*".

> 除了……(以外),
> ……还/也……
> [chúle] [yǐwài] [hái/yě]
> besides

For example:

- 除了汉语(以外),我还学习韩语。
  [Chúle Hànyǔ (yǐwài), wǒ hái xuéxí Hányǔ]
  Besides Chinese, I also learn Korean.
- 除了周六(以外),周二我也常常游泳。
  [Chúle zhōuliù (yǐwài), zhōu'èr wǒ yě chángcháng yóuyǒng]
  Besides Saturday, I often go to swim on Tuesday.

- 除了画画，我还/也对汉字感兴趣。
  [Chúle huàhuà, wǒ hái/yě duì Hànzì gǎn xìngqù]
  Besides drawing, I'm also interested in Chinese characters.
- 除了红色，我还/也喜欢蓝色。
  [Chúle hóngsè (yǐwài), wǒ hái/yě xǐhuan lánsè]
  Besides red, I also like blue.

➢ Another meaning is "except", which expresses the exclusion of the above-mentioned person or thing and is followed by "*dōu 都*".

除了……（以外），……都……
[chúle] [yǐwài] [dōu]
except for

For example:

- 除了汤姆，我们都喜欢中国菜。
  [Chúle Tāngmǔ, wǒmen dōu xǐhuan Zhōngguó cài]
  Except Tom, we all like Chinese food.
  (Only Tom doesn't like it.)
- 除了苹果，别的水果我都喜欢。
  [Chúle píngguǒ, biéde shuǐguǒ wǒ dōu xǐhuan]
  Except apples, I like all fruits. (I only don't like apple.)
- 除了星期天，从星期一到星期六我都上班。
  [Chúle xīngqītiān, cóng xīngqīyī dào xīngqīliù wǒ dōu shàng bān]
  Except Sunday, I go to work from Monday to Saturday.
  (I'll be free only on Sunday.)
- 除了我，别的人都不知道。[Chúle wǒ, biéde rén dōu bù zhīdào]
  Except me, the other people don't know. (Only I know it.)

OK, let's see the 2nd vocabulary "*bànfǎ 办法*".
"*bàn 办*" is a verb, which means "to deal with", and we learned

"*Zěnme bàn* 怎么办" before, which means "how to deal with, how to do?"

"*fǎ* 法" is a noun, which means "the way, the method". "*bànfǎ* 办法", the way to deal with, is a noun, it means "method, way, measure".

办法
[bànfǎ]
method, way, measure
noun

For example:

- 一个办法 [yí gè bànfǎ]
  one way
- 一个好办法 [yí gè hǎo bànfǎ]
  one good way

Great, let's see some sentences:

- 你有什么好办法吗? [Nǐ yǒu shénme hǎo bànfǎ ma]
  Do you have any good idea?
- 我觉得这个办法最好。[Wǒ juéde zhè ge bànfǎ zuì hǎo]
  I think it's the best way.
- 如果你有好办法,就请告诉我们。
  [Rúguǒ nǐ yǒu hǎo bànfǎ, jiù qǐng gàosu wǒmen]
  Please tell us if you have a good way.
- 这个办法听起来真不错。[Zhè ge bànfǎ tīng qǐlai zhēn búcuò]
  This way sounds really good.

OK, today's 3rd vocabulary is "*xūyào* 需要". "*xūyào* 需要" can be a verb, means "to need". It also can be a noun, which means "need, requirement". "*xū* 需" alone, it also means "need".

需要
[xūyào]
need, want noun/verb

You may put verb or noun after it. And the negative form of "*xūyào 需要*" is "*bù xūyào 不需要*", which means "don't need".

> 需要 + verb/noun
> [xūyào]
> need, want

For example:

- 我需要考虑一下。[Wǒ xūyào kǎolǜ yíxià]
  I need to think it over.
- 坐飞机去英国需要10个小时左右。
  [Zuò fēijī qù Yīngguó xūyào shí gè xiǎoshí zuǒyòu]
  It takes about ten hours to get to Britain by plane.
- 我们需要你的帮助。[Wǒmen xūyào nǐ de bāngzhù]
  We need your help.
- 你不需要带这么多钱。[Nǐ bù xūyào dài zhème duō qián]
  You don't need to bring so much money.
- 如果你有需要，请告诉我。[Rúguǒ nǐ yǒu xūyào, qǐng gàosu wǒ]
  Please let me know if you need any help.
- 旅行需要时间和钱。[Lǚxíng xūyào shíjiān hé qián]
  It needs time and money for traveling.

Great, let's make some examples to practice what we have learned today.

- 除了跑步，他还/也参加跳远比赛。
  [Chúle pǎobù, tā hái/yě cānjiā tiàoyuǎn bǐsài]
  Besides the running, he also takes part in the long jump race.

- 除了西安，我还/也去过别的地方。
  [Chúle Xī'ān, wǒ hái/yě qù guo biéde dìfang]
  Besides Xi'an, I also have been other places.

- 除了价格,别的他们都满意。
  [Chúle jiàgé, biéde tāmen dōu mǎnyì]
  Except the price, they're satisfied with the others.
- 我需要在中国工作三年。
  [Wǒ xūyào zài Zhōngguó gōngzuò sān nián]
  I need to work in China for three years.

- 这个办法又好又简单。
  [Zhè ge bànfǎ yòu hǎo yòu jiǎndān]
  This way is good and simple.
- 你需要经常复习。
  [Nǐ xūyào jīngcháng fùxí]
  You need to review often.

Great, so that wraps up today's lesson. Hope you have learned something there. Download our app to access our Chinese lessons, remember you can learn Chinese anywhere, anytime with ***ChineseAny***.

Word List

Main Vocabulary		
除了……(以外) [chúle] [yǐwài] except, besides	办法[bànfǎ] method, way, measure	需要[xūyào] need, want
Additional Vocabulary		
需[xū] need		

Notes

1. “除了[chúle]……(以外[yǐwài])……还/也[hái/yě]”, besides.

E. g. ① 除了啤酒(以外),我还喜欢中国白酒。
[Chúle píjiǔ(yǐwài), wǒ hái xǐhuan zhōngguó báijiǔ]
Besides beer, I also like Chinese alcohol.

② 除了周末(以外),周三我也有时间。
[Chúle zhōumò(yǐwài), zhōusān wǒ yě yǒu shíjiān]
Besides weekends, I am free on Wednesday also.

③ 除了打扫,阿姨也帮我做饭。[Chúle dǎsǎo, āyí yě bāng wǒ zuòfàn]
Besides cleaning, Ayi also helps me to cook.

④ 除了一个儿子,他们还有一个女儿。
[Chúle yí gè érzi, tāmen hái yǒu yí gè nǚ'ér]
Besides a son, they also have a daughter.

2. “除了[chúle]……以外[yǐwài]……都[dōu]”, except.

E. g. ① 除了他,我们都会说英语。
[Chúle tā, wǒmen dōu huì shuō Yīngyǔ]
Except for him, we all can speak English.

② 除了颜色,别的我都很满意。
[Chúle yánsè, biéde wǒ dōu hěn mǎnyì]
Except for the color, I'm satisfied with the others.

③ 除了我,别的人都迟到了。[Chúle wǒ, biéde rén dōu chídào le]
Except for me, other people were all late.

④ 除了下雨天,他每天都骑自行车去上班。
[Chúle xiàyǔ tiān, tā měitiān dōu qí zìxíngchē qù shàng bān]
He goes to work by bicycle everyday except for the rainy days.

Quiz

I. Pronunciation.

1. Please choose the initials or finals you heard.

1) A. chúle　　B. shūle
2) A. bàngfǎ　　B. bànfǎ
3) A. xūyào　　B. shùyāo
4) A. jùtǐ　　B. qūtǐ
5) A. lüèduó　　B. lüèdú
6) A. gòngxiàn　　B. kōngqián

2. Please choose the Pinyin you heard.

1) A. tā yào qù jiāyóu　　B. tā yào qù jiāoyóu
2) A. nà shì wǒ jiā de xiǎomèi　　B. nà shì wǒ jiā de xiǎomài
3) A. tā bā diǎn shàng chuán de
   B. tā bā diǎn shàng chuáng de
4) A. tā duì shíyàn bù mǎnyì
   B. tā duì shìyàng bù mǎnyì
5) A. wǒ shōudào le jiǎnglì　　B. wǒ shōudào le jiǎnlì
6) A. dàjiā bié zhǎo le　　B. dàjiā bié chǎo le

II. Form sentences.

1. chúle (1)　hái (2)　shuí (3)　nǐ (4)　qù (5)　yǒu (6)

____

2. hóngsè (1)　wǒ (2)　chúle (3)　hái (4)　xǐhuan (5)　lánsè (6)

____

3. yóuyǒng (1)　wǒ (2)　huì (3)　yùndòng (4)　dōu (5)　chúle (6)　biéde (7)

____

4. méiyǒu (1)　wǒ (2)　bànfǎ (3)　hǎo (4)

____

5. xūyào (1)　liǎng (2)　wánchéng (3)　gōngzuò (4)　zhè (5)　ge (6)　tiān (7)

____

6. nǐ (1)　měitiān (2)　duànliàn (3)　xūyào (4)

____

III. Please translate the following sentences into Chinese.

1. Besides Suzhou, we also have been to Shanghai and Beijing.

____

2. Besides this way, do you have other ways?

____

3. I like all sports except tennis.

____

4. We have Chinese classes everyday except Sunday.

____

5. Sorry, I have no way.

____

6. I need a new computer.

____

I Have to Work Tomorrow

Welcome to Elementary Level Eight, Lesson Eight of our ***ChineseAny*** podcast series teaching Mandarin Chinese. Today we will learn one modal verb and two nouns. Let's look at them now.

Today's 1st vocabulary is "*děi 得*". "*děi 得*" is a modal verb; it means "must, have to".

得
[děi]
must, have to
modal verb

You may put a verb or an adjective after it.

得 + verb/adjective
[děi]
must, have to

For example:

- 虽然今天是星期天,但是我得工作。
  [Suīrán jīntiān shì xīngqītiān, dànshì wǒ děi gōngzuò]
  Although it's Sunday, I have to work.
- 最近你胖了,你得常常运动。
  [Zuìjìn nǐ pàng le, nǐ děi chángcháng yùndòng]
  You gain weight recently; you have to do sports often.
- 明天的会很重要,你们都得参加。

[Míngtiān de huì hěn zhòngyào, nǐmen dōu děi cānjiā]

The meeting tomorrow is very important, you all have to attend.

- 你得先解决这个问题。[Nǐ děi xiān jiějué zhè ge wèntí]

  You have to solve the question first.
- 我们得马上离开这里。[Wǒmen děi mǎshàng líkāi zhèlǐ]

  We must leave here at once.

OK, let's see the 2nd vocabulary "*fángzi 房子*". "*fángzi 房子*" is a general term of the place for people living in, such as villa, apartment, or house.

房子

[fángzi]

house noun

"*fángjiān 房间*" means "room".

"*jiān 间*" means "room, between, among".

"*jiān 间*" also is a measure word for "room".

"One house", "*yì jiān fángzi 一间房子*".

For example:

- 这间房子离地铁站很近。[Zhè jiān fángzi lí dìtiě zhàn hěn jìn]

  The house is very close to the subway station.
- 我朋友正在找房子。[Wǒ péngyou zhèngzài zhǎo fángzi]

  My friend is looking for a house.
- 上海房子的价格太高了。[Shànghǎi fángzi de jiàgé tài gāo le]

  The price of house in Shanghai is too high.
- 你觉得这个房子怎么样? [Nǐ juéde zhè ge fángzi zěnmeyàng]

  What do you think about this house?
- 我没买房子，因为我没有很多钱。

  [Wǒ méi mǎi fángzi, yīnwèi wǒ méiyǒu hěn duō qián]

  I didn't buy a house, because I don't have enough money.
- 下个星期，我得换房子。[Xià gè xīngqī, wǒ děi huàn fángzi]

I have to change my house next week.

OK, today's 3rd vocabulary is "*zūjīn* 租金". "*zūjīn* 租金" is a noun, means "rent, rental".

"*zū* 租" is a verb, means "to rent". You may put noun after it, which means "to rent something".

"*jīn* 金" means "metals, money, gold". Here it means "money".

租金	
[zūjīn]	
rent, rental	noun

OK, let's make some words with "*zū* 租".

- 租房子[zū fángzi]
  to rent house
- 租车[zū chē]
  to rent car
- 租衣服[zū yīfu]
  to rent cloth

One thing we need to pay attention to is the adjective for "*zūjīn* 租金" is "*gāo* 高", not "*guì* 贵".

租金 [zūjīn] + 很高[gāo] √

租金 [zūjīn] + 很贵 [guì] ×

Great, let's see some sentences:

- 这个房子每个月租金是多少?
  [Zhè ge fángzi měi gè yuè zūjīn shì duōshao]
  What's the room rent per month?
- 你得先付三个月的租金。[Nǐ děi xiān fù sān gè yuè de zūjīn]
  You have to pay three months' rent first.
- 这辆车的租金一天需要三百元。

[Zhè liàng chē de zūjīn yì tiān xūyào sān bǎi yuán]

The car rental fee needs 300 *yuan* a day.

- 我听说这里的租金比别的地方高得多。

  [Wǒ tīngshuō zhèlǐ de zūjīn bǐ biéde dìfang gāo de duō]

  I heard that the rent here was much higher than other places.

- 除了租金，别的她都满意。[Chúle zūjīn, biéde tā dōu mǎnyì]

  Except the rent, she is satisfied with the others.

- 房子好，当然租金也很高。

  [Fángzi hǎo, dāngrán zūjīn yě hěn gāo]

  The better the house is, the higher the rent will be, of course.

Great, let's make some examples to practice what we learned today.

- 你得自己完成这个工作。

  [Nǐ děi zìjǐ wánchéng zhè ge gōngzuò]

  You must complete the work by yourself.

- 明天你得早一点起床。

  [Míngtiān nǐ děi zǎo yìdiǎn qǐchuáng]

  You have to get up early tomorrow.

- 你可以帮我找一间房子吗?

  [Nǐ kěyǐ bāng wǒ zhǎo yì jiān fángzi ma]

  Can you help me to find a house?

- 你的新房子漂亮极了。

  [Nǐ de xīn fángzi piàoliang jí le]

  Your new house is very pretty.

- 这间房子的租金太高，我想去别的地方看看。
  [Zhè jiān fángzi de zūjīn tài gāo, wǒ xiǎng qù biéde dìfang kànkan]
  The rental fee of this house is too high, and I'd like to go to other places to have a look.

- 住在这里很方便，而且租金也不高。
  [Zhù zài zhèlǐ hěn fāngbiàn, érqiě zūjīn yě bù gāo]
  It's very convenient to live here, and also the rent is not high.

Great, so that wraps up today's lesson. Hope you have learned something there. Download our app to access our Chinese lessons, remember you can learn Chinese anywhere, anytime with ***ChineseAny***.

Word List

Main Vocabulary		
得[děi] must, have	房子[fángzi] house	租金[zūjīn] rent, rental
Additional Vocabulary		
房间[fángjiān] room	间[jiān] room, between, among	租[zū] to rent
金[jīn] metals, money, gold		

Notes

The modal verb “得[děi]”

“得[děi]” **+ verb/adjective**

E.g. ① 今天我得早一点儿睡觉。[Jintiān wǒ děi zǎo yìdiǎnr shuìjiào]
I have to go to bed earlier today.

② 你得常常复习汉字。[Nǐ děi chángcháng fùxí Hànzì]
You have to review Chinese characters often.

③ 你得每天刷牙。[Nǐ děi měitiān shuā yá]
You have to brush your teeth everyday.

④ 我们得先去办护照。[Wǒmen děi xiān qù bàn hùzhào]
We must get the passport first.

Quiz

I. Pronunciation.

1. Please choose the initials or finals you heard.

1) A. fángzi B. pàngzi
2) A. zūjīn B. zhùjìn
3) A. yì bān B. yì pán
4) A. hànzi B. háizi
5) A. měitiān B. méi diàn
6) A. lúnzi B. lóngzi

2. Please choose the Pinyin you heard.

1) A. wǒ xué dào dì sān kè B. wǒ xiě dào dì sān kè
2) A. zhè ge yǒudiǎnr nán B. zhè ge yǒudiǎnr làn

3) A. nǐ yào lěng yìdiǎn de ma B. nǐ yào nèn yìdiǎn de ma
4) A. jiā lǐ měiyǒu diànchí B. jiā lǐ měiyǒu diànshì
5) A. zuìjìn yóuxué de rén duō le
B. zuìjìn liúxué de rén duō le
6) A. tā yìzhí méiyǒu xiāoxi B. tā yìzhí méiyǒu xiūxi

II. Form sentences.

1. děi(1) nǐ(2) zǎo(3) míngtiān(4) qǐchuáng(5) yìdiǎn(6)

____

2. míngtiān(1) nǐ(2) huán(3) děi(4) wǒ(5) gěi(6)

____

3. nà(1) lí(2) fángzi(3) yuǎn(4) gōngsī(5) ge(6) ma(7)

____

4. lǐmiàn(1) fángzi(2) bīngxiāng(3) yǒu(4) zhǐ(5)

____

5. zhè(1) zūjīn(2) de(3) zhème(4) fángzi(5) guì(6) ge(7)

____

6. zū(1) chē(2) wǒ(3) xiǎng(4) yí(5) dà(6) gè(7)

____

III. Please translate the following sentences into Chinese.

1. You have to brush your teeth everyday.

____

2. You are sick. You have to take more rest.

____

3. It's half past ten, I have to go home.

____

4. They are looking for a new house.

____

5. The rent is too high. Can you make it cheaper?

____

6. The house is quite nice, and also the rental is not very high.

____

Why Did Not You Come So Late

Welcome to Elementary Level Eight, Lesson Nine of our ***ChineseAny*** podcast series teaching Mandarin Chinese. Today we will learn one adverb and two verbs. Let's look at them now.

Today's 1st new word is "*cái* 才".

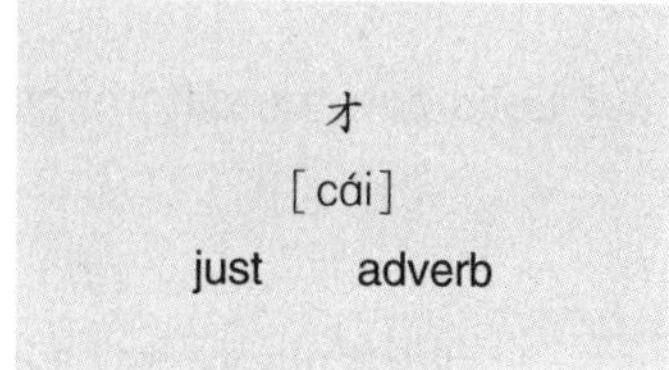

"*cái* 才" is an adverb, it means "just". It is used after the subject, or a time word, but it is placed before a verb to indicate that the action happened not long ago, or the action started or ended rather late.

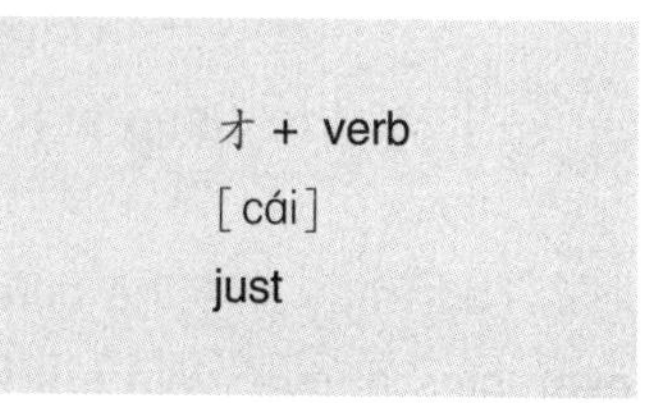

We learned "*jiù* 就" before, which is contrary to the "*cái* 才".

Let's see more examples:

- 你怎么这么晚才来? [Nǐ zěnme zhème wǎn cái lái]
  Why did you come so late?
- 他才开始学习汉语，还听不懂。
  [Tā cái kāishǐ xuéxí Hànyǔ, hái tīng bu dǒng]
  He just started to learn Chinese, so he still can't understand.
- 马克上个月才到我们公司工作。
  [Mǎkè shàng gè yuè cái dào wǒmen gōngsī gōngzuò]
  Mike just joined in our company last month.
- 他五十岁才结婚。[Tā wǔshí suì cái jiéhūn]
  He didn't marry until he was fifty.

Let's see the difference between "*jiù* 就" and "*cái* 才".

- 昨天晚上我十二点半才睡觉。
  [Zuótiān wǎnshang wǒ shí'èr diǎn bàn cái shuìjiào]
  I didn't sleep until 12:30 last night.
- 昨天晚上我八点半就睡觉了。
  [Zuótiān wǎnshang wǒ bā diǎn bàn jiù shuìjiào le]
  I went to sleep at 8:30 last night.

Your may see the difference from the examples above, We put both "*jiù* 就" and "*cái* 才" after the time word and before the verb.

"*cái* 才" is to indicate the action is late; "*jiù* 就" is to indicate the action is early.

time + 才[cái] + V.

time + 就[jiù] + V. + 了

OK, let's see the 2nd word "*shuì lǎnjiào* 睡懒觉". "*shuì lǎnjiào* 睡懒觉" means "to get up late, lie in".

"*shuìjiào* 睡觉" means "to sleep".

"*lǎn* 懒" is an adjective; it means "lazy".

睡懒觉
[shuì lǎnjiào]
to get up late, lie in
verb

"*shuì lǎnjiào* 睡懒觉" is a verb, which is composed of a verb and a noun; you may put time words or measure words between them.

For example:

- 睡一会儿懒觉[shuì yíhuìr lǎnjiào]
  To sleep for a while
- 睡一个懒觉[shuì yí gè lǎnjiào]
  Have a lie-in

Great, let's see some examples:

- 他正在睡懒觉。[Tā zhèngzài shuì lǎnjiào]
  He is lying in now.
- 每个周末我都睡懒觉。[Měi gè zhōumò wǒ dōu shuì lǎnjiào]
  I get up late every weekend.
- 以前,我星期天早上总是睡懒觉。
  [Yǐqián, wǒ xīngqītiān zǎoshang zǒngshì shuì lǎnjiào]
  I used to get up late on Sunday morning.
- 因为睡懒觉,他迟到了。[Yīnwèi shuì lǎnjiào, tā chídào le]
  He was late because he got up late.

OK, today's 3rd vocabulary is "*chūchāi* 出差". "*chūchāi* 出差" is a verb, it means "to be on a business trip". "*chāi* 差" here means "errand, job".

出差
[chūchāi]
business trip verb

For example:

- 你一个月出差几次? [Nǐ yí gè yuè chūchāi jǐ cì]
  How often are you on business trip?
- 你先生出差回来了没有? [Nǐ xiānsheng chūchāi huílai le méiyǒu]
  Has your husband been back from business trip yet?
- 下周我要去出差不能上汉语课。
  [Xià zhōu wǒ yào qù chūchāi bù néng shàng Hànyù kè]
  I will be on business trip and I can't take the Chinese lessons.
- 你喜欢经常出差的工作吗?
  [Nǐ xǐhuan jīngcháng chūchāi de gōngzuò ma]
  Would you like the job that go on business trip a lot?
- 他刚从日本出差回家。[Tā gāng cóng Rìběn chūchāi huí jiā]
  He has just returned home on a business trip from Japan.

When you need to emphasize the place you go for a business trip, you have to say "*qù 去+place + chūchāi 出差*", but not put the place after "*chūchāi 出差*" directly.

去 + PLACE + 出差
[qù] [chūchāi]
go to some Place
for business trip

Let's compare the following two sentences:

- 我下个星期去北京出差。
  [Wǒ xià gè xīngqī qù Běijīng chūchāi]
  I will go to Beijing for a business trip next week.
- 我下个星期出差北京。[Wǒ xià gè xīngqī chūchāi Běijīng]

The second sentence is wrong, you may not put the place word after "*chūchāi 出差*" directly, please pay more attention to it.

Great, let's make some examples to practice what we have learned today.

- 现在我才知道。
  [Xiànzài wǒ cái zhīdào]
  I just knew it now.

- 我们九点上班,他十点才来。
  [Wǒmen jiǔ diǎn shàng bān, tā shí diǎn cái lái]
  We start to work at 9:00; he didn't come until 10:00.

- 他们下周才离开中国。
  [Tāmen xià zhōu cái líkāi Zhōngguó]
  They are not leaving until next week.

- 我等了一个多小时,车才来。
  [Wǒ děng le yí gè duō xiǎoshí, chē cái lái]
  I had waited for more than one hour before the bus came.

- 别睡懒觉了,你该起床了。
  [Bié shuì lǎnjiào le, nǐ gāi qǐchuáng le]
  Don't get up late; it's time for you to get up.

- 他去出差了,你改天再来吧。
  [Tā qù chūchāi le, nǐ gǎitiān zài lái ba]
  He is on business trip, please come another day.

- 你是来这里出差的还是来旅游的?
  [Nǐ shì lái zhèlǐ chūchāi de háishi lái lǚyóu de]
  Did you come here for business trip or traveling?

Great, so that wraps up today's lesson. Hope you have learned something there. Download our app to access our Chinese lessons, remember you can learn Chinese anywhere, anytime with ***ChineseAny***.

Word List

Main Vocabulary		
才[cái] just	睡懒觉[shuì lǎnjiào] to get up late, lie in	出差[chūchāi] to be on business trip
Additional Vocabulary		
懒[lǎn] lazy	差[chāi] errand, job	

Notes

The adverb"才[cái]"

"才[cái]" + verb

E. g. ① 我才休息了十分钟。[Wo cái xiūxi le shí fēnzhōng]

I just rest for ten minutes.

② 走路去那儿要一个小时，坐车才二十分钟。

[Zǒulù qù nàr yào yí gè xiǎoshí, zuò chē cái èrshí fēnzhōng]

It will cost one hour to walk there, but twenty minutes by car.

③ 昨天晚上我十点才下班。

[Zuótiān wǎnshang wǒ shí diǎn cái xià bān]

I didn't finish my work until 10:00 last night.

④ 我才学了三天，还不会游。

[Wǒ cái xué le sān tiān, hái bú huì yóu]

I just studied for three days, still can't swim.

Quiz

I. Pronunciation.

1. Please choose the initials or finals you heard.

1) A. chūchāi	B. chūcǎi
2) A. lǎnjiào	B. làjiāo
3) A. jiànmiàn	B. qiánmiàn
4) A. jīchǎng	B. jùchǎng
5) A. wǔ biàn	B. wǔ piàn
6) A. tóngxíng	B. tóngqíng

2. Please choose the Pinyin you heard.

1) A. qǐng nǐ cāi yí xià	B. qǐng nǐ chāi yí xià
2) A. tāmen zài qiánmiàn	B. tāmen zài jiànmiàn
3) A. nǐ pǎo guòlai le	B. nǐ táo guòlai le
4) A. wǒ de qián gòu le	B. wǒ de qián kòu le
5) A. tā yào duō yǎnxí	B. tā yào duō liànxí
6) A. dōngxi tiáo le	B. dōngxi diào le

II. Form sentences.

1. wèi shénme (1) cái (2) nǐ (3) xià bān (4)

____

2. érzi (1) wǔ (2) cái (3) tā (4) shuō huà (5) suì (6) huì (7)

____

3. dōu (1) měitiān (2) shuì (3) tā (4) lǎnjiào (5)

____

4. kěyǐ (1) wǒ (2) bù (3) lǎnjiào (4) míngtiān (5) shuì (6)

____

5. xià (1) tā (2) zhōu (3) qù (4) děi (5) Běijīng (6) chūchāi (7)

____

6. lǎobǎn (1) de (2) qiántiān (3) chūchāi (4) shì (5)

____

III. Please translate the following sentences into Chinese.

1. You just came here. Why are you leaving now?

____

2. He didn't call me until 10:00 p.m. last night.

____

3. The rain would not stop until tomorrow morning.

____

4. Don't get up late.

____

5. I'm here on business trip.

____

6. I need to practice my Chinese before my business trip.

____

Could You Help Me to Fix It

Welcome to Elementary Level Eight, Lesson Ten of ***ChineseAny*** podcast series teaching Mandarin Chinese. Today we will learn two nouns and one verb. Let's look at them now.

Today's 1st character is "*dēng 灯*". "*dēng 灯*" is a noun; it means "light, lamp". Since nowdays we normally use the electricity lamp, we have learned electricity in Chinese before, which is "*diàn 电*". So we can also say "*diàn dēng 电灯*" for the name of lamp.

灯
[dēng]
light, lamp noun

Also we learned "*kāi 开*", to "turn on, to open" and "*guān 关*", "to turn off, to close" in Chinese. So "turn on the light" in Chinese would be "*kāi dēng 开灯*"; And "turn off the light" in Chinese would be "*guān dēng 关灯*".

Let's see more examples:

- 那些灯都坏了。[Nàxiē dēng dōu huài le]
  Those lights were all broken.
- 那个灯很好看,才两百块。
  [Nà ge dēng hěn hǎokàn, cái liǎng bǎi kuài]

That light is very nice, just two hundred Yuan.

- 我还需要两个灯。[Wǒ hái xūyào liǎng gè dēng]
  I need two more lights.
- 睡觉的时候请别开灯。[Shuìjiào de shíhou qǐng bié kāi dēng]
  Please do not turn on the light when you sleep.
- 你房间里的灯是在哪儿买的？
  [Nǐ fángjiān lǐ de dēng shì zài nǎr mǎi de]
  Where did you buy the light in your room?

OK, let's see the 2nd character "*xiū 修*".
"*xiū 修*" means "to fix, to repair".

修
[xiū]
to fix, repair　　verb

We can put the object or result after it.

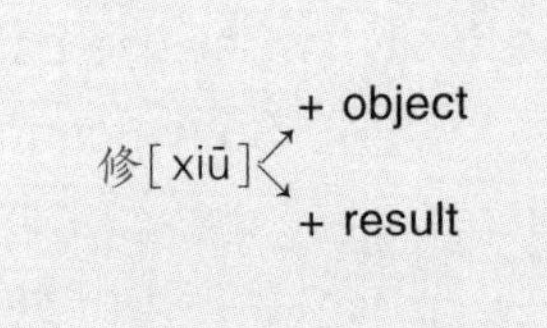

For example:

- 你可以帮我修一下那个灯吗？
  [Nǐ kěyǐ bāng wǒ xiū yíxià nà ge dēng ma]
  Could you help me to fix that light?
- 你多长时间可以修好？[Nǐ duō cháng shíjiān kěyǐ xiū hǎo]
  How long can you fix it well?
- 这个冰箱我已经修了三次了。
  [Zhè ge bīngxiāng wǒ yǐjīng xiū le sān cì le]
  I have repaired this refrigerator for three times.
- 房间的开关坏了，得修一下。

[Fángjiān de kāiguān huài le, děi xiū yíxià]
The switch of the room is broken, it needs to repair.

The "*hǎo 好*" here not means "good", it's an adverb here, and it means "well".

Normally we put it after a verb to express the action has finished and well done. So "*xiū hǎo 修好*" means "finish repairing and repaired very well". You may try to put it after some other verbs you have learned to test your understanding.

Verb + 好
[hǎo]
do sth. well

Let's see some more examples:

- 他帮我修好了很多东西。
  [Tā bāng wǒ xiū hǎo le hěn duō dōngxi]
  He helped me to fix a lot of things well.
- 他的手机已经修好了。[Tā de shǒujī yǐjīng xiū hǎo le]
  His mobile phone was already fixed well.
- 小问题半个小时就能修好。
  [Xiǎo wèntí bàn gè xiǎoshí jiù néng xiū hǎo]
  Fixing the small problem well only needs half an hour.
- 你的电脑很难修好。[Nǐ de diànnǎo hěn nán xiū hǎo]
  Your computer is very hard to fix well.

OK, today's 3rd character is "*kōngtiáo 空调*". "*kōngtiáo 空调*" means "air-conditioner".

"*kōng 空*", the abbreviated form for "*kōngqì 空气*" air.

空调
[kōngtiáo]
air-conditioner noun

"*tiáo* 调", it means "to control, to adjust".
So "the air control", it means "air-conditioner".

Let's see some sentences:

- 你的房间有空调吗? [Nǐ de fángjiān yǒu kōngtiáo ma]
  Is there an air-conditioner in your room?
- 在丹麦我们不用空调。[Zài Dānmài wǒmen bú yòng kōngtiáo]
  We do not use air-conditioner in Denmark.
- 那个空调坏了，他们正在修。
  [Nà ge kōngtiáo huài le, tāmen zhèngzài xiū]
  That air-conditioner was broken, they are fixing it now.
- 三个小时才能修好这个空调。
  [Sān gè xiǎoshí cái néng xiū hǎo zhè ge kōngtiáo]
  It needs three hours to fix this air-conditioner well.
- 这个空调是新的，不需要修。
  [Zhè ge kōngtiáo shì xīn de, bù xūyào xiū]
  This air-conditioner is new, it doesn't need to repair.

Now let's review the grammar what we have learned before, "*Jiù* 就" and "*cái* 才". Let's see some sentences:

- 那个空调才一千八百块。[Nà ge kōngtiáo cái yì qiān bā bǎi kuài]
  That air-conditioner is only 1800 RMB.
  (The "*cái* 才" here means "ONLY, JUST".)
- 师傅十分钟就修好了这个开关。
  [Shīfu shí fēnzhōng jiù xiū hǎo le zhè ge kāiguān]
  The master only uses ten minutes to fix this switch well.
  (We use "*Jiù* 就……*le* 了" after the time word to indicate that it costs a very short time.)
- 他今天早上十点才起床。

[Tā jīntiān zǎoshang shí diǎn cái qǐchuáng]
This morning he did not get up until ten o'clock.
(We use "*cái* 才" after the time word to indicate that it is late to do something.)

- 这本书我一天就看完了。[Zhè běn shū wǒ yì tiān jiù kàn wán le]
  I got through this book just in one day.
  ("*Jiù* 就……*le* 了" here is to indicate that it costs a very short time.)

Great, let's make some examples to practice what we have learned today.

- 你房间里的灯真漂亮。
  [Nǐ fángjiān lǐ de dēng zhēn piàoliang]
  The lamp in your room is really beautiful.
- 那辆自行车已经修好了。
  [Nà liàng zìxíngchē yǐjīng xiū hǎo le]
  That bicycle has been repaired well.

- 等一下,我去开灯。
  [Děng yíxià, wǒ qù kāi dēng]
  Wait a moment, let me go to turn on the light.
- 你怎么现在才去修?
  [Nǐ zěnmen xiànzài cái qù xiū]
  Why didn't you fix it until now?

- 我们马上就去修。
  [Wǒmen mǎshàng jiù qù xiū]
  We'll help you to fix it immediately.

- 我觉得他们修得马马虎虎。
  [Wǒ juéde tāmen xiū de mǎmǎhūhū]
  I think they fixed so-so.

- 我想换一个新空调。
  [Wǒ xiǎng huàn yí ge xīn kōngtiáo]
  I want to change into a new air-conditioner.

- 请关一下空调。
  [Qǐng guān yíxià kōngtiáo]
  Please turn off the air-conditioner.

Great, so that wraps up today's lesson. Hope you have learned something there. Download our app to access our Chinese lessons, remember you can learn Chinese anywhere, anytime with ***ChineseAny***.

Word List

Main Vocabulary		
灯[dēng] light, lamp	修[xiū] to fix, repair	空调[kōngtiáo] air-conditioner
Additional Vocabulary		
空[kōng] air	调[tiáo] to control, change	

Notes

The adverb “就[jiù] & 才[cái]”

E.g. ① 书店离这儿不远,走路去五分钟就到了。
[Shūdiàn lí zhèr bù yuǎn, zǒulù wǔ fēnzhōng jiù dào le]
The bookstore is not far from here.
It will take about five minutes to walk there.

② 请您在那里坐一下,老板马上就来。
[Qǐng nín zài nàlǐ zuò yíxià, lǎobǎn mǎshàng jiù lái]
Please sit over there, the boss will come soon.

③ 我昨天晚上八点就睡觉了。
[Wǒ zuótiān wǎnshang bā diǎn jiù shuìjiào le]
Last night I slept just at eight.

④ 他四十岁才去找工作。
[Tā sìshí suì cái qù zhǎo gōngzuò]
He did not go to find job until he was forty years old.

⑤ 那个商店下午一点才开门。
[Nà ge shāngdiàn xiàwǔ yī diǎn cái kāi mén]
That shop doesn't start business until 1 p.m.

⑥ 这个冰箱才买了一个月。
[Zhè ge bīngxiāng cái mǎi le yí gè yuè]
This fridge was bought just one month ago.

Quiz

I. Pronunciation.

1. Please choose the initials or finals you heard.

	A.	B.
1)	A. gōngdēng	B. hóngdēng
2)	A. xiū xié	B. qiú xié
3)	A. tiáojié	B. tiáojì
4)	A. diàodēng	B. diàndēng
5)	A. jīngyíng	B. jīnyín
6)	A. xiūzhèng	B. xiūzhěng

2. Please choose the Pinyin you heard.

	A.	B.
1)	A. jǐ diǎn kāi dēng	B. qī diǎn kāi dēng
2)	A. liǎng xiǎoshí hòu cái qù	B. liǎng xiǎoshí hòu cái qǔ
3)	A. fángjiān méiyǒu kōngtiáo	B. fàndiàn méiyǒu kōngtiáo
4)	A. cái jiǎndào wǔ fēnzhōng	B. cái jiàndào wǔ fēnzhōng
5)	A. jiù kǎo èrshí fēnzhōng	B. jiù kào èrshí fēnzhōng
6)	A. dēng xiū hǎo le	B. děng xiū hǎo le

II. Form sentences.

1. zhīdào (1) ma (2) kōngtiáo (3) nǐ (4) shuí (5) huì (6) xiū (7)

____

2. lǐbian (1) zhēn (2) dēng (3) nǐ (4) fángjiān (5) de (6) hǎokàn (7)

____

3. jiù (1) měitiān (2) le (3) wǔ (4) māma (5) wǒ (6) qǐchuáng (7) diǎn (8)

4. bǐsài (1) jiéshù (2) cái (3) wǎnshang (4) diǎn (5) bā (6)

5. shí (1) suì (2) tā (3) gōngzuò (4) liù (5) jiù (6) le (7)

6. qí (1) qù (2) nàr (3) bàn (4) cái (5) zìxíngchē (6) xiǎoshí (7)

III. Please translate the following sentences into Chinese.

1. I like to turn on the light when I sleep.

2. It is not hot today, so I do not need to turn on the air-conditioner.

3. I cannot get up late until Sunday.

4. I do not know how to fix it well.

5. Except a lamp, I still need to buy an air-conditioner.

6. Some other day I will go to help you fix it.

Let's Call the Delivery

Welcome to Elementary Level Eight, Lesson Eleven of ***ChineseAny*** podcast series teaching Mandarin Chinese. Today we will learn two verbs and one adverb.

The 1st vocabulary is "*jiào wàimài 叫外卖*".

"*jiào wàimài 叫外卖*" is a verb, which means "to call the delivery".

叫外卖
[jiào wàimài]
to call the delivery verb

"*jiào 叫*" has many meanings in Chinese.

➢ The first meaning is "to be called", which we use to introduce the full name.

叫 + Full name
[jiào]
to call the full name

➢ The second meaning is "to call"; you also can say "*jiào chē 叫车*" call a car, so it means "call a taxi".

叫 + 车
[jiào chē]
to call a taxi

"*wài 外*" means "out", "*wàibian 外边*" means "outside".

"*mài 卖*" "to sell". So "*wàimài 外卖*", to sell outside of the store, means "delivery".

Let's see some examples:

- 外边下雨了,我们叫外卖吧。
  [Wàibian xiàyǔ le, wǒmen jiào wàimài ba]
  It's raining outside; let's call the delivery.
- 你知道那个外卖店的电话号码吗?
  [Nǐ zhīdào nà ge wàimài diàn de diànhuà hàomǎ ma]
  Do you know the phone number of that delivery store?
- 叫外卖又方便又便宜。[Jiào wàimài yòu fāngbiàn yòu piányi]
  To call a delivery is both convenient and cheap.
- 我们去饭店吃还是叫外卖?
  [Wǒmen qù fàndiàn chī háishi jiào wàimài]
  Do we go to the restaurant to eat or call the delivery?

OK, let's see the 2nd character "*huā 花*". "*huā 花*" has two meanings in Chinese.

花	
[huā]	
flower	noun
to spend/cost	verb

➢ The 1st one is a noun, means "flower".

For example:

- 红花 [hóng huā]
  red flower
- 买花 [mǎi huā]
  to buy the flowers
- 卖花 [mài huā]
  to sell the flowers

➢ The 2nd meaning is a verb, means "to spend". Normally we put money or time after it as the object.

花 [huā] + time
— spend time

花 [huā] + money
— cost money

For example:

- 花时间 [huā shíjiān]
  to spend time
- 花钱 [huā qián]
  to cost money

As the separable verb, you may put "how long time" between the "*huā 花*" and "*shíjiān 时间*"; Also you may put "how much" between "*huā 花*" and "*qián 钱*".

花[huā]
+ how long + 时间[shíjiān]
to spend "how long" time

花[huā]
+ how much + 钱[shíjiān]
to cost "how much" money

Great, let's see some examples:

- 我的女朋友很喜欢买花。
  [Wǒ de nǚ péngyou hěn xǐhuan mǎi huā]
  My girlfriend likes to buy flowers very much.
- 那些花又好看又便宜。[Nàxiē huā yòu hǎokàn yòu piányi]
  Those flowers are both pretty and cheap.
- 我每天花两个小时学习汉语。
  [Wǒ měitiān huā liǎng gè xiǎoshí xuéxí Hànyǔ]
  I spend two hours to study Chinese everyday.
- 那件衣服你花了多少钱? [Nà jiàn yīfu nǐ huā le duōshao qián]
  How much did you pay for that jacket?

- 你花了多长时间修好这个空调?
  [Nǐ huā le duō cháng shíjiān xiū hǎo zhè ge kōngtiáo]
  How long did you spend to fix this air-conditioner well?

OK, today's 3rd vocabulary is "*jǐnliàng 尽量*". "*jǐnliàng 尽量*" is an adverb, it means "try one's best".

尽量
[jǐnliàng]
to try one's best　　adverb

We may put a verb or an adjective after it.

尽量 + verb/adj.
[jǐnliàng]
to try one's best

For example:

- 我尽量帮你修好。[Wǒ jǐnliàng bāng nǐ xiū hǎo]
  I will try my best to help you fix it well.
- 在公司请尽量说汉语。[Zài gōngsī qǐng jǐnliàng shuō Hànyǔ]
  Please try to speak Chinese in the company.
- 明天请尽量早一点来。[Míngtiān qǐng jǐnliàng zǎo yìdiǎn lái]
  Please try to come a little earlier tomorrow.
- 好的,我们尽量吧! [Hǎo de, wǒmen jǐnliàng ba]
  Okay, we will try our best!
- 请你们尽量在这个周末以前完成。
  [Qǐng nǐmen jǐnliàng zài zhè ge zhōumò yǐqián wánchéng]
  Please try to finish it before this weekend.

Great, let's make some examples to practice what we have learned today.

- 我们不常叫外卖。
  [Wǒmen bù cháng jiào wàimài]
  We don't often call the delivery.
- 昨天我花了很多钱。
  [Zuótiān wǒ huā le hěn duō qián]
  Yesterday I spent a lot of money.

- 我今天尽量八点以前到家。
  [Wǒ jīntiān jǐnliàng bā diǎn yǐqián dào jiā]
  I will try my best to arrive home before eight.
- 从你家到公司要花多长时间？
  [Cóng nǐ jiā dào gōngsī yào huā duō cháng shíjiān]
  How long will you spend from your home to the company?

- 他对画花很感兴趣。
  [Tā duì huà huā hěn gǎn xìngqù]
  He is interested in painting flowers.
- 尽量不要喝酒。
  [Jǐnliàng búyào hē jiǔ]
  Try not to drink alcohol.

- 中午叫外卖的人特别多。
  [Zhōngwǔ jiào wàimài de rén tèbié duō]
  Many people call the delivery at noon.
- 他花了两年才完成这本书。
  [Tā huā le liǎng nián cái wánchéng zhè běn shū]
  It took him two years to finish this book.

Great, so that wraps up today's lesson. Hope you have learned something there. Download our app to access our Chinese lessons, remember you can learn Chinese anywhere, anytime with ***ChineseAny***.

Word List

Main Vocabulary		
叫外卖[jiào wàimài] to call the delivery	花[huā] to spend, flower	尽量[jǐnliàng] try one's best
Additional Vocabulary		
叫车[jiào chē] to call the taxi	外卖[wàimài] delivery	

Notes

"花[huā]**"**

◇As a noun, means "flower".

E. g. ① 妈妈买的花很漂亮。[Māma mǎi de huā hěn piàoliang]
The flowers that mother bought are very pretty.

② 你最喜欢什么花? [Nǐ zuì xǐhuan shénme huā]
What's your favorite flower?

③ 这些花是我的生日礼物.
[Zhèxiē huā shì wǒ de shēngrì lǐwǔ]
These flowers are my birthday present.

◇**As a verb：Subject ＋ 花［huā］＋ time/money ＋ verb ＋ object**

① 昨天我花了两个小时准备这些东西。
［Zuótiān wǒ huā le liǎng gè xiǎoshí zhǔnbèi zhèxiē dōngxi］
Yesterday I spent two hours to prepare these things.

② 他花了两百块钱买了两张电影票。
［Tā huā le liǎng bǎi kuài qián mǎi le liǎng zhāng diànyǐng piào］
Those two movie tickets cost him two hundred RMB.

③ 今天你一共花了多少钱？［Jīntiān nǐ yígòng huā le duōshao qián］
How much did you spend today?

Quiz

I. Pronunciation.

1. Please choose the initials or finals you heard.

1) A. wàimài　B. wàipài
2) A. jiào chē　B. tiào chē
3) A. mǎi huā　B. mài huā
4) A. huā qián　B. huá quán
5) A. jǐnliàng　B. jīnliǎng
6) A. jīmù　B. jiémù

2. Please choose the Pinyin you heard.

1) A. jǐnliàng zuò hǎo　B. jǐnliàng zuò dào
2) A. zǎojiù jiēshǒu le　B. zǎojiù jiēshòu le
3) A. jiào le liǎng cì wàimài　B. shōu le liǎng cì wàimài
4) A. zhè jǐtiān hěn mǎn　B. zhè jǐtiān hěn màn
5) A. huá de tài duō　B. huà de tài duō
6) A. Nǐ huà de huā tài měi le　B. Nǐ huà de huà tài měi le

II. Form sentences.

1. duō (1) wànfàn (2) bié (3) jǐnliàng (4) chī (5) tài (6) de (7)

____

2. chē (1) zài (2) wǒ (3) jiào (4) děng (5) tā (6)

____

3. zhōu (1) fángzi (2) yì (3) huā (4) le (5) wǒ (6) zhǎo (7)

____

4. gàosu (1) wǒ (2) wàimài (3) gāitiān (4) nǐ (5) zěnme (6) jiào (7)

____

5. chūzūchē (1) yíxià (2) wǒ (3) qǐng (4) jiào (5) bāng (6)

____

6. huā (1) nǐ (2) huà (3) fēicháng (4) hǎo (5) de (6)

____

III. Please translate the following sentences into Chinese.

1. I do not know how much this delivery is.

____

2. I don't want to cook today, let's call the delivery.

____

3. How much does that piece of clothes cost?

____

4. I will try my best to help you get a good method.

5. How much do you spend on renting that house?

6. I spend two hours on doing exercise everyday.

I Believe That Is a Good Chance

Welcome to Elementary Level Eight, Lesson Twelve of ***ChineseAny*** podcast series teaching Mandarin Chinese. Today we will learn one conjunction, one verb and one noun.

Today's 1st character is "*búdàn 不但*". "*búdàn 不但*" is a conjunction, it means "not only".

不但	
[búdàn]	
not only	conjunction

Before we learned "*yě 也*", it means "also", and "*érqiě 而且*" means "and".

We can put them together with "*búdàn 不但*" to make a format, which means "not only . . . but also . . . "

不但	……也……
[búdàn]	[yě]
不但	……而且……
[búdàn]	[érqiě]

"***búdàn** ···**yě** ··· 不但……也……*"

"***búdàn** ···**érqiě** ··· 不但……而且……*"

Let's see some more examples:

- 他不但可以说英语,也可以说汉语。
  [Tā búdàn kěyǐ shuō Yīngyǔ, yě kěyǐ shuō Hànyǔ]
  He can not only speak English, but also Chinese.
- 他们不但修了手机,也修了电脑。

[Tāmen búdàn xiū le shǒujī, yě xiū le diànnǎo]

They not only fixed mobile phone, but also the computer.

- 新年的时候,机票不但难买,而且很贵。
  [Xīnnián de shíhou, jīpiào búdàn nán mǎi, érqiě hěn guì]
  During the New Year, the air ticket is not only difficult to buy, but also very expensive.
- 他的女朋友不但漂亮,而且聪明。
  [Tā de nǚ péngyou búdàn piàoliang, érqiě cōngming]
  His girlfriend is not only beautiful, but also smart.

OK, let's see the 2nd character "*xiāngxìn 相信*". "*xiāngxìn 相信*" means "to believe". "*xìn 信*" has many meanings in Chinese.

相信	
[xiāngxìn]	
to believe	verb

➢ Firstly, it is a verb, it is the abbreviated form of "*xiāngxìn 相信*".

➢ Secondly, it is a noun, which means "letter".

Before we learned "*duǎn 短*", which means "short". So "short message" in Chinese is "*duǎn xìn 短信*", short letter, short message.

"to write letter" in Chinese should be "*xiě xìn 写信*".

"to write a letter to sb." in Chinese would be "*A gěi B xiě xìn A 给B 写信*".

"*gěi 给*" here means "to", it is a preposition.

A	给	B	写信
	[gěi]		[xiě xìn]

A write (letter) to B

Great, let's see some examples:

- 你相信他们说的话吗? [Nǐ xiāngxìn tāmen shuō de huà ma]

Do you believe what they said?

- 请一定要相信我。[Qǐng yídìng yào xiāngxìn wǒ]
  Please trust me definitely.
- 我相信你可以做得很好。
  [Wǒ xiāngxìn nǐ kěyǐ zuò de hěn hǎo]
  I believe you can do it very well.
- 你给他写信了吗? [Nǐ gěi tā xiě xìn le ma]
  Did you write to him?
- 我不相信这是真的。[Wǒ bù xiāngxìn zhè shì zhēnde]
  I do not believe that is true.
- 昨天我给你发短信了。[Zuótiān wǒ gěi nǐ fā duǎnxìn le]
  I sent short message to you yesterday.

OK, today's 3rd vocabulary is "*jīhuì 机会*". "*jīhuì 机会*" is a noun, and it means "chance, opportunity".

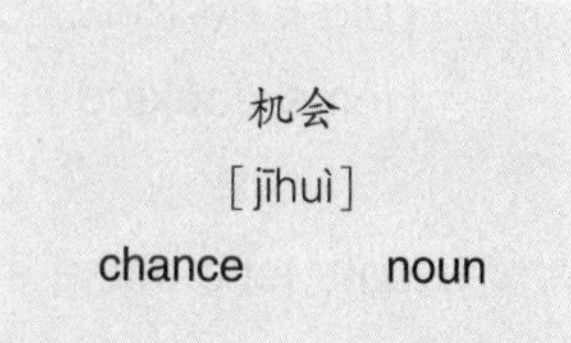

For example:

- 我相信这是一个好机会。[Wǒ xiāngxìn zhè shì yí gè hǎo jīhuì]
  I believe this is a good opportunity.
- 请再给我一次机会。[Qǐng zài gěi wǒ yí cì jīhuì]
  Please give me one more chance.
- 这不但是一个机会,而且是一个好机会。
  [Zhè búdàn shì yí gè jīhuì, érqiě shì yí gè hǎo jīhuì]
  This is not only a chance, but also a good chance.
- 这么好的机会很难找。[Zhème hǎo de jīhuì hěn nán zhǎo]
  It is very hard to find such a good chance.
- 我喜欢我的工作,因为有机会常常出差。
  [Wǒ xǐhuan wǒ de gōngzuò, yīnwèi yǒu jīhuì chángcháng

chūchāi]
I like my job because I have lots of chance to go on business trip.

Let's see some sentences of "*búdàn …yě … 不但……也……*" and "*búdàn …érqiě … 不但……而且……*".

- 他不但会说汉语，而且会写汉字。
  [Tā búdàn huì shuō Hànyǔ, érqiě huì xiě Hànzì]
  He not only can speak Chinese, but also can write character.
- 她不但喜欢茶，也喜欢咖啡。
  [Tā búdàn xǐhuan chá, yě xǐhuan kāfēi]
  She not only likes tea, but also likes coffee.
- 家里的饭不但干净，而且好吃。
  [Jiā lǐ de fàn búdàn gānjìng, érqiě hǎochī]
  Home cooking is not only clean, but also delicious.

Great, let's make some examples to practice what we have learned today.

- 这件衣服不但价格不高，颜色也很好看。
  [Zhè jiàn yīfu búdàn jiàgé bù gāo, yánsè yě hěn hǎokàn]
  This jacket is not only cheap; the color is also very nice.

- 他不但会说汉语，而且说得非常好。
  [Tā búdàn huì shuō Hànyǔ, ěrqiě shuō de fēicháng hǎo]
  He not only can speak Chinese, but also can speak very well.

- 我相信你可以自己完成。
  [Wǒ xiāngxìn nǐ kěyǐ zìjǐ wánchéng]
  I believe you can complete it by yourself.
- 我相信你一定听过这个故事。
  [Wǒ xiāngxìn nǐ yídìng tīng guo zhè ge gùshi]
  I'm sure you have heard about this story.

- 在上海,工作的机会很多。
  [Zài Shànghǎi, gōngzuò de jīhuì hěn duō]
  There are lots of working chances in Shanghai.
- 他有机会帮我买进口的东西。
  [Tā yǒu jīhuì bāng wǒ mǎi jìnkǒu de dōngxi]
  He has chance to help me buy import things.

Great, so that wraps up today's lesson. Hope you have learned something there. Download our app to access our Chinese lessons, remember you can learn Chinese anywhere, anytime with ***ChineseAny***.

Word List

Main Vocabulary		
不但[búdàn] not only	相信[xiāngxìn] to believe, trust	机会[jīhuì] chance
Additional Vocabulary		
信[xìn] to believe, trust, letter	短信[duǎnxìn] short message	

Notes

不但[búdàn]……**而且**[érqiě]/**也**[yě]…… **not only ... but slao ...**

E. g. ① 我不但认识他，也认识他的家人。
[Wǒ búdàn rènshi tā, yě rènshi tā de jiārén]
I not only know him, but also know his families.

② 那里不但可以洗澡，也可以休息。
[Nàlǐ búdàn kěyǐ xǐzǎo, yě kěyǐ xiūxi]
You can not only take shower there, but also can rest.

③ 她不但是我的老师，也是我的朋友。
[Tā búdàn shì wǒ de lǎoshī, yě shì wǒ de péngyou]
She is not only my teacher, but also my friend.

④ 我们不但要帮他打扫，而且要打扫干净。
[Wǒmen búdàn yào bāng tā dǎsǎo, érqiě yào dǎsǎo gānjìng]
We not only need to help him clean, but also need to clean well.

⑤ 你不但可以打电话，而且可以发邮件。
[Nǐ búdàn kěyǐ dǎ diànhuà, ěrqiě kěyǐ fā yóujiàn]
You not only can make a phone call, but also can send a mail.

⑥ 我妈妈不但会做韩国菜，而且做得很好吃。
[Wǒ māma búdàn huì zuò Hánguó cài, érqiě zuò de hěn hǎochī]
My mother can not only cook Korean food, but also cook it very well.

Quiz

I. Pronunciation.

1. Please choose the initials or finals you heard.

	A.	B.
1)	tǔ tán	bù tán
2)	xiāngxìn	xiángxì
3)	jíhuì	jīhuì
4)	duǎnxìn	tuánxùn
5)	jìnxīn	jīxīn
6)	érqiě	èrjiě

2. Please choose the Pinyin you heard.

	A.	B.
1)	nǐ xiāngxìn shéi	nǐ xiǎng qǐng shéi
2)	wǒ gěi tā xiě xìn	wǒ gěi tā xìnxīn
3)	zhè ge jīhuì hěn hǎo	zhè ge jīhuì hěn qiǎo
4)	búdàn kěyǐ xiū	dànshì kěyǐ xué
5)	xiāngxìn tā huà de huà	xiāngxìn tā shuō de huà
6)	wǒ yǐjīng jiǎng hǎo le	wǒ yǐjīng jiǎn hǎo le

II. Form sentences.

1. zhè (1) shì (2) wǒ (3) yí (4) jīhuì (5) zhīdào (6) hǎo (7) gè (8)

____

2. bù (1) tā (2) xiāngxìn (3) wǒ (4) huà (5) de (6) shuō (7)

____

3. jīhuì (1) zhǐ (2) wǒmen (3) yí (4) yǒu (5) cì (6)

4. wàimài (1) xiànzài (2) kěyǐ (3) yě (4) duǎnxìn (5) jiào (6)

5. yídìng (1) xiāngxìn (2) zìjǐ (3) nǐ (4) yào (5)

6. xiāngxìn (1) xǐhuan (2) nǐ (3) yídìng (4) lǐwù (5) zhè (6) gè (7) wǒ (8)

III. Please translate the following sentences into Chinese.

1. He does not only can speak Chinese, but also can write Chinese characters.

2. Because I have a good chance, I want to leave this company.

3. I not only can get up late, but also do not need to cook on Sunday.

4. I spent three years waiting for this good chance.

5. I do not understand this short message's meaning.

6. Not only the rental fee of this house is expensive, but also the location of it is inconvenient.

I Do Not Like to Work Over Time

Welcome to Elementary Level Eight, Lesson Thirteen of ***ChineseAny*** podcast series teaching Mandarin Chinese. Today we will learn two verbs and one adjective.

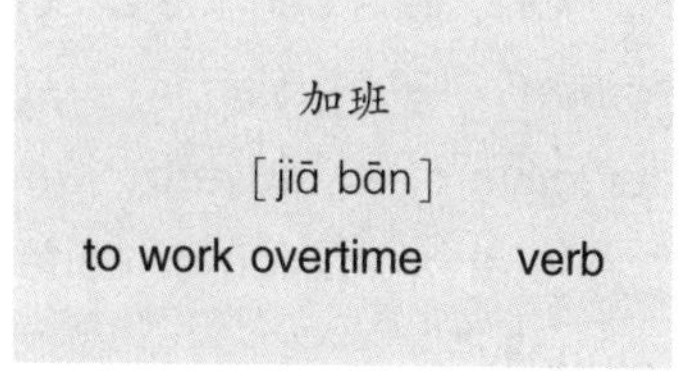

Today's 1st character is "*jiā bān 加班*". "*jiā bān 加班*" is a verb, which means "work overtime".

It is a separable word. Also we learned "*shàng bān 上班*", to go to work; and "*xià bān 下班*", to finish working in Chinese. So "*bān 班*" in Chinese is a kind of work. "*jiā 加*" is a verb, it means "to add, plus".

So let's try to make some new words:

- 加热 [jiā rè]
  to add heat, it means "warm up"
- 加水 [jiā shuǐ]
  to add water
- 加冰 [jiā bīng]
  to add ice

Let's see more examples:

- 我们都不喜欢加班。[Wǒmen dōu bù xǐhuan jiā bān]

We all do not like to work overtime.

- 这个周末我们也要加班。
  [Zhè ge zhōumò wǒmen yě yào jiā bān]
  This weekend we also will work overtime.
- 这个月你加了几次班？[Zhè ge yuè nǐ jiā le jǐ cì bān]
  How many times did you work overtime this month?
- 请给我一杯可乐，不加冰。[Qǐng gěi wǒ yì bēi kělè, bù jiā bīng]
  Please give me a glass of cola, no ice.
- 这个需要加热吗？[Zhè ge xūyào jiā rè ma]
  Do you need to warm it up?

OK, let's see the 2nd character "*yìbān* 一般". "*yìbān* 一般" it is an adjective or an adverb, it means "general, common or generally, normally".

一般 [yìbān]	
general, ordinary	adjective
generally, normally	adverb

In English we have "generally speaking", so in Chinese we can say "*yìbān lái shuō* 一般来说", which could be placed at the beginning of a sentence.

Let's see some examples:

- 我觉得那件衣服很一般。[Wǒ juéde nà jiàn yīfu hěn yìbān]
  I think that coat is very common.
- 他的汉语说得一般。[Tā de Hànyǔ shuō de yìbān]
  His Chinese is so-so.
- 一般来说，中国人不太喜欢喝咖啡。
  [Yìbān lái shuō, Zhōngguó rén bú tài xǐhuan hē kāfēi]
  Generally speaking, Chinese people do not like drinking coffee very much.

- 一般来说，我每个星期做三次运动。
  [Yìbān lái shuō, wǒ měi gè xīngqī zuò sān cì yùndòng]
  Generally speaking, every week I do exercise three times.
- 我一般早上七点起床。[Wǒ yìbān zǎoshang qī diǎn qǐchuáng]
  Generally I get up at seven in the morning.
- 他一般不用筷子吃饭。[Tā yìbān búyòng kuàizi chī fàn]
  Normally he doesn't have meals with chopsticks.

OK, today's 3rd character is "*liǎojiě 了解*". "*liǎojiě 了解*" it is a verb, which means "know well".

We have a phrase: "*duì … liǎojiě 对……了解*". It means "to know something or somebody well".

了解	
[liǎojiě]	
to know well	verb

The negative form is "*duì … bù liǎojiě 对……不了解*", which means "don't know something or somebody well".

We already learned "*zhīdào 知道*" and "*rènshi 认识*". Let's see some differences between them:

➢ "*zhīdào 知道*", to know from your mind, the object would be the information, or the knowledge.

➢ "*rènshi 认识*" to know after you see, it also means to recognize.

➢ "*liǎojiě 了解*" to know all the information of somebody or something.

知道 [zhīdào]	+ the information
认识 [rènshi]	+ sb./sth.
了解 [liǎojiě]	+ all the information

For example：

- 我知道他的名字,但是我不认识他。
  [Wǒ zhīdào tā de míngzi, dànshì wǒ bú rènshi tā]
  I know his name, but I do not know him.
- 我们是上个星期认识的,我还不了解他。
  [Wǒmen shì shàng ge xīngqī rènshi de, wǒ hái bù liǎojiě tā]
  We knew each other since last week, I still did not know him well.
- 我对这个工作不太了解。[Wǒ duì zhè ge gōngzuò bú tài liǎojiě]
  I do not know very well of this job.
- 你怎么这么了解他? [Nǐ zěnme zhème liǎojiě tā]
  Why do you know him so well?
- 我对这个比赛很了解。[Wǒ duì zhè ge bǐsài hěn liǎojiě]
  I know very well about this match.
- 谢谢你给我一个了解中国人的机会。
  [Xièxie nǐ gěi wǒ yí gè liǎojiě Zhōngguó rén de jīhuì]
  Thank you for giving me a chance to know Chinese people well.

Great, let's make some examples to practice what we have learned today.

- 我们一般不加班。
  [Wǒmen yìbān bù jiā bān]
  Generally we do not work overtime.
- 没有人喜欢加班。
  [Méiyǒu rén xǐhuan jiā bān]
  Nobody likes to work overtime.

- 我们还需要时间了解。
  [Wǒmen hái xūyào shíjiān liǎojiě]
  We still need time to know each other.
- 这个牙刷的质量很一般。
  [Zhè ge yáshuā de zhìliàng hěn yìbān]
  The quality of this teeth brush is so-so.

- 你们早饭一般吃什么?
  [Nǐmen zǎofàn yìbān chī shénme]
  Generally what do you have for breakfast?
- 加班的时候可以叫外卖。
  [Jiā bān de shíhou kěyǐ jiào wàimài]
  We can call the delivery when we work overtime.

- 我想了解一下租金的价格。
  [Wǒ xiǎng liǎojiě yíxià zūjīn de jiàgé]
  I want to know about the rental fee here.
- 我对他特别了解。
  [Wǒ duì tā tèbié liǎojiě]
  I know him very well.

Great, so that wraps up today's lesson. Hope you have learned something there. Download our app to access our Chinese lessons, remember you can learn Chinese anywhere, anytime with ***ChineseAny***.

Word List

Main Vocabulary		
加班[jiā bān] to work overtime	一般[yìbān] generally, common	了解[liǎojiě] to know well
Additional Vocabulary		
加[jiā] to add	加热[jiā rè] to warm up	加水[jiā shuǐ] to add water
加冰[jiā bīng] to add ice	一般来说[yìbān lái shuō] generally speaking	

Notes

一般[yìbān] **& 一般来说**[yìbān lái shuō]

E.g. ① 这些东西都一般，你还有更好的吗？

[Zhèxiē dōngxi dōu yìbān, nǐ hái yǒu gèng hǎo de ma]

These things are all common, do you have better one?

② 我和我先生的爸爸妈妈的关系一般。

[Wǒ hé wǒ xiānsheng de bàba māma de guānxi yìbān]

The relationship between my parents-in-law and me is so-so.

③ 我一般不喝咖啡。

[Wǒ yìbān bù hē kāfēi]

Usually I do not drink coffee.

④ 一般来说，我晚饭喜欢吃米饭。

[Yìbān lái shuō,wǒ wǎnfàn xǐhuan chī mǐfàn]
Generally speaking, I like to eat rice for dinner.

⑤ 一般来说,周末那个饭店的人不太多。
[Yìbān lái shuō, zhōumò nà ge fàndiàn de rén bú tài duō]
In general, that restaurant is not too crowded on weekends.

⑥ 一般来说,坐出租车比坐地铁快。
[Yìbān lái shuō, zuò chūzūchē bǐ zuò dìtiě kuài]
Generally speaking, taking taxi is faster than taking subway.

Quiz

I. Pronunciation.

1. Please choose the initials or finals you heard.

1) A. jiābān　　B. jiǎbàn
2) A. yíbàn　　B. yìbān
3) A. liǎojiě　　B. liǎojié
4) A. jiābīng　　B. jiābīn
5) A. jiàrì　　B. jiārè
6) A. zhīdào　　B. chídào

2. Please choose the Pinyin you heard.

1) A. wǒ wǎnshang jiābān　　B. wǒ wǎnshang xiàbān
2) A. liánxì yíxià　　B. liànxí yíxià
3) A. jǐnliàng jiārè　　B. jǐnliàng jiārù
4) A. yìbān qíngkuàng　　B. yìbān jìnkuàng
5) A. liǎojiě yí ge shíqíng　　B. liǎojié yí ge shìqing
6) A. yíbàn fángzū duōshao qián
B. yìbān fángzū duōshao qián

II. Form sentences.

1. chī (1) fàn (2) yòng (3) rén (4) yìbān (5) Zhōngguó (6) kuàizi (7)

____

2. zhèxiē (1) wǒ (2) liǎojiě (3) de (4) jiàqián (5) hěn (6) fángzi (7)

____

3. dōu (1) xīngqīwǔ (2) yào (3) měi gè (4) jiā bān (5) wǒmen (6)

____

4. tā (1) duōshao (2) duì (3) liǎojiě (4) nǐ (5)

____

5. xūyào (1) ma (2) dōngxi (3) dōu (4) jiā rè (5) zhèxiē (6)

____

6. qǐng (1) shuǐ (2) wǒmen (3) jiā (4) bāng (5) yìxiē (6) zài (7)

____

III. Please translate the following sentences into Chinese.

1. Generally speaking, Chinese people like drinking green tea.

____

2. What day do you need to work overtime?

____

3. We knew two years ago, but I still do not know him well.

____

4. It seems I have to work overtime today.

____

5. After dinner, I like to do sports generally.

____

6. Generally, I call the delivery for lunch.

____

She Always Buys This

Welcome to Elementary Level Eight, Lesson Fourteen of ***ChineseAny*** podcast series teaching Mandarin Chinese. Today we will learn one adverb, one verb and one noun.

Today's 1st character is "*zǒngshì 总是*". "*zǒngshì 总是*" is an adverb of time, which means always. "*zǒng 总*" is the shorten form.

总是
[zǒngshì]
always adverb

Because it is an adverb, we can not put it in front of the subject, but should be after it.

subject + 总是 + verb/adj
[zǒngshì]

Let's see more examples:

- 我总是七点吃早饭。[Wǒ zǒngshì qī diǎn chī zǎofàn]
  I always eat breakfast at seven.
- 那个孩子总是问问题。[Nà ge háizi zǒngshì wèn wèntí]
  That child always asks questions.
- 最近他总是迟到。[Zuìjìn tā zǒngshì chídào]
  Recently he is always late.
- 他总是骑自行车上班。[Tā zǒngshì qí zìxíngchē shàng bān]
  He always goes to work by bicycle.

- 他总给我带好吃的东西。[Tā zǒng gěi wǒ dài hǎochī de dōngxi]
  He always takes delicious things to me.

Let's review some other adverbs of time:

subject + 常常 + verb
[chángcháng]
subject + 不常 + verb
[bù cháng]

➢ The 1st one, "*chángcháng* 常常" often.

The negative form is "*bù cháng* 不常". It means "not often".

For example:

- 星期天他常常和朋友们去唱歌。
  [Xīngqītiān tā chángcháng hé péngyou men qù chànggē]
  He often goes to sing with his friends on Sunday.
- 我知道他不常做运动。[Wǒ zhīdào tā bù cháng zuò yùndòng]
  I know he does not do exercise often.

➢ The 2nd one, "*yǒu shíhou* 有时候". It means "sometimes".

subject + 有时候 + verb/adj
[yǒu shíhou]
有时候 + subject + verb/adj
[yǒu shíhou]

For example:

- 有时候老师也不知道怎么回答。
  [Yǒu shíhou lǎoshī yě bù zhīdào zěnme huídá]
  Sometimes teacher does not know how to answer either.
- 我有时候自己做饭,有时候叫外卖。
  [Wǒ yǒu shíhou zìjǐ zuò fàn, yǒu shíhòu jiào wàimài]
  Sometimes I cook by myself, sometimes I call the delivery.

➢ The 3rd one, "*yìzhí* 一直", it means "all the time".

subject + 一直 + verb/adj.
[yìzhí]

For example:

- 妈妈一直对汉语很感兴趣。
  [Māma yìzhí duì Hànyǔ hěn gǎn xìngqù]
  Mother is always interested in Chinese language.
- 他的办公室一直很干净。[Tā de bàngōngshì yìzhí hěn gānjìng]
  His office is always very clean.

OK, let's see the 2nd character "*shàng wǎng* 上网".

上网
[shàng wǎng]
surfing on the Internet
verb

"*shàng wǎng* 上网" it is a verb, it means "surfing on the Internet".

Please pay attention, "*shàng wǎng* 上网" is a verb, which means "to get on the Internet".

The "*shàng* 上" here is a verb. "*wǎng* 网" is a noun, it means net. We learned "*wǎngqiú* 网球" tennis (net ball) before. But "*wǎng shàng* 网上" is a preposition phrase, which means "on the Internet". The "*shàng* 上" here is a preposition, which means "to be on".

But in this vocabulary, "*shàng* 上" is a verb, depending on the phrase, there are many meanings.

For example:

- 上课 [shàng kè]
  to attend the class
- 上班 [shàng bān]
  to go to work

- 上楼 [shàng lóu]
  to go upstairs
- 上车 [shàng chē]
  to get in the car
- 上网 [shàng wǎng]
  to get on the Internet.

Let's see some examples：

- 我每天都上网。[Wǒ měitiān dōu shàng wǎng]
  I get on the Internet every day.
- 现在可以上网找工作。[Xiànzài kěyǐ shàng wǎng zhǎo gōngzuò]
  We can get on the Internet to find a job now.
- 一般来说，在网上买东西很方便。
  [Yìbān lái shuō, zài wǎng shang mǎi dōngxi hěn fāngbiàn]
  Generally speaking, online shopping is very convenient.
- 上网时间太长对身体不好。
  [Shàng wǎng shíjiān tài cháng duì shēntǐ bù hǎo]
  Long time online is not good for the health.
- 我们在网上学习汉语。[Wǒmen zài wǎng shang xuéxí Hànyǔ]
  We learn Chinese online.

OK, the 3rd character is "*túshūguǎn 图书馆*".

"*túshūguǎn 图书馆*" it is a noun, which means "library".

图书馆	
[túshūguǎn]	
library	noun

For example：

- 他常常去图书馆看书。[Tā chángcháng qù túshūguǎn kàn shū]
  He goes to the library to read books often.

- 这个图书馆不可以借书。[Zhè ge túshūguǎn bù kěyǐ jiè shū]
  You can not borrow books from this library.
- 在图书馆里请大家安静。[Zài túshūguǎn lǐ qǐng dàjiā ānjìng]
  Please keep silence in the library.
- 浦东图书馆离我家很近。[Pǔdōng túshūguǎn lí wǒ jiā hěn jìn]
  Pudong library is quite closed to my home.
- 他现在一定在图书馆。[Tā xiànzài yídìng zài túshūguǎn]
  He must be in the library now.

Great, let's make some example to practice what we have learned today.

- 我们总是坐在这里。
  [Wǒmen zǒngshì zuò zài zhèli]
  We always sit here.
- 在图书馆也可以上网。
  [Zài túshūguǎn yě kěyǐ shàng wǎng]
  You also can surf online in the library.

- 网上都有什么?
  [Wǎng shang dōu yǒu shénme]
  What are there online?
- 他总是吃得很多。
  [Tā zǒngshì chī de hěn duō]
  He always eats a lot.

- 她总是和我生气。
  [Tā zǒngshì hé wǒ shēngqì]
  She is always angry with me.
- 昨天我在网上买了很多书。
  [Zuótiān wǒ zài wǎng shang mǎi le hěn duō shū]
  I bought lots of books online yesterday.

- 我总是早上上课。
  [Wǒ zǒngshì zǎoshang shàng kè]
  I always have classes in the morning.
- 图书馆就在前边。
  [Túshūguǎn jiù zài qiánbian]
  Library is just in front.

Great, so that wraps up today's lesson. Hope you have learned something there. Download our app to access our Chinese lessons, remember you can learn Chinese anywhere, anytime with ***ChineseAny***.

Word List

Main Vocabulary		
总是[zǒngshì] always	上网[shàng wǎng] to get online	图书馆[túshūguǎn] library
Additional Vocabulary		
网[wǎng] net	网上[wǎng shang] online	

Notes

The time adverb:

总是[zǒngshì] + **adjective/verb**

常常[chángcháng] + **verb**

一直[yìzhí] + **adjective/verb**

有时候[yǒu shíhou] + **adjective/verb**

E. g. ① 他总是用我的手机给你打电话。

[Tā zǒngshì yòng wǒ de shǒujī gěi nǐ dǎ diànhuà]

He always uses my phone to call you.

② 他总是在网上买东西。

[Tā zǒngshì zài wǎng shang mǎi dōngxi]

He always purchases things online.

③ 他们常常去旅行。

[Tāmen chángcháng qù lǚxíng]

They go to travel often.

④ 他常常骑自行车去上班。

[Tā chángcháng qí zìxíngchē qù shàng bān]

He often goes to work by bike.

⑤ 有时候他也不知道怎么办。

[Yǒu shíhou tā yě bù zhīdào zěnme bàn]

Sometimes he does not know what to do either.

⑥ 有时候我晚饭只吃水果。

[Yǒu shíhou wǒ wǎnfàn zhǐ chī shuǐguǒ]

Sometimes I only eat fruit for dinner.

⑦ 我们的关系一直很好。

[Wǒmen de guānxi yìzhí hěn hǎo]

Our relationship is good all the time.

⑧ 他一直喜欢去图书馆看书。
[Tā yìzhí xǐhuan qù túshūguǎn kàn shū]
He likes reading books in the library all the time.

Quiz

I. Pronunciation.

1. Please choose the initials or finals you heard.

	A.	B.
1)	zǒngshì	zǒngzhī
2)	shàngzhǎng	shàngwǎng
3)	túshū	dúshū
4)	guǎnlǐ	huánlǐ
5)	wǎnshang	wǎngshang
6)	wǎngqiú	wǎnjiù

2. Please choose the Pinyin you heard.

	A.	B.
1)	zǒngshì lái wán	zǒngshì lái wǎn
2)	shàng wǎng kàn shénme	shàng wǎng gàn shénme
3)	túshūguǎn zài nǎlǐ	túshūguǎn zài nàlǐ
4)	tāmen zǒngshì chūchāi	tāmen zǒngshì chūcuò
5)	wǒmen bǔcháng jiābān	wǒmen bù cháng jiābān
6)	wǎnshang kāi kōngtiáo	wǎngcháng kāi kōngtiáo

II. Form sentences.

1. chángcháng (1) wǒmen (2) jiā bān (3) zhōumò (4)

____

2. dōngxi (1) hěn (2) yǒu (3) wǎng shang (4) xuéxí (5) duō (6) kěyǐ (7)

3. zǒngshì (1) shuì (2) zuìjìn (3) tā (4) lǎnjiào (5)

4. zài (1) túshūguǎn (2) lóu (3) jǐ (4)

5. hěn (1) zài (2) mǎi (3) piányi (4) túshū (5) wǎng shang (6)

6. shàng wǎng (1) dōngxi (2) wǒ (3) mǎi (4) xǐhuan (5)

III. Please translate the following sentences into Chinese.

1. I always swim there.

2. More and more people like to read books online.

3. Why do you always come late?

4. I haven't been to that library.

5. He is always angry with me.

6. The light in his room is always on.

Almost All of Us Are Chinese

Welcome to Elementary Level Eight, Lesson Fifteen of our ***ChineseAny*** podcast series teaching Mandarin Chinese. Today we will learn three words, one adverb, one noun and one verb. Let's look at them now.

Today's 1st vocabulary is "*jīhū 几乎*". "*jīhū 几乎*" is an adverb, it means "almost".

We normally use it before the verb.

几乎	
[jīhū]	
almost	adverb

Let's see some examples:

- 他几乎喝了五杯咖啡。[Tā jīhū hē le wǔ bēi kāfēi]
  He almost drank five cups of coffee.
- 我几乎相信了他的话。[Wǒ jīhū xiāngxìn le tā de huà]
  I almost believed what he said.
- 我几乎没有中国朋友。[Wǒ jīhū méiyǒu Zhōngguó péngyou]
  I almost have no Chinese friends.
- 我几乎不和别人借钱。[Wǒ jīhū bù hé biérén jiè qián]
  I almost never borrow money from other people.

Sometimes we use "*S. (plural form) + jīhū 几乎 + dōu 都 + Verb*" to express "It is almost all of sb. do sth."

For example：

- 我的朋友几乎都是韩国人。
  [Wǒ de péngyou jīhū dōu shì Hánguó rén]
  Almost all of my friends are Korean.
- 这些服务员几乎都是上海人。
  [Zhèxiē fúwùyuán jīhū dōu shì Shànghǎi rén]
  Almost all of these waiters are from Shanghai.
- 下个星期几乎每天都下雨。[Xià ge xīngqī jīhū měitiān dōu xià yǔ]
  It will rain almost every day next week.
- 我们几乎都会说汉语。[Wǒmen jīhū dōu huì shuō Hànyǔ]
  Almost all of us can speak Chinese.
- 他的朋友，我几乎都认识。[Tā de péngyou, wǒ jīhū dōu rènshi]
  I almost know all of his friends.

The negative form is "*jīhū bù 几乎不*" or "*jīhū méi …guo 几乎没……过*"

For example：

- 我几乎不过生日。[Wǒ jīhū bú guò shēngrì]
  I almost don't celebrate my birthday.
- 他几乎不去外面吃晚饭。[Tā jīhū bú qù wàimian chī wǎnfàn]
  He doesn't go outside for dinner almost.
- 他非常健康，几乎没生过病。
  [Tā fēicháng jiànkāng, jīhū méi shēng guo bìng]
  He is very healthy, almost hasn't been sick.
- 这几个月几乎没下过雨。[Zhè jǐ ge yuè jīhū méi xià guo yǔ]
  It almost hasn't rained in these months.
- 我几乎听不懂你的话。[Wǒ jīhū tīng bù dǒng nǐ de huà]
  I almost can't understand what you said.

The 2nd vocabulary is a noun, "*chéngshì 城市*".

"*chéngshì 城市*" is a noun, it means "city".

城市
[chéngshì]
city noun

For example:

- 来中国以后,你去过哪些城市?
  [Lái Zhōngguó yǐhòu, nǐ qù guo nǎxiē chéngshì]
  Which cities have you been to after you arrived in China?
- 我觉得这个城市很漂亮。
  [Wǒ juéde zhè ge chéngshì hěn piàoliang]
  I think this city is quite beautiful.
- 你最喜欢中国的哪个城市?
  [Nǐ zuì xǐhuan Zhōngguó de nǎ ge chéngshì]
  Which city do you like most in China?
- 他还不太习惯住在城市里。
  [Tā hái bú tài xíguàn zhù zài chéngshì lǐ]
  He is not used to living in the city.

OK, the 3rd vocabulary is "*biànhuà 变化*". "*biànhuà 变化*" can be used as a noun and also a verb.

The adjective we use for "*biànhuà 变化*" is "*dà 大*", "*xiǎo 小*" or "*duō 多*".

变化
[biànhuà]
to change verb
change noun

➢ For example (as a noun):

- 上海的变化越来越大。[Shànghǎi de biànhuà yuèláiyuè dà]
  The change of Shanghai is getting bigger and bigger.
- 这几年城市的变化非常快。

[Zhè jǐ nián chéngshì de biànhuà fēicháng kuài]
The change of city is very fast in these several years.

- 我们五年没见面了，他的变化很大。
[Wǒmen wǔ nián méi jiàn miàn le, tā de biànhuà hěn dà]
We haven't met for five years, he changed a lot.
- 他和三年以前一样，没有变化。
[Tā hé sān nián yǐqián yíyàng, méiyǒu biàhuà]
There is no change on him, he is as same as what he was three years ago.

➢ For example (as a verb):

- 最近天气变化得特别快。[Zuìjìn tiānqì biànhuà de tèbié kuài]
The weather has changed quite fast recently.
- 我的朋友在中国的三年里变化得非常大。[Wǒ de péngyou zài Zhōngguó de sān nián lǐ, biànhuà de fēicháng dà]
My friend has changed a lot during the three years in China.
- 她变化了很多。[Tā biànhuà le hěn duō]
She changed a lot.
- 你变化得不大。[Nǐ biànhuà de bú dà]
You didn't change a lot.

When we use "*biànhuà 变化*" as a verb, you may also say "*biàn* 变" alone as the shorten form.

For example:

- 车越来越多，城市变得越来越堵。
[Chē yuèláiyuè duō, chéngshì biàn de yuèláiyuè dǔ]
The cars are getting more and more, the city is changed more jammed.
- 你变得更漂亮了。[Nǐ biàn de gèng piàoliang le]

You look more beautiful.

Great, let's do some exercises to review what we have learned today.

- 来这里吃饭的几乎都是年轻人。
  [Lái zhèlǐ chīfàn de jīhū dōu shì niánqīng rén]
  The people who come to eat here are almost young.
- 大家几乎都知道这件事儿。
  [Dàjiā jīhū dōu zhīdào zhè jiàn shìr]
  Almost everybody knows this matter.

- 上海是一个大城市。
  [Shànghǎi shì yí gè dà chéngshì]
  Shanghai is a big city.
- 他一直住在城市里。
  [Tā yìzhí zhù zài chéngshì lǐ]
  He lives in cities all the time.

- 这些问题我几乎都不会回答。
  [Zhèxiē wèntí wǒ jīhū dōu bú huì huídá]
  I almost can not answer these questions.
- 现在和以前的价格几乎没有变化。
  [Xiànzài hé yǐqián de jiàgé jīhū méiyǒu biànhuà]
  The price is almost no change between nowadays and before.

- 住在大城市很方便。
  [Zhù zài dà chéngshì hěn fāngbiàn]
  It is very convenient to live in the big city.
- 今天开会的时间变了。
  [Jīntiān kāihuì de shíjiān biàn le]
  Today's meeting time was changed.

Great, so that wraps up today's lesson. Hope you have learned something useful. Download our app to access our Chinese lessons. Remember, you can learn Chinese anywhere, anytime with ***ChineseAny***.

Word List

Main Vocabulary		
几乎[jīhū] almost	城市[chéngshì] city	变化[biànhuà] to change, change
Additional Vocabulary		
变[biàn] to change		

Notes

变化 [biànhuà]

◇ **Noun — changing**

E. g. ① 好久不见，不过你没有变化。

[Hǎojiǔ bújiàn, búguò nǐ méiyǒu biànhuà]

Long time no see, but you have no change.

② 我的房租变化很大。

[Wǒ de fángzū biànhuà hěn dà]

There is a big change for my rent.

◇ **Verb — change** (biànhuà **+de +adjective**)

E. g. ① 流行变化得很快。

[Liúxíng biànhuà de hěn kuài]

Fashion is changed very fast.

② 天气变化得很快。

[tiānqì biànhuà de hěn kuài]

Weather is changed very fast.

◇ The difference between "**biànhuà** 变化" and "**biàn** 变":

"**biànhuà** 变化" if used as a verb, must add "de 得", like "biànhuà 变化 + de 得" and only can be followed by few descriptive words like "fast, big".

E. g. ① 他的样子变化得很大。

[Tā de Yàngzi biànhuà de hěn dà]

His appearance has changed a lot.

"**biàn** 变" can be used without "de 得" but with "le 了" in the end. And it can be followed by almost every adjective.

E. g. ② 天气变热了。[Tiānqì biàn rè le]

Weather is changed hotter.

③ 温度变高了。[Wēndù biàn gāo le]

Temperature is changed higher.

④ 人变多了。[Rén biàn duō le]

The amount of the population is getting more.

Quiz

I. Pronunciation.

1. Please choose the initials or finals you heard.

1) A. biànhuà	B. diànhuà
2) A. chéngshì	B. shèngshì
3) A. jīhū	B. jīhuì
4) A. qíguài	B. qīkuài
5) A. diànshì	B. diànchí
6) A. dōushì	B. dūshì

2. Please choose the Pinyin you heard.

1) A. jīhū bú shì	B. jīhū bù chī
2) A. chéngshì xiǎo	B. chéngshì shǎo
3) A. biàn shòu le	B. biàn hòu le
4) A. jīhū xiǎng dào	B. jīhū qiǎng dào
5) A. yòu biànhuà	B. yǒu biànhuà
6) A. zhè ge chéngzi	B. zhè ge chéngshì

II. Form sentences.

1. niánqīng (1) jīhū (2) xǐhuan (3) rén (4) dōu (5) shàng wǎng (6)

____

2. chángcháng (1) zhèlǐ (2) de (3) biànhuà (4) tiānqì (5)

____

3. yìzhí (1) zhè ge (2) zhù (3) chéngshì (4) zài (5) wǒ (6)

4. yuèláiyuè (1) biàn (2) piàoliang (3) tā (4) de (5) le (6)

5. rén (1) duō (2) zhè ge (3) tèbié (4) de (5) chéngshì (6)

6. jīhū (1) de (2) wǒ (3) bù (4) gōngzuò (5) xūyào (6) jiābān (7)

III. Please translate the following sentences into Chinese.

1. All my families almost have never been to Shanghai.

2. Which Chinese city do you live in?

3. After he came to China, he has changed a lot.

4. My job had a new change.

5. He almost drinks milk every morning.

6. Do you like to live in that city?

Could You Show Me the Shoes

Welcome to Elementary Level Eight, Lesson Sixteen of our ***ChineseAny*** podcast series teaching Mandarin Chinese. Today we will learn four new words: one measure word and three nouns. Let's look at them now.

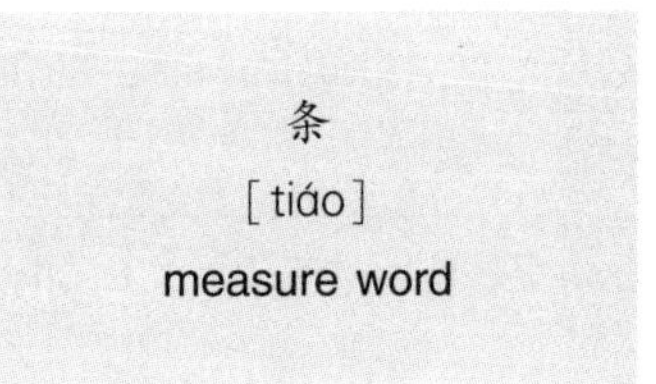

The 1st character is "*tiáo* 条". "*tiáo* 条" is a measure word, we use it for something long and narrow. (Like trousers, skirt, road, fish, river, tie and so on.) We have learned "road" in Chinese before, which is "*lù* 路".

For example:

- 你想走哪条路? [Nǐ xiǎng zǒu nǎ tiáo lù]
  Which road do you want to go?
- 我认识那条路,我带你去。[Wǒ rènshi nà tiáo lù, wǒ dài nǐ qù]
  I know that road, I take you there.
- 如果你想去我的家,可以走这条路。
  [Rúguǒ nǐ xiǎng qù wǒ de jiā, kěyǐ zǒu zhè tiáo lù]
  If you want to go to my home, you can go this way.
- 我们买一条鱼吧。[Wǒmen mǎi yì tiáo yú ba]
  Let's buy one fish.
- 从你家到机场有几条路? [Cóng nǐ jiā dào jīchǎng yǒu jǐ tiáo lù]

How many roads are there from your home to airport?

The 2nd character is a noun "*kùzi 裤子*". It means trousers, pants.

"One pair of trousers", in Chinese is "*yì tiáo kùzi 一条裤子*".

"One pain of big size trousers" in Chinese would be "*yì tiáo dà hào de kùzi 一条大号的裤子*".

裤子	
[kùzi]	
trousers	noun

For example:

- 这条裤子有点儿短。[Zhè tiáo kùzi yǒudiǎnr duǎn]
  This pair of trousers is a little short.
- 我喜欢那条蓝色的裤子。[Wǒ xǐhuan nà tiáo lánsè de kùzi]
  I like that blue trousers.
- 昨天我买了一件衣服和一条裤子。
  [Zuótiān wǒ mǎi le yí jiàn yīfu hé yì tiáo kùzi]
  I bought one piece of clothes and one pair of trousers yesterday.
- 这是一条旧裤子,不是新的。
  [Zhè shì yì tiáo jiù kùzi, bú shì xīn de]
  This is an old pair of trousers; it is not new one.

The 3rd character is a noun "*qúnzi 裙子*". "*qúnzi 裙子*" means "skirt, dress". "One skirt" in Chinese would be "*Yì tiáo qúnzi 一条裙子*".

裙子	
[qúnzi]	
skirt	noun

For example:

- 这条裙子太长了。[Zhè tiáo qúnzi tài cháng le]
  This skirt is too long.

- 我向她借了一条红裙子。[Wǒ xiàng tā jiè le yì tiáo hóng qúnzi]
  I borrowed one red skirt from her.
- 这条裙子又暖和又漂亮。
  [Zhè tiáo qúnzi yòu nuǎnhuo yòu piàoliang]
  This skirt is both warm and beautiful.
- 工作的时候穿裙子不方便。
  [Gōngzuò de shíhou chuān qúnzi bù fāngbiàn]
  It's not convenient to wear skirt when we work.
- 她的裙子总是很短。[Tā de qúnzi zǒngshì hěn duǎn]
  She always wears short skirt.

OK, let's look at the 4th new word "*xié 鞋*". "*xié 鞋*" is a noun, it means "shoes".

"One pair of shoes" in Chinese is "*yì shuāng xié 一双鞋*".

"One pair of sports shoes" in Chinese would be "*yì shuāng yùndòng xié 一双运动鞋*".

For example:

- 这双鞋的价格太高了。[Zhè shuāng xié de jiàgé tài gāo le]
  The price of this pair of shoes is too high.
- 这双鞋太贵了。[Zhè shuāng xié tài guì le]
  This pair of shoes is too expensive.
- 她有很多双鞋。[Tā yǒu hěn duō shuāng xié]
  She has many shoes.
- 她为什么没穿鞋? [Tā wèi shénme méi chuān xié]
  Why didn't she wear the shoes?
- 这双新鞋很舒服。[Zhè shuāng xīn xié hěn shūfu]

This pair of new shoes is very comfortable.

Until now, we have learned three measures words, which we would use for clothes. Let's make a summary.

- The 1st one, "*jiàn 件*", "*yí jiàn yīfu 一件衣服*",
- The 2nd one, "*tiáo 条*", "*yì tiáo kùzi 一条裤子*", "*yì tiáo qúnzi 一条裙子*",
- The 3rd one, "*shuāng 双*", "*yì shuāng xié 一双鞋*".

Great, let's do some exercises to review what we have learned today.

- 她有一双很漂亮的手。
  [Tā yǒu yì shuāng hěn piàoliang de shǒu]
  She has one pair of beautiful hands.
- 她几乎每天都穿裙子。
  [Tā jīhū měitiān dōu chuān qúnzi]
  She almost wears skirt everyday.

- 这双鞋看起来不错。
  [Zhè shuāng xié kàn qǐlái búcuò]
  This pair of shoes looks very nice.
- 我刚买了一条黑裤子。
  [Wǒ gāng mǎi le yì tiáo hēi kùzi]
  I just bought one pair of black trousers.

- 你穿这条裙子应该很好看。
  [Nǐ chuān zhè tiáo qúnzi yīnggāi hěn hǎokàn]
  That would be nice if you wear this skirt.
- 这条路多长？
  [Zhè tiáo lù duō cháng]
  How long is this road?

- 前边那条路堵车。
  [Qiánbian nà tiáo lù dǔchē]
  There is a traffic jam ahead of that road.
- 师傅，我们走那条路吧。
  [Shīfu, wǒmen zǒu nà tiáo lù ba]
  Driver, let's go on that road.

Great, so that wraps up today's lesson. Hope you have learned something useful. Download our app to access our Chinese lessons. Remember, you can learn Chinese anywhere, anytime with ***ChineseAny***.

Word List

Main Vocabulary		
条[tiáo] measure word	裤子[kùzi] trousers, pants	裙子[qúnzi] skirt
鞋[xié] shoes		

Notes

Measure word:
条[tiáo] **measure word for long things**
件[jiàn] **a piece of + clothes, matter, gift**
双[shuāng] **a pair of shoes, chopsticks**
把[bǎ] **measure word for knife, fork**

E.g. ① 那条路的名字很有意思。
[Nà tiáo lù de míngzi hěn yǒuyìsi]
The name of that road is very interesting.

② 你买的那件衣服很好看。
[Nǐ mǎi de nà jiàn yīfu hěn hǎokàn]
That piece of clothes you bought is very nice.

③ 他给我的那双鞋坏了。
[Tā gěi wǒ de nà shuāng xié huài le]
The pair of shoes that he gave me was broken.

④ 我可以用这把刀吗?
[Wǒ kěyǐ yòng zhè bǎ dāo ma]
Can I use this knife?

Quiz

I. Pronunciation.

1. Please choose the initials or finals you heard.

1) A. kùzi B. gǔzi
2) A. qúnzi B. jūnzǐ

3) A. jùtiáo B. jǐtiáo

4) A. xiézi B. jièzhi

5) A. yīfu B. yīzhǔ

6) A. jì gěi B. jiè gěi

2. Please choose the Pinyin you heard.

1) A. qī tiáo hóng qúnzi B. jǐ tiáo hóng qúnzi

2) A. jiè kùzi B. xiě jùzi

3) A. cháng qúnzi B. chuān qúnzi

4) A. huàn le kùzi B. guā le húzi

5) A. bǎi le yì shuāng xié B. mǎi le yì shuāng xié

6) A. méi chuān yǔxié B. méi zhuāng yǔxié

II. Form sentences.

1. kěyǐ(1) tiáo(2) jiè(3) nǐ(4) nà(5) kùzi(6) wǒ(7) ma(8)

____

2. tiáo(1) hěn(2) zhè(3) máfan(4) lù(5)

____

3. xǐhuan(1) dōu(2) qúnzi(3) háizi(4) chuān(5) nǚ(6)

____

4. yì(1) shuāng(2) fúwùyuán(3) wǒ(4) gěi(5) qǐng(6) kuàizi(7)

____

5. mài(1) zhè(2) xié(3) zěnme(4) shuāng(5)

____

6. tài nà juéde tā yīfu guì le jiàn
   1 2 3 4 5 6 7 8

   ____

III. Please translate the following sentences into Chinese.

1. I want to buy several pairs of new pants.

   ____

2. Do you know that road?

   ____

3. There are a lot of cars on that road.

   ____

4. Why do not you like wearing skirt?

   ____

5. I want to wear this piece of clothes to attend the meeting.

   ____

6. Except for shoes, I also bought a lot of other things.

   ____

He Is Standing There

Welcome to Elementary Level Eight, Lesson Seventeen of our ***ChineseAny*** podcast series teaching Mandarin Chinese. Today we will learn three new words, one particle and two verbs. Let's look at them now.

The 1st new word is "*zhe 着*".

"*zhe 着*" is a particle, and we normally use it after a verb to indicate the continuation of an action or a state.

着
[zhe]
particle

For example:

- 他在车里坐着。[Tā zài chē lǐ zuò zhe]
  He is sitting in the car.
- 他的手机关着。[Tā de shǒujī guān zhe]
  His phone is power-off.
- 门开着,电脑也开着。[Mén kāi zhe, diànnǎo yě kāi zhe]
  The door is open, the computer is running too.
- 他听着音乐,喝着咖啡。[Tā tīng zhe yīnyuè, hē zhe kāfēi]
  He is listening to the music and drinking coffee.

➢ The negative form of this sentence pattern is "*méi 没(yǒu 有)……zhe 着*".

For example:

- 他没走着，他跑着。[Tā méi zǒu zhe, tā pǎo zhe]
  He is not walking; he is running.
- 他没坐着，他睡着。[Tā méi zuò zhe, tā shuì zhe]
  He is not sitting; he is sleeping.

➢ The affirmative-negative question form is: "*Verb + zhe méiyǒu 着没有?* ".

- 他们开着会没有? [Tāmen kāi zhe huì méiyǒu]
  Are they having meeting or not?
- 她做着饭没有? [Tā zuò zhe fàn méiyǒu]
  Is she cooking or not?

From two sentences above, you need to put the "*zhe 着*" between the verb and the noun, if the verb is composed of a verb and a noun.

"*kāi zhe huì 开着会*", having meeting.

"*zuò zhe fàn 做着饭*", cooking.

➢ "*Verb + 着*" may also be used to indicate the manner of an action. The first verb describe how you will do the second one.

verb 1 + 着 + verb 2
[zhe]

For example:

- 那儿离这儿不远，我们走着去吧。
  [Nàr lí zhèr bù yuǎn, wǒmen zǒu zhe qù ba]
  There is not far away from here, let's walk there.
- 她坐着给我们上课。[Tā zuò zhe gěi wǒmen shàng kè]
  She sits to give us a lesson.
- 他开着车去上班。[Tā kāi zhe chē qù shàng bān]

He has been driving a car to work.

OK, let's look at the 2nd word "*zhàn 站*". "*zhàn 站*" is a verb; it means "to stand". Yes, before we learned this character, it means "station"; we learned "*chē zhàn 车站*", bus station, train station, subway station and so on.

站
[zhàn]
to stand verb

In this lesson, we will learn the 2nd meaning, which is a verb, it means "to stand".

For example:

- 他在妈妈旁边站着。[Tā zài māma pángbiān zhàn zhe]
  He is standing next to his Mom.
- 我应该站在哪儿? [Wǒ yīnggāi zhàn zài nǎr]
  Where should I stand?
- 为什么那儿站着那么多人?
  [Wèi shénme nàr zhàn zhe nàme duō rén]
  Why are there so many people standing there?
- 你别站着，快坐一下。[Nǐ bié zhàn zhe, kuài zuò yí xià]
  Don't stand there, please sit down.
- 请站在这儿，不要离开。[Qǐng zhàn zài zhèr, búyào líkāi]
  Please stand here, don't leave.

OK, let's look at the 3rd word "*guā fēng 刮风*". "*guā fēng 刮风*" is a verb; it means to blow wind. "*guā 刮*" means "to shave"; "*fēng 风*" means "wind", The wind is blowing, like shaving the

刮风
[guā fēng]
to blow wind verb

face. "*guā fēng 刮风*" is a separable verb, you may use "heavy, big" to describe the wind.

For example:

- 昨晚刮大风了。[Zuówǎn guā dà fēng le]
  It was a heavy wind last night.
- 你应该多穿一点衣服,外边在刮风。
  [Nǐ yīnggāi duō chuān yìdiǎn yīfu, wàibian zài guā fēng]
  You need to wear more, it's windy outside.
- 北京的春天常常刮风。
  [Běijīng de chūntiān chángcháng guā fēng]
  It winds often in Beijing's spring.
- 今天天气很好,没有刮风。
  [Jīntiān tiānqì hěn hǎo, méiyǒu guā fēng]
  It's a nice day today without wind.
- 今天下午刮了很大的风。
  [Jīntān xiàwǔ guā le hěn dà de fēng]
  It was a heavy wind this afternoon.

Great, let's do some exercises to review what we learned today.

- 别总是开着灯睡觉。
  [Bié zǒngshì kāi zhe dēng shuìjiào]
  Please don't always sleep with the lamp on.
- 我带着孩子去买东西。
  [Wǒ dài zhe háizi qù mǎi dōngxi]
  I go to purchase something with my kid.

- 请不要站在这里。
  [Qǐng bú yào zhàn zài zhèlǐ]
  Please don't stand here.
- 我已经站了一个小时了。
  [Wǒ yǐjīng zhàn le yí gè xiǎoshí le]
  I have stood here for one hour.

- 别站着吃饭,对身体不好。
  [Bié zhàn zhe chī fàn, duì shēntǐ bù hǎo]
  Don't eat with standing up, it is not good for health.
- 你在哪站下车?
  [Nǐ zài nǎ zhàn xià chē]
  Which station do you get off?

- 他喜欢开着手机睡觉。
  [Tā xǐhuan kāi zhe shǒujī shuìjiào]
  He likes to sleep with phone on.
- 因为刮风,所以不会下雨。
  [Yīnwèi guā fēng, suǒyǐ bú huì xià yǔ]
  It can not rain because of the wind.

Great, so that wraps up today's lesson. Hope you have learned something useful. Download our app to access our Chinese lessons. Remember, you can learn Chinese anywhere, anytime with ***ChineseAny***.

Word List

Main Vocabulary		
着[zhe] particle	站[zhàn] to stand	刮风[guā fēng] to blow wind
Additional Vocabulary		
刮[guā] to shave	风[fēng] wind	

Notes

aspect particle：着 [zhe]

Statement：Verb + 着[zhe]

Negative：没有[méiyǒu] **+ Verb + 着**[zhe]

Question：Verb + 着[zhe] **+ 没有**[méiyǒu]

Verb1 + 着[zhe] **+ Verb 2**

E. g. ① 他看着电视打电话。

[Tā kàn zhe diànshì dǎ diànhuà]

He is watching TV while making phone call.

② 我没带着那个手机。

[Wǒ méi dài zhe nà ge shǒujī]

I did not take that mobile phone with me.

③ 门开着没有?

[Mén kāi zhe méiyǒu]

Is the door open?

④ 站着吃饭对身体不好。

[Zhàn zhe chī fàn duì shēntǐ bù hǎo]

Standing eating is not good for the health.

⑤ 他办公室的灯还开着。

[Tā bàngōngshì de dēng hái kāi zhe]

The light of his office is still on.

Quiz

I. Pronunciation.

1. Please choose the initials or finals you heard.

	A.	B.
1)	A. guāfēng	B. guānfāng
2)	A. zhānglì	B. zhànlì
3)	A. tǎng zhe	B. dǎng zhe
4)	A. zhǎntái	B. zhàntái
5)	A. zhànshì	B. zhuāngshì
6)	A. dàizi	B. táizi

2. Please choose the Pinyin you heard.

	A.	B.
1)	A. zài nǎ zhàn xià chē	B. zài nà zhàn xià chē
2)	A. zhàn zài zhèlǐ děng wǒ	B. cháng zài zhèlǐ děng wǒ
3)	A. chēzhàn zài nàlǐ	B. chēzhǎn zài nàlǐ
4)	A. búyào zài kuā le	B. búyào zài guā le
5)	A. zhàn le shí fēnzhōng	B. chàng le shí fēnzhōng
6)	A. duō chuān yìdiǎnr	B. duō zhuàn yìdiǎnr

II. Form sentences.

1. | duì | hǎo | chī | zhe | zhàn | shēntǐ | fàn | bù |
|---|---|---|---|---|---|---|---|
| 1 | 2 | 3 | 4 | 5 | 6 | 7 | 8 |

____

2. | chuān | yì | tā | hóng | qúnzi | tiáo | zhe |
|---|---|---|---|---|---|---|
| 1 | 2 | 3 | 4 | 5 | 6 | 7 |

____

3. | jiù | guā | bù | rúguǒ | chū qu | fēng | wǒ |
|---|---|---|---|---|---|---|
| 1 | 2 | 3 | 4 | 5 | 6 | 7 |

____

4. | zài | xià | wǒmen | chē | nǎ | zhàn |
|---|---|---|---|---|---|
| 1 | 2 | 3 | 4 | 5 | 6 |

____

5. | tiānqì | hěn | hǎo | guā | jīntiān | méiyǒu | fēng |
|---|---|---|---|---|---|---|
| 1 | 2 | 3 | 4 | 5 | 6 | 7 |

____

6. | ná | tā | yì | běn | zhe | shū |
|---|---|---|---|---|---|
| 1 | 2 | 3 | 4 | 5 | 6 |

____

III. Please translate the following sentences into Chinese.

1. Generally speaking, we stand to have class.

____

2. I do not know the door of his office is opening.

____

3. How many stations do we need to take?

____

4. It's blowing and raining outside.

____

5. You shouldn't enter the room with your shoes on.

____

6. How far is it from here to the railway station?

____

Put on the Table

Welcome to Elementary Level Eight, Lesson Eighteen of our ***ChineseAny*** podcast series teaching Mandarin Chinese. Today we will learn four new words: one verb, two nouns and one measure word. Let's look at them now.

The 1st new word is "*fàng 放*".
"*fàng 放*" is a verb; it means to put.

> 放
> [fàng]
> to put　　verb

"put sth. at some place" in Chinese would be "*sth. fàng zài 放在 + place* " or "*place + fàng zhe 放着 + sth.* "

> sth. + 放在 + place
> [fàng zài]
> place + 放着 + sth.
> [fàng zhe]

For example:

- 这个应该放在哪里? [Zhè ge yīnggāi fàng zài nǎlǐ]
  Where should I put this?
- 你的书不要放在这里。[Nǐ de shū bú yào fàng zài zhèlǐ]
  Please don't put your book here.
- 请别在我的咖啡里放牛奶。
  [Qǐng bié zài wǒ de kāfēi lǐ fàng niúnǎi]

Please don't put milk in my coffee.

- 这个菜应该放在冰箱里。
  [Zhè ge cài yīnggāi fàng zài bīngxiāng lǐ]
  You should put this dish in the refrigerator.
- 房间里放着大床。[Fángjiān lǐ fàng zhe dà chuáng]
  There is one big bed putting in the room.
- 冰箱里放着很多果汁。[Bīngxiāng lǐ fàng zhe hěn duō guǒzhī]
  There is lots of juice putting in the refrigerator.
- 楼下放着很多自行车。[Lóuxià fàng zhe hěn duō zìxíngchē]
  There are many bikes putting downstairs.

The 2nd new word is "*zhāng* 张". "*zhāng* 张" is a measure word for the flat objects. It means "a piece of", and the common objects are table, bed, paper, ticket, photo and so on.

> 张
> [zhāng]
> a piece of　measure word

For example:

- 房间里放着一张大床。[Fángjiān lǐ fàng zhe yì zhāng dà chuáng]
  There is one big bed putting in the room.
- 请帮我买两张电影票。
  [Qǐng bāng wǒ mǎi liǎng zhāng diànyǐng piào]
  Please help me to buy two movie tickets.

OK, let's look at the 3rd word "*zhuōzi* 桌子". "*zhuōzi* 桌子" is a noun, and it means "table, desk". The measure word is "*zhāng* 张".

> 桌子
> [zhuōzi]
> table, desk　noun

If you want to emphasize the desk, you

also can say "*shū zhuō 书桌*".

- 在桌子上 [zài zhuōzi shàng]
  on the table
- 一张桌子 [yì zhāng zhuōzi]
  one table
- 一张大桌子 [yì zhāng dà zhuōzi]
  one big table

Let's see some sentences:

- 他的桌子上有很多东西。
  [Tā de zhuōzi shang yǒu hěn duō dōngxi]
  There are many things on his table.
- 这张桌子放在哪儿? [Zhè zhāng zhuōzi fàng zài nǎr]
  Where should we put the table?
- 我需要一张新桌子。[Wǒ xūyào yì zhāng xīn zhuōzi]
  I need a new table.
- 他总是坐在桌子旁边看书。
  [Tā zǒngshì zuò zài zhuōzi pángbiān kàn shū]
  He always sits next to the table to read book.
- 这张桌子太大了。[Zhè zhāng zhuōzi tài dà le]
  This table is too big.

OK, let's look at the 4th vocabulary "*zhàopiàn 照片*". "*zhàopiàn 照片*" is a noun; it means "photo, picture". "*zhào 照*" is a verb, which means "to take a picture"; "*piàn 片*" is a noun, which means "picture, photo". And its measure word is "*zhāng 张*" also.

照片
[zhàopiàn]
picture, photo noun

"one photo" is "*yì zhāng zhàopiàn*" "一张照片".

“to take a photo” in Chinese would be “*zhào yì zhāng zhàopiàn 照一张照片*”.

Let’s see some sentences：

- 我可以看一下你的照片吗?
  [Wǒ kěyǐ kàn yíxià nǐ de zhàopiàn ma]
  Can I have a look at your picture?
- 照片上的人是谁? [Zhàopiàn shang de rén shì shuí]
  Who is the person in the picture?
- 桌子上放着妈妈的照片。
  [Zhuōzi shang fàng zhe māma de zhàopiàn]
  Mom’s picture is putting on the table.
- 这张照片是在哪儿照的?
  [Zhè zhāng zhàopiàn shì zài nǎr zhào de]
  Where did you take this photo?
- 他每年照很多照片。[Tā měi nián zhào hěn duō zhàopiàn]
  He takes a lot of pictures every year.

Great, let’s do some exercises to review what we have learned today.

- 我的护照放在哪儿了?
  [Wǒ de hùzhào fàng zài nǎr le]
  Where did I put my passport?
- 她准备了一桌子的菜。
  [Tā zhǔnbèi le yì zhuōzi de cài]
  She prepared a whole table of dishes.

● 我的汉语书里有一张照片。
[Wǒ de Hànyǔ shū lǐ yǒu yì zhāng zhàopiàn]
There is one photo in my Chinese book.

● 你的照片照得真好看。
[Nǐ de zhàopiàn zhào de zhēn hǎokàn]
Your picture is so nice.

● 旅行的时候照了很多照片。
[Lǚxíng de shíhou zhào le hěn duō zhàopiàn]
We took a lot of photoes during travelling.

● 我去借一张桌子。
[Wǒ qù jiè yì zhāng zhuōzi]
Let me go to borrow a table.

● 请别拿桌子上的东西。
[Qǐng bié ná zhuōzi shàng de dōngxi]
Please do not take the things on the table.

● 我的衣服可以放在这里吗?
[Wǒ de yīfu kěyǐ fàng zài zhèlǐ ma]
Can I put my clothes here?

Great, so that wraps up today's lesson. Congratulations, you have finished the Level Eight. Hope you have learned something helpful. Download our app to access our Chinese lessons. Remember, you can learn Chinese anywhere, anytime with ***ChineseAny***.

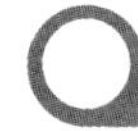

Word List

Main Vocabulary			
放[fàng] to put	张[zhāng] measure word for table	桌子[zhāng] table	照片[zhàopiàn] picture, photo
Additional Vocabulary			
书桌[shū zhuō] book desk	照[zhào] to take picture		

Notes

verb 放[fàng]

Something + 放在[fàng zài] **+ place structure**

Place structure + 放着[fàng zhe] **+ Something**

E. g. ① 手机放在包里。

[Shǒujī fàng zài bāo lǐ]

There is a phone inside the bag.

② 书和电脑放在桌子上。

[Shū hé diànnǎo fàng zài zhuōzi shang]

There is a book and a computer on the table.

③ 那里只放着一张床。

[Nàlǐ zhǐ fàng zhe yì zhāng chuáng]

There is only a bed putting there.

④ 那张桌子上放着一瓶红酒。

[Nà zhāng zhuōzi shang fàng zhe yì píng hóngjiǔ]
There is a bottle of red wine putting on the table.

Quiz

I. Pronunciation.

1. Please choose the initials or finals you heard.

1) A. fàngzhì B. fàngzhe
2) A. zhuōzi B. zhǒuzi
3) A. zhǎobiàn B. zhàopiàn
4) A. fàngshēng B. fāngzhèng
5) A. bié fàng B. běi fāng
6) A. gāngchāi B. gāngcái

2. Please choose the Pinyin you heard.

1) A. zài zhuōzi shàng fàng zhe B. zài zhuōzi shàng tǎng zhe
2) A. pāi zhāng zhàopiàn B. bǎi zhāng zhàopiàn
3) A. fàng zài fángjiān lǐ B. fàng zài fàndiàn lǐ
4) A. zhàopiàn shàng de rén B. jiāopiàn shàng de rén
5) A. zhè ge zhuōzi zhēn guì B. zhè ge zhuózi zhēn guì
6) A. nǐ xiǎng zhǎo shénme B. nǐ xiǎng zhào shénme

II. Form sentences.

1.

zhuōzi	duō	le	zhàopiàn	shàng	hěn	fàng
1	2	3	4	5	6	7

____

2.

xǐhuan	fēicháng	wǒ	zhàopiàn	xiānsheng	zhào
1	2	3	4	5	6

____

3.

zhāng	shì	zhào	zhàopiàn	zhè	de	shuí
1	2	3	4	5	6	7

____

4.

piàoliang	huā	zhe	zhuōzi	fàng	de	hěn	shàng
1	2	3	4	5	6	7	8

____

5.

yì	zuótiān	zuò	hǎochī	wǒ	de	le	zhuōzi
1	2	3	4	5	6	7	8

____

6.

tèbié	nà	zhàopiàn	hěn	zhāng
1	2	3	4	5

____

III. Please translate the following sentences into Chinese.

1. Could I take a picture with you?

____

2. This photo was taken in Shanghai.

____

3. There is a photo on the table.

____

4. You need to prepare two photoes.

____

5. Where should I put this refrigerator?

____

6. He have not returned that table to me yet.

____

九级

I Have Drunk the Juice

Welcome to Elementary Level Nine, Lesson One of our ***ChineseAny*** podcast series teaching Mandarin Chinese. Today we will learn one preposition and two verbs. Let's look at them now.

把
[bǎ]
used in a "bǎ" type sentence preposition

The 1st vocabulary is "*bǎ 把*".

"*bǎ 把*" is preposition used in the a "*bǎ 把*" — type sentence, to emphasize how the object of a verb is disposed of or what result is brought about.

Today we will learn two patterns with "*bǎ 把*" and some characteristics of the "*bǎ 把*" sentence.

➢ The first pattern is:

subject + "*bǎ 把*" + A + verb + other elements

"A" Here can be a noun/pronoun. The object of the verb is placed after "*bǎ 把*". You should move A after "*bǎ 把*".

Sb. + "把" + A + Verb + other elements
[bǎ]

There are some characteristics of the "*bǎ 把*" sentence:

① Usually there are some words after the verb to describe the result, such as "*le 了*", "*yíxià 一下*", "*wán 完*" and so on. If you don't want to emphasize the result, it is unnecessary to use the word "*bǎ* 把".

For example：

- 我把今天的汉字写完了。[Wǒ bǎ jīntiān de Hànzì xiě wán le]
  I finished writing today's Chinese characters.

  If you don't want to emphasize that "*wán le* 完了" is the result of "*xiě* 写".

In the first sentence, you may just say "*Wǒ xiě le jīntiān de Hànzì 我写了今天的汉字。*", "I wrote today's Chinese characters."

Let's see some more sentences：

- 我把果汁喝了。[Wǒ bǎ guǒzhī hē le]
  I have drunk the juice.
- 爸爸把灯修好了。[Bàba bǎ dēng xiū hǎo le]
  My dad has fixed the light.
- 阿姨把房间打扫干净了。[Āyí bǎ fángjiān dǎsǎo gānjìng le]
  Ayi has swept the room clean.

② "*bǎ* 把" cannot be applied to the simplest pattern of "**sb. + v. + o.**"

For example：

- I am watching a movie.
  "*Wǒ kàn diànyǐng 我看电影。*" (√)
  "*Wǒ bǎ diànyǐng kàn 我把电影看。*" (×)
- I am listening to the music.
  "*wǒ tīng yīnyuè 我听音乐。*" (√)
  "*wǒ bǎ yīnyuè tīng 我把音乐听。*" (×)

③ In a "*bǎ* 把" sentence, the object is a particular one rather than a general one.

For example:

- I have drunk that tea.
  "*Wǒ bǎ nà bēi chá hē le* 我把那杯茶喝了。"(√)
  "*Wǒ bǎ yì bēi chá hē le* 我把一杯茶喝了。"(×)
- He had finished that meeting.
  "*Tā bǎ nà ge huì kāi wán le* 他把那个会开完了。"(√)
  "*Tā bǎ yí ge huì kāi wán le* 他把一个会开完了。"(×)

➢ OK, let's learn the second "*bǎ* 把" — type sentence.

The "*bǎ* 把" sentence should also be used if someone wants to show "Sb. gives sth to sb. else".

The second pattern is: **Sb + "*bǎ* 把" + sb./sth + verb + "*gěi* 给" + somebody.**

S. + "把" + sb./sth. +
[bǎ]
V. + 给 + sb.
[gěi]

For example:

- 你把护照带给他了吗? [Nǐ bǎ hùzhào dài gěi tā le ma]
  Did you bring the passport to him?
- 服务员,请把菜单拿给我。[Fúwùyuán, qǐng bǎ càidān ná gěi wǒ]
  Waiter, please bring the menu to me.
- 把你的自行车借给我好吗? [Bǎ nǐ de zìxíngchē jiè gěi wǒ hǎo ma]
  Can you lend (to) me your bicycle?
- 麻烦你把邮件发给我。[Máfan nǐ bǎ yóujiàn fā gěi wǒ]
  Please send the e-mail to me.

OK, let's move to the 2nd vocabulary, "*sòng* 送". "*sòng* 送" is a verb; it has many meanings.

送
[sòng]
to take, deliver, send verb

We learned it before, which means

"to give as the present". Today we will learn that it means "to take, deliver, and send".

You may put "*qù* 去" between the somebody and some place, if you want to show "take someone or something to some place".

送 + sb. /sth. + 去 + place
[sòng] [qù]

For example:

- 我送你去机场。[Wǒ sòng nǐ qù jīchǎng]
  I will send you to the airport.
- 早上我开车送太太去公司。
  [Zǎoshang wǒ kāi chē sòng tàitai qù gōngsī]
  I send my wife to the office by car in the morning.
- 你什么时候送孩子去学校的?
  [Nǐ shénme shíhou sòng háizi qù xuéxiào de]
  When was it that you sent your kids to school?
- 请帮我把机票送给老板。
  [Qǐng bāng wǒ bǎ jīpiào sòng gěi lǎobǎn]
  Please help me give the flight ticket to the boss.
- 我想把花送给我女朋友。
  [Wǒ xiǎng bǎ huā sòng gěi wǒ nǚ péngyou]
  I'd like to give the flowers to my girlfriend.

OK, the 3rd vocabulary is "*jiāo* 交". "*jiāo* 交" is a verb; it also has many meanings. It means "to pay, make, pass, hand in".

交
[jiāo]
to pay, hand in verb

Let's make some words:

- 交朋友 [jiāo péngyou]
  Make friends
- 交钱 [jiāo qián]
  Pay money
- 交东西 [jiāo dōngxi]
  Hand in things

Let's use them to make some examples:

- 我交了很多中国朋友。
  [Wǒ jiāo le hěn duō Zhōngguó péngyou]
  I made many Chinese friends.
- 你不需要交钱。[Nǐ bù xūyào jiāo qián]
  You don't need to pay the money.
- 请把这本书交给老师。[Qǐng bǎ zhè běn shū jiāo gěi lǎoshī]
  Please hand the book over to the teacher.
- 我把钱交给服务员了。[Wǒ bǎ qián jiāo gěi fúwùyuán le]
  I gave the money to the waiter.

Great, let's practice what we have learned today.

- 我把这本书看完了。
  [Wǒ bǎ zhè běn shū kàn wán le]
  I finished reading this book.
- 睡觉的时候,请把空调关一下。
  [Shuìjiào de shíhou, qǐng bǎ kōngtiáo guān yíxià]
  Please turn off the air-conditioner when you go to bed.

- 我想把这条裙子送给她。
[Wǒ xiǎng bǎ zhè tiáo qúnzi sòng gěi tā]
I'd like to give the dress to her.

- 请把这些钱交给你的经理。
[Qǐng bǎ zhè xiē qián jiāo gěi nǐ de jīnglǐ]
Please hand this money over to your manager.

- 我同事生日的时候，我想送他一瓶红酒。
[Wǒ tóngshì shēngrì de shíhou, wǒ xiǎng sòng tā yì píng hóngjiǔ]
I want to give a bottle of wine to my colleague on his birthday.

- 他是很有意思的人，很容易和大家交朋友。
[Tā shì hěn yǒuyìsi de rén, hěn róngyi hé dàjiā jiāo péngyou]
He is such a funny guy; it is easy to make friends with everyone.

Great, so that wraps up today's lesson. Hope you have learned something there. Download our app to access our Chinese lessons, remember you can learn Chinese anywhere, anytime with ***ChineseAny***.

Word List

Main Vocabulary		
把[bǎ] used in a "bǎ" — type sentence	送[sòng] to take, deliver, send	交[jiāo] to pay, hand in

Notes

1. Subject + "把[bǎ]" + A + verb + other elements

E.g. ① 妈妈已经把衣服洗干净了。

[Māma yǐjīng bǎ yīfu xǐ gānjìng le]

My mother has washed the clothes clean.

② 我把今天的工作都做完了。

[Wǒ bǎ jīntiān de gōngzuò dōu zuò wán le]

I already finished today's work.

③ 我朋友把那本书读完了。

[Wǒ péngyou bǎ nà běn shū dú wán le]

My friend finished reading that book.

2. Subject + "把[bǎ]" + sb./sth + verb + "给[gěi]" + somebody

E.g. ① 我的同事要回国了，他把他的自行车送给我了。

[Wǒ de tóngshì yào huí guó le, tā bǎ tā de zìxíngchē sòng gěi wǒ le]

My colleague will go back to his home country; he gave his bike to me.

② 请把那个白色的盘子拿给我。

[Qǐng bǎ nà ge báisè de pánzi ná gěi wǒ]

Please bring that white plate to me.

③ 我把行李箱借给朋友了。

[Wǒ bǎ xínglǐxiāng jiè gěi péngyou le]

I lent my suitcase to my friend.

Quiz

I. Pronunciation.

1. Please choose the initials or finals you heard.

1) A. shàngjiāo　　B. shàngjiǎo
2) A. sòng dào　　B. zhòngyào
3) A. tóugǎo　　B. tóukào
4) A. bǎwò　　B. pà wǒ
5) A. bǎshǒu　　B. pà chǒu
6) A. kōngtiáo　　B. gōngjiāo

2. Please choose the Pinyin you heard.

1) A. bǎ yīfu huàn yíxià　　B. bǎ yīfu chuān yíxià
2) A. zhuìzi diào le　　B. zhūzi diào le
3) A. sòng nǐ qù jīchǎng　　B. sòng nǐ qù shítáng
4) A. bǎ zhuōzi bǎi hǎo　　B. bǎ zhuózi bǎi hǎo
5) A. tā jiào de hěn kuài　　B. tā jiāo de hěn kuài
6) A. tā lái sòng wǒ yīfu　　B. tā lái sòng wǒ shīfu

II. Form sentences.

1. yào (1)　wǒ (2)　zài (3)　bǎ (4)　bàngōngshì (5)　fàng (6)　le (7)

____

2. tā (1)　měitiān (2)　wǒ (3)　shàng bān (4)　sòng (5)

____

3. bǎ (1)　shū (2)　xiǎng (3)　sòng (4)　tā (5)　wǒ (6)　gěi (7)

____

4. wàimài 1 shuí 2 bǎ 3 nǐ 4 gěi 5 jiāo 6

____

5. huǒchēzhàn 1 nǚ 2 sòng 3 nǐ 4 péngyou 5 ma 6 qù 7

____

6. kōngtiáo 1 fàng 2 nǐ 3 bǎ 4 nǎlǐ 5 xiǎng 6 zài 7

____

III. Please translate the following sentences into Chinese.

1. I finished learning this book.

____

2. Please show me that piece of clothes.

____

3. What time will you send me to the airport?

____

4. Please help me to clean that room.

____

5. I can fix your computer well.

____

6. He washed those clothes clean.

____

Your Choice Is Correct

Welcome to Elementary Level Nine, Lesson Two of our ***ChineseAny*** podcast series teaching Mandarin Chinese. Today we will learn one verb and two nouns. Let's look at them now.

Today's 1st vocabulary is "*xuǎnzé 选择*". "*xuǎnzé 选择*" is a verb and noun. As a verb, it means "to choose"; as a noun, it means "choice". "*xuǎn 选*" is a verb; it also means "to choose".

选择	
[xuǎnzé]	
to choose;	verb
choice	noun

For example:

- 我不知道怎么选择。[Wǒ bù zhīdào zěnme xuǎnzé]
  I don't know how to choose.
- 你选择坐火车还是坐飞机?
  [Nǐ xuǎnzé zuò huǒchē háishi zuò fēijī]
  Do you choose train or plane?
- 你的选择是对的。[Nǐ de xuǎnzé shì duì de]
  Your choice is right.
- 你只有一次选择的机会。[Nǐ zhǐ yǒu yí cì xuǎnzé de jīhuì]
  You have only one chance to choose.
  Or you may say
- 你只可以选择一次。[Nǐ zhǐ kěyǐ xuǎnzé yí cì]

You could only choose once.

OK, let's move to the 2nd vocabulary "*ròu* 肉". "*ròu* 肉" is a noun; it means "meat".

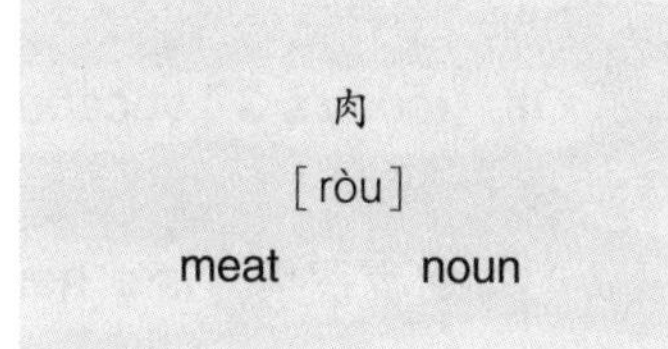

For example:

- 你喜欢吃什么肉? [Nǐ xǐhuan chī shénme ròu]
  What kind of meat do you like?
- 只吃肉对身体不好。[Zhǐ chī ròu duì shēntǐ bù hǎo]
  It's not good for health to eat meat only.

You might ask me how to say "pork", "beef" ... it's a good question. In Chinese, we may just put the name of animal before the "*ròu* 肉" to indicate what kind of meat.

Let's learn some words about farm animals:

- The 1st one, "*zhū* 猪", "pig". "*zhūròu* 猪肉" means "pork".
- The 2nd one, "*niú* 牛", "cattle, cow". "*niúròu* 牛肉" means "beef".
- The 3rd one, "*jī* 鸡", "chick". "*jīròu* 鸡肉" means "chicken".
- The 4th one is "*yā* 鸭", "duck". "*yāròu* 鸭肉" means "duck meat".
- The 5th one is "*yú* 鱼", "fish". "*yúròu* 鱼肉" means "fish meat".

Now let's see some sentences:

- 除了鸡肉,我还喜欢牛肉。[Chúle jīròu, wǒ hái xǐhuan niúròu]
  Besides chicken, I also like beef.

- 这个饭店的鸭肉最有名。[Zhè ge fàndiàn de yāròu zuì yǒumíng]
  The duck in this restaurant is most famous.

OK, today's 3rd vocabulary is "*shūcài* 蔬菜".

"*shūcài* 蔬菜" is a noun; it means "vegetables".

"*shū* 蔬" means "vegetable".

"*cài* 菜" means "dish".

蔬菜
[shūcài]
vegetables noun

For example:

- 每天我吃很多蔬菜。[Měitiān wǒ chī hěn duō shūcài]
  I eat a lot of vegetables everyday.
- 这几天蔬菜的价格怎么这么贵?
  [Zhè jǐ tiān shūcài de jiàgé zěnme zhème guì]
  Why is the price of vegetables so expensive these days?
- 肉菜已经做好了，但是蔬菜还没有做好。
  [Ròucài yǐjīng zuò hǎo le, dànshì shūcài hái méi zuò hǎo]
  The meat's ready but the vegetables are still not done.
- 他只吃蔬菜。[Tā zhǐ chī shūcài]
  He only eats vegetables.

Now we will learn two more patterns of "*bǎ* 把" – type sentence.

➢ The first pattern is: **S. + "*bǎ* 把" + A + verb + "*dào* 到" + place.**

In this pattern "A" is the object of action. The verb followed by "*dào* 到", which shows "A" arrives at some place after the completion of the action.

S + "把" + A + verb
[bǎ]
+ "到" + place
[dào]

For example:

- 你把这本书放到包里吧。[Nǐ bǎ zhè běn shū fàng dào bāo lǐ ba]
  Please put the book in the bag.
- 请帮我把筷子和勺子放到桌子上。
  [Qǐng bāng wǒ bǎ kuàizi hé sháozi fàng dào zhuōzi shang]
  Please help me to put the chopsticks and spoons on the table.
- 我把衣服送到你家了。[Wǒ bǎ yīfu sòng dào nǐ jiā le]
  I have sent your clothes to your house.

➢ The second pattern with "*bǎ 把*" sentence is: **S + "*bǎ 把*" + A + verb + "*zài 在*" + place**

S + "把" + A +
[bǎ]
verb + "在" + place
[zài]

In this pattern "A" is the object of action. The verb is followed by "*zài 在*", which shows "A" is in some places after the completion of the action.

For example:

- 我把包忘在出租车上了。
  [Wǒ bǎ bāo wàng zài chūzūchē shang le]
  I forgot my bag in the taxi.
- 请把你的电话号码写在这里。
  [Qǐng bǎ nǐ de diànhuà hàomǎ xiě zài zhèlǐ]
  Please write your telephone number here.
- 把这张照片放在你房间里吧。
  [Bǎ zhè zhāng zhàopiàn fàng zài nǐ fángjiān lǐ ba]
  Please put this photo in your room.

Great, let's practice what we have learned today.

- 你想选择哪个颜色？
  [Nǐ xiǎng xuǎnzé nǎ ge yánsè]
  What color do you want to choose?
- 他最后选择去美国工作。
  [Tā zuìhòu xuǎnzé qù Měiguó gōngzuò]
  He decided to work in America finally.

- 把这些蔬菜放到冰箱里吧。
  [Bǎ zhè xiē shūcài fàng dào bīngxiāng lǐ ba]
  Please take these vegetables in the refrigerator.
- 请把你的鞋放在门口。
  [Qǐng bǎ nǐ de xié fàng zài ménkǒu]
  Please put your shoes in the doorway.

- 这个孩子不但喜欢吃肉，而且喜欢吃蔬菜。
  [Zhè ge háizi búdàn xǐhuan chī ròu, érqiě xǐhuan chī shūcài]
  The kid does not only like meat, but also vegetables.

- 我已经点了三个蔬菜了。
  [Wǒ yǐjīng diǎn le sān gè shūcài le]
  I have ordered three vegetables.

Great, so that wraps up today's lesson. Hope you have learned something there. Download our app to access our Chinese lessons, remember you can learn Chinese anywhere, anytime with ***ChineseAny***.

Word List

Main Vocabulary		
选择[xuǎnzé] to choose, choice	肉[ròu] meat	蔬菜[shūcài] vegetable
Additional Vocabulary		
猪肉[zhūròu] pork	牛肉[niúròu] beef	鸡肉[jīròu] chicken
鸭肉[yāròu] duck	鱼肉[yúròu] fish	

Notes

1. Subject + "把[bǎ]" + A + verb + "到[dào]" + place

E.g. ① 他把衣服放到衣柜里了。

[Tā bǎ yīfu fàng dào yīguì lǐ le]

He puts the clothes into the wardrobe.

② 他每天早上先把孩子送到学校,再去上班。

[Tā měitiān zǎoshang xiān bǎ háizi sòng dào xuéxiào,zài qù shàng bān]

He sent his kid to school first, and then goes to work everyday.

③ 我们应该把桌子搬到办公室里。

[Wǒmen yīnggāi bǎ zhuōzi bān dào bàngōngshì lǐ]

We should move the table to the office.

④ 这些杯子应该放到哪里?

[Zhè xiē bēizi yīnggāi fàng dào nǎlǐ]

Where should I put these cups?

2. Subject + "把[bǎ]" + A + verb + "在[zài]" + place

E. g. ① 我把蔬菜和肉放在冰箱里了。

[Wǒ bǎ shūcài hé ròu fàng zài bīngxiāng lǐ le]

I put the vegetable and meat into the refrigerator.

② 请不要把车停在这里。

[Qǐng bú yào bǎ chē tíng zài zhèlǐ]

Please don't park the car here.

③ 你可以把雨伞放在门口。

[Nǐ kěyǐ bǎ yǔsǎn fàng zài měnkǒu]

You can put the umbrella at the doorway.

④ 真糟糕，我又把包忘在饭店了。

[Zhēn zāogāo, wǒ yòu bǎ bāo wàng zài fàndiàn le]

It's bad, I forgot my bag at the restaurant again.

Quiz

I. Pronunciation.

1. Please choose the initials or finals you heard.

1)	A. xuǎnzé	B. quánzé
2)	A. shūcài	B. shūzhāi
3)	A. shòu ròu	B. shú ròu
4)	A. huòzhě	B. huǒchē
5)	A. jīhuì	B. jùhuì
6)	A. shěntí	B. shēntǐ

2. Please choose the Pinyin you heard.

1) A. nǐ xuǎnzé zhùzhái B. nǐ xuǎnzé shūcài

2) A. bǎ ròu fàng zài zhèlǐ B. bǎ ròu fàng zài chē lǐ

3) A. wǎnshang mǎi ròu B. wǎngshang mài ròu

4) A. bǎ shūzhāi jiāo gěi wǒ B. bǎ shūcài jiāo gěi wǒ

5) A. qiúzhǎng zài nǎr B. qiúchǎng zài nǎr

6) A. tāmen xuǎnzé zhè ge fángjiān
B. tāmen xuǎnzé zhè ge fàndiàn

II. Form sentences.

1. de (1) nǐ (2) xuǎnzé (3) cōngming (4) tài (5) bú (6)

____

2. niúròu (1) jīntiān (2) háishi (3) zhūròu (4) chī (5)

____

3. xiān (1) ba (2) xuǎnzé (3) nǐ (4) fángjiān (5)

____

4. yīnggāi (1) zài (2) ròu (3) bīngxiāng (4) fàng (5) lǐ (6)

____

5. tāmen (1) nǎlǐ (2) zài (3) xuǎnzé (4) jiànmiàn (5)

____

6. jiǎndān (1) nǐ (2) de (3) xuǎn (4) wèntí (5) ba (6) yìxiē (7)

____

III. Please translate the following sentences into Chinese.

1. What kind of meat do you like to eat, pork or beef?

____

2. Whom do you choose to go with?

____

3. Can I put the vegetable in the refrigerator?

____

4. Did you choose well?

____

5. I will send my friends to the airport.

____

6. You can choose three colors.

____

What Do You Intend to Do Today

Welcome to Elementary Level Nine, Lesson Three of our ***ChineseAny*** podcast series teaching Mandarin Chinese. Today we will learn one verb, one preposition and one noun. Let's look at them now.

Today's 1st word is "*dǎsuàn 打算*".

"*dǎsuàn 打算*" is a verb, and it means "to plan, intend"; "*dǎsuàn 打算*" is also a noun, it means "plan". You may put verb after it.

打算	
[dǎsuàn]	
to intend, plan	verb
plan	noun

For the negative form of "*dǎsuàn 打算*", we just put the "*bù 不*" or "*méiyǒu 没有*" before it.

For example:

- 这个周末你打算做什么? [Zhè ge zhōumò nǐ dǎsuàn zuò shénme]
  What do you intend to do this weekend?
- 我们打算今年春天去日本旅游。
  [Wǒmen dǎsuàn jīnnián chūntiān qù Rìběn lǚyóu]
  We're planning to travel to Japan this spring.
- 你打算什么时候回国? [Nǐ dǎsuàn shénme shíhou huí guó]
  When do you intend to return?
- 他们打算租一个大一点的房子。
  [Tāmen dǎsuàn zū yí gè dà yìdiǎn de fángzi]

They are planing to rent a bigger house.

- 我以前没打算来中国工作。
  [Wǒ yǐqián měi dǎsuàn lái Zhōngzuó gōngzuò]
  I didn't intend to work in China before.
- 我不打算告诉他这件事。[Wǒ bù dǎsuàn gàosu tā zhè jiàn shì]
  I don't intend to tell him this thing.

OK, let's move to the 2nd vocabulary "*wèile 为了*". "*wèile 为了*" is a preposition, it means "in order to, for".

为了
[wèile]
in order to, for
preposition

"*wèile 为了*" is often used at the beginning of the sentence, indicating the purpose.

为了 + purpose + verb
[wèile]
in order to . . .

For example:

- 他为了去英国正打算学习英语。
  [Tā wèile qù Yīngguó zhèng dǎsuàn xuéxí Yīngyǔ]
  He is planning to learn English for going to Britain.
- 为了跟女朋友见面，汤姆明天去上海。
  [Wèile gēn nǚ péngyou jiànmiàn, Tāngmǔ míngtiān qù Shànghǎi]
  In order to meet his girlfriend, Tom is going to Shanghai tomorrow.
- 为了完成这个工作，我今天得加班。
  [Wèile wánchéng zhè ge gōngzuò, wǒ jīntiān děi jiābān]
  In order to complete this work, I need to work overtime today.
- 为了早上可以睡懒觉，我搬到了这里。

[Wèile zǎoshang kěyǐ shuì lǎnjiào, wǒ bān dào le zhèlǐ]
In order to get up late, I moved here.

OK, today's 3rd vocabulary is "*xiàohua 笑话*". "*xiàohua 笑话*" as a noun; it means "joke". "*xiào 笑*" is a verb, it means "to smile, laugh", You may put a verb before the "*xiàohua 笑话*".

笑话	
[xiàohua]	
joke	noun
to laugh at	verb

OK, let's make some words:
- "a joke" in Chinese is "*yé gè xiàohua 一个笑话*".
- "to tell a joke", "jiǎng xiàohua 讲笑话".
- "listen to a joke" in Chinese is "*tīng xiàohua 听笑话*".
- "read joke" in Chinese is "*kàn xiàohua 看笑话*".

Let's see some sentences:
- 这个笑话听起来很有意思。[Zhè ge xiàohua tīng qǐlai hěn yǒuyìsi]
  The joke sounds very funny.
- 你听懂那个笑话了吗? [Nǐ tīng dǒng nà ge xiàohua le ma]
  Did you get that joke?
- 我不会讲笑话。[Wǒ bú huì jiǎng xiàohua]
  I can't tell jokes.

"*xiàohua 笑话*" is also a verb, it means "laugh at".
For example:
- 请不要笑话他! [Qǐng bú yào xiàohua tā]
  Don't laugh at him, please.
- 虽然我的汉语说得不太好,但是我不怕别人笑话我。

[Suīrán wǒ de Hànyǔ shuō de bú tài hǎo, dànshì wǒ bú pà biérén xiàohua wǒ]
Although my Chinese is not very good, I'm not afraid other people laugh at me.

Great, let's practice what we have learned today.

- 我们打算下星期天离开。
  [Wǒmen dǎsuàn xià xīngqītiān líkāi]
  We're planning to leave next Sunday.
- 今年你有什么打算？
  [Jīnnián nǐ yǒu shénme dǎsuàn]
  Do you have any plan for this year?

- 为了锻炼身体，我每天跑半个小时。
  [Wèile duànliàn shēntǐ, wǒ měitiān pǎo bàn gè xiǎoshí]
  In order to take exercises, I run half an hour everyday.

- 他女朋友笑的时候特别好看。
  [Tā nǚpéngyou xiào de shíhou tèbié hǎokàn]
  His girlfriend smiles very pretty.
  (His girlfriend looks pretty when smiling.)
- 我以前听过这个笑话。
  [Wǒ yǐqián tīng guo zhè ge xiàohua]
  I have heard this joke before.

- 听了他的笑话，我没笑。
  [Tīng le tā de xiàohua, wǒ méi xiào]
  I didn't laugh after hearing his joke.
- 为了他的孩子，他最近几乎每天都不睡觉。
  [Wèile tā de háizi, tā zuìjìn jīhū měitiān dōu bú shuìjiào]
  He almost can't sleep recently because of his kid.

Great, so that wraps up today's lesson. Hope you have learned something there. Download our app to access our Chinese lessons, remember you can learn Chinese anywhere, anytime with ***ChineseAny***.

Word List

Main Vocabulary		
打算[dǎsuàn] to intend, plan	为了[wèile] in order to, for	笑话[xiàohua] joke, to laugh at

Notes

"为了[wèile]" + purpose + verb

E.g. ① 为了不迟到，他总是很早出门。
[Wèile bù chídào, tā zǒngshì hěn zǎo chūmén]
In case of being late, he always goes out early.

② 他为了来中国工作，每天努力学习汉语。
[Tā wèile lái Zhōngguó gōngzuò, měitiān nǔlì xuéxí Hànyǔ]

In order to work in China, he studies Chinese very hard everyday.

③ 为了可以参加这次的比赛，他们准备了一年。

[Wèile kěyǐ cānjiā zhè cì de bǐsài, tāmen zhǔnbèi le yì nián]

In order to take part in this match, they prepared for one year.

④ 为了和男朋友一起，我的朋友选择去美国工作。

[Wèile hé nán péngyou zài yìqǐ, wǒ de péngyou xuǎnzé qù Měiguó gōngzuò]

In order to be with her boyfriend, my friend chose to work in America.

Quiz

I. Pronunciation.

1. Please choose the initials or finals you heard.

1) A. dǎsuàn　　B. dàsuàn
2) A. jiāo huā　　B. xiàohuā
3) A. wèile　　B. wéi le
4) A. chāzuò　　B. cházuò
5) A. dàoliú　　B. dǎoyóu
6) A. fāngxiàng　　B. fǎnxiàng

2. Please choose the Pinyin you heard.

1) A. wǒ dǎsuàn míngtiān qù　　B. wǒ dǎsuàn míngnián qù
2) A. wèile xiūlǐ hǎo　　B. wèile xiūxi hǎo
3) A. tā jiǎng le hěn duō xiàohua
   B. tā xiǎng le hěn duō xiàohua
4) A. tāmen dǎsuàn hǎo le
   B. tāmen dǎdiǎn hǎo le

5) A. dǎsuàn zū zhè ge fángzi
B. dǎsuàn zhù zhè ge fángzi

6) A. tīng le yí duàn jiǎhuà
B. tīng le yí duàn jiāhuà

II. Form sentences.

1.

dǎsuàn	méi	tā	gàosu	wǒ
1	2	3	4	5

____

2.

shì	zuò	kuài	dìtiě	wèile	yìdiǎn	qù
1	2	3	4	5	6	7

____

3.

de	yǒu yìsi	tā	xiàohua	jiǎng	hěn
1	2	3	4	5	6

____

4.

tāmen	gěi	fúwù	gèng	de	wèile	hǎo
1	2	3	4	5	6	7

____

5.

tā	xiàohua	shuō	zǒngshì	de	wǒ	Hànyǔ
1	2	3	4	5	6	7

____

6.

zhōumò	zhè	dǎsuàn	nǐ	guò	zěnme	ge
1	2	3	4	5	6	7

____

III. Please translate the following sentences into Chinese.

1. When do you plan to learn Chinese?

____

2. I practice three hours everyday for that football match.

____

3. She practices Chinese everyday for finding a better job.

____

4. We plan to rent this room to that foreigner.

____

5. He bought a new car for sending me to go to work.

____

6. He always laughs at me for buying low quality stuff.

____

I Have Got the Air Ticket

Welcome to Elementary Level Nine, Lesson Four of our ***ChineseAny*** podcast series teaching Mandarin Chinese. Today we will learn three new words: one verb, one noun and one pronoun. Let's look at them now.

The 1st new word is "*yùdào 遇到*". "*yùdào 遇到*" is a verb, it means "come across, run into". We may put someone or something after it. "*dào 到*" means "arrive, reach", which we learned it before.

遇到
[yùdào]
to come across verb

For example:

- 昨天我在路上遇到了朋友。
  [Zuótiān wǒ zài lùshang yùdào le péngyou]
  Yesterday I met my friend on the road.
- 他一定是遇到了麻烦。[Tā yídìng shì yùdào le máfan]
  He must run into the trouble.
- 如果你遇到不懂的问题,可以给我发邮件。
  [Rúguǒ nǐ yùdào bù dǒng de wèntí, kěyǐ gěi wǒ fā yóujiàn]
  You can e-mail me if you find anything you don't understand.
- 下班的时候,我遇到了大风。

[Xiàbān de shíhou, wǒ yùdào le dà fēng]

I ran into a heavy wind when I got off work.

Today we will learn "*dào 到*" as a resultant complement. We may put verb before "*dào 到*", which indicates the action has achieved its goal or got a result.

Verb + 到 + object
[dào]

The negative form is:

"Verb + bù/méi 不/没 + dào 到 + object"

Verb + 不/没 + 到 + object
[bù]/ [méi] [dào]

Let's see some sentences:

- 他终于找到了女朋友。[Tā zhōngyú zhǎo dào le nǚpéngyou]
  He finally found a girlfriend.
- 我没有买到六月十号的飞机票。
  [Wǒ méiyǒu mǎi dào liù yuè shí hào de fēijī piào]
  I haven't got flight tickets for June 10.
- 我看到了你的照片。[Wǒ kàn dào le nǐ de zhàopiàn]
  I saw your photo.
- 太高了，我拿不到。[Tài gāo le, wǒ ná bú dào]
  It's too high, I can't get it.

OK, let's move to the 2nd character, "*chuán 船*". "*chuán 船*" is a noun; it means "ship, boat".

- "Take a boat", in Chinese is "*zuò chuán 坐船*".

船
[chuán]
ship, boat noun

- "Ship ticket" in Chinese is "*chuán piào 船票*".
- "Drive boat" in Chinese is "*kāi chuán 开船*".

Great, let's see some sentences:

- 请问,在哪里可以坐船? [Qǐng wèn, zài nǎlǐ kěyǐ zuò chuán]
  Excuse me, where can I take the ship?
- 我们在哪里能买到去大连的船票?
  [Wǒmen zài nǎlǐ néng mǎi dào qù Dàlián de chuánpiào]
  Where can we get a ticket for the ship to Dalian?
- 如果你不想坐船,我们就坐火车吧。
  [Rúguǒ nǐ bù xiǎng zuò chuán, wǒmen jiù zuò huǒchē ba]
  Let's take the train if you don't want to take the ship.
- 看! 那里停着很多船。[Kàn! Nàlǐ tíng zhe hěn duō chuán]
  Look! There are many ships berthing.
- 船是几点离开的? [Chuán shì jǐ diǎn líkāi de]
  What time did the ship leave?
- 船开得很慢,我们到那里花了很长时间。[Chuán kāi de hěn màn, wǒmen dào nàlǐ huā le hěn cháng shíjiān]
  The boat is very slow, it takes a long time to go there.

OK, Let's see the 3rd new word "*qítā 其他*".

"*qítā 其他*" is a pronoun; it means "other". We may put a noun after it.

其他	
[qítā]	
other	pronoun

Let's take a look at some examples:

- 我们现在没有其他好办法。
  [Wǒmen xiànzài méiyǒu qítā hǎo bànfǎ]
  We don't have other good ways now.
- 上海房子的价格比其他城市的价格贵。

[Shànghǎi fángzi de jiàgé bǐ qítā chéngshì de jiàgé guì]

The house price in Shanghai is more expensive than other cities.

- 除了上海，其他地方我都去过。

  [Chúle Shànghǎi, qítā dìfang wǒ dōu qù guo]

  Except Shanghai, I have been to all the other places.

- 你还需要其他东西吗? [Nǐ hái xūyào qítā dōngxi ma]

  Do you need any other things?

- 其他的事我们改天再说吧。[Qítā de shì wǒmen gǎitiān zài shuō ba]

  Let's talk the other things another day.

Great, let's do some exercises to review what we learned today.

- 昨天你遇到谁了?

  [Zuótiān nǐ yùdào shuí le]

  Who did you meet yesterday?

- 每次来图书馆，我总是遇到他。

  [Měicì lái túshūguǎn, wǒ zǒngshì yùdào tā]

  I always meet him when I come to the library every time.

- 坐船比坐飞机更便宜。

  [Zuò chuán bǐ zuò fēijī gèng piányi]

  Going by ship is cheaper than going by plane.

- 如果没有其他问题，我们就下课。

  [Rúguǒ méiyǒu qítā wèntí, wǒmen jiù xiàkè]

  We'll finish the class if there is no other questions.

- 这里真的太吵了，我听不到你说了什么。
  [Zhèlǐ zhēnde tài chǎo le, wǒ tīng bu dào nǐ shuō le shénme]
  It is too noisy here, I cannot hear what you said.

- 昨天在酒吧，我见到了以前的同事。
  [Zuótiān zài jiǔbā wǒ jiàn dào le yǐqián de tóngshì]
  I met my former colleague at bar yesterday.

Great, so that wraps up today's lesson. Hope you have learned something helpful. Download our app to access our Chinese lessons. Remember, you can learn Chinese anywhere, anytime with ***ChineseAny***.

Word List

Main Vocabulary		
遇到[yùdào] to come across	船[chuán] ship, boat	其他[qítā] other

Notes

1. Verb + "到[dào]" + object

E.g. ① 今天我去得很早，买到了电影票。

[Jīntiān wǒ qù de hěn zǎo, mǎi dào le diànyǐng piào]

I went there very early today, so I got the movie ticket.

② 我经常可以在健身房看到他。

[Wǒ jīngcháng kěyǐ zài jiànshēnfáng kàn dào tā]

I can see him at the gym often.

③ 这本书是我在同事那里借到的。

[Zhè běn shū shì wǒ zài tóngshì nàlǐ jiè dào de]

This book was borrowed from my colleague.

2. Verb + "不[bù]/没[méi]" + "到[dào]" + object

① 我找不到手机了，我忘了放在哪里了。

[Wǒ zhǎo bú dào shǒujī le, wǒ wàng le fàng zài nǎlǐ le]

I cannot find my phone, and I forgot where I put it.

② 电视的声音太小了，我听不到。

[Diànshì de shēngyīn tài xiǎo le, wǒ tīng bú dào]

The sound of the TV is too low, I cannot hear that.

③ 我的朋友搬了新家，我没找到。

[Wǒ de péngyou bān le xīn jiā, wǒ méi zhǎo dào]

My friend moved to a new house, I didn't find it.

Quiz

I. Pronunciation.

1. Please choose the initials or finals you heard.

1) A. yùdào　　B. yí dào
2) A. chuān yī　　B. chuánzhī
3) A. qítā　　B. qípā
4) A. tídào　　B. qí dào
5) A. zǎo dào　　B. zhǎodào
6) A. qúnzi　　B. jūnzǐ

2. Please choose the Pinyin you heard.

1) A. wǒ yǐjīng chídào le B. wǒ yǐjīng qǐdǎo le

2) A. méiyǒu xiānhuā B. méiyǒu xiǎngfǎ

3) A. zhèr de chuán hěn xiǎo B. zhèr de chuán hěn shǎo

4) A. tā ná bú dào nàxiē B. tā chá bú dào nàxiē

5) A. méi dài dào jùchǎng B. méi sòng dào jīchǎng

6) A. zhǔnbèi qítā de dōngxi B. zhǔnbèi qítā de dòngcí

II. Form sentences.

1. yùdào (1) shì (2) nǐmen (3) de (4) nǎlǐ (5) zài (6)

____

2. méi (1) dào (2) chuán (3) wǒ (4) mǎi (5) piào (6)

____

3. hóngsè (1) de (2) wǒ (3) yánsè (4) chúle (5) hái (6) yǒu (7) qítā (8)

____

4. juéde (1) de (2) dìfang (3) wǒ (4) qítā (5) dǔchē (6) yě (7)

____

5. wǒmen (1) yùdào (2) nàlǐ (3) le (4) máfan (5) zài (6)

____

6. tā (1) tīngdào (2) huà (3) wǒ (4) shuō (5) de (6) méi (7)

____

III. Please translate the following sentences into Chinese.

1. I met a lot of troubles when I just came to Shanghai.

____

2. How long does it need to go there by boat?

____

3. I am very busy all the other time.

____

4. Do you know what to do when you meet the bad person?

____

5. The other restaurants do not send the delivery at the weekend.

____

6. I took the wrong way, so did not meet them.

____

Let Me Think It Over

Welcome to Elementary Level Nine, Lesson Five of our ***ChineseAny*** podcast series teaching Mandarin Chinese. Today we will learn three verbs. Let's look at them now.

The 1st new word is "*ràng 让*". "*ràng 让*" is a verb, it means "to let, ask, allow".

让
[ràng]
to let verb

➢ "A ask/let B to do something" in Chinese it would be "*A + ràng 让 + B + verb* "

A + 让 + B + verb
[ràng]

The negative form of "*ràng 让*", we just put "*bù/méiyǒu 不/没有*" before it, which means "A does not let or not allow B to do something".

A + 不/没有 + 让
[bù/méiyǒu] [ràng]
+ B + verb

OK, let see some sentences:

- 我让朋友帮我修电脑。[Wǒ ràng péngyou bāng wǒ xiū diànnǎo]
  I ask my friend to help me repair the computer.
- 妈妈让我把房间打扫干净。
  [Māma ràng wǒ bǎ fàngjiān dǎsǎo gānjìng]
  Mum asks me to sweep the room clean.
- 老师让我把书交给你。[Lǎoshī ràng wǒ bǎ shū jiāo gěi nǐ]
  The teacher asked me to give the book to you.
- 让我再考虑一下。[Ràng wǒ zài kǎolǜ yíxià]
  Let me think it over again.
- 太太不让我喝太多酒。[Tàitai bú ràng wǒ hē tài duō jiǔ]
  My wife doesn't allow me to drink too much.
- 对不起，我们这里不让照照片。
  [Duìbuqǐ, wǒmen zhèlǐ bú ràng zhào zhàopiàn]
  Sorry, taking photoes are not allowed here.

➢ Also, we may put an adjective word after "*ràng 让*". The format is "A + *ràng 让* + B + Adjective", It means "A makes B + adjective".

A + 让 + B +
[ràng]
adjective

For example:

- 他让我生气。[Tā ràng wǒ shēngqì]
  He makes me angry.
- 这个电影让我很害怕。[Zhè ge diànyǐng ràng wǒ hěn hàipà]
  This movie makes me frighten.
- 我的朋友们让我每天都很高兴。
  [Wǒ de péngyoumen ràng wǒ měitiān dōu hěn gāoxìng]
  My friends make me happy everyday.

- 因为他的工作让老板很不满意,所以他今天要加班。
  [Yīnwèi tā de gōngzuò ràng lǎobǎn hěn bù mǎnyì, suǒyǐ tā jīntiān yào jiābān]
  He needs to work overtime today, because his job doesn't make his boss satisfied.

OK, let's move to the 2nd new word "*dānxīn 担心*".

"*dānxīn 担心*" is a verb, it means "to worry".

"*dān 担*" is a verb, which means "to carry on the shoulder".

"*xīn 心*" is a noun, it means "heart".

担心 [dānxīn] to worry verb

For example:

- "Don't worry" in Chinese is "*bié/bú yào dānxīn 别/不要担心*".
  "*xīn 心*" is a noun, it means "heart".
  "center" in Chinese is "*zhōngxīn 中心*".

Let's see some sentences:

- 别担心,我可以帮你解决这个问题。
  [Bié dānxīn, wǒ kěyǐ bāng nǐ jiějué zhè ge wèntí]
  Don't worry, I can help you to solve this problem.
- 听说你病了,我们都很担心。
  [Tīngshuō nǐ bìng le, wǒmen dōu hěn dānxīn]
  I heard that you were sick, We all worried about you very much.
- 我非常担心他的健康。[Wǒ fēicháng dānxīn tā de jiànkāng]
  I was worried about his health.
- 对不起,让你担心了。[Duìbuqǐ, ràng nǐ dānxīn le]

Sorry, let you worry about me.

- 不要担心，我已经准备好了。
  [Bú yào dānxīn, wǒ yǐjīng zhǔnbèi hǎo le]
  Don't worry, I'm ready.

OK, let's finish the 3rd vocabulary "*biǎoyǎn* 表演".

"*biǎoyǎn* 表演" as a verb, means "to perform, play, act".

"*biǎoyǎn* 表演" as a noun, means "performance, play, act".

"*yǎn* 演" is a verb, means "to perform, play".

表演	
[biǎoyǎn]	
to perform	verb
performances	noun

Let's see some sentences:

- 你想给我们表演什么? [Nǐ xiǎng gěi wǒmen biǎoyǎn shénme]
  What do you want to perform for us?
- 昨天他们表演得太好了。[Zuótiān tāmen biǎoyǎn de tài hǎo le]
  They performed very well yesterday.
- 老师让我参加表演。[Lǎoshī ràng wǒ cānjiā biǎoyǎn]
  The teacher asks me to take part in the performance.
- 我喜欢看跳舞表演。[Wǒ xǐhuan kàn tiàowǔ biǎoyǎn]
  I love watching dance performance.
- 最近我需要和同事一起准备一个唱歌的表演。
  [Zuìjìn wǒ xūyào hé tóngshì yìqǐ zhǔnbèi yí gè chànggē de biǎoyǎn]
  I need to prepare a singing performance with my colleagues recently.

Great, let's do some exercises to review what we have learned today.

- 老板让我明天去出差。
  [Lǎobǎn ràng wǒ míngtiān qù chūchāi]
  The boss ask me to go for the business trip tomorrow.

- 妈妈让我把菜放到桌子上。
  [Māma ràng wǒ bǎ cài fàng dào zhuōzi shang]
  Mum ask me to put the dish on the table.

- 他总是很晚回家，让太太很担心。
  [Tā zǒngshì hěn wǎn huí jiā, ràng tàitai hěn dānxīn]
  He always comes back home late, it makes his wife worried.

- 我们带孩子去看骑马表演。
  [Wǒmen dài háizi qù kàn qí mǎ biǎoyǎn]
  We took the kids to watch the horse riding show.

- 他说的话真的让我很生气。
  [Tā shuō de huà zhēnde ràng wǒ hěn shēngqì]
  What he said really makes me upset.

- 孩子病得很厉害，让妈妈很担心。
  [Háizi bìng de hěn lìhai, ràng māma hěn dānxīn]
  The kid was sick seriously, it makes the mother worried a lot.

- 看表演的人太多了，现在买不到票。
  [Kàn biǎoyǎn de rén tài duō le, xiànzài mǎi bu dào piào]
  It is too many people that watch this performance, so we cannot get the ticket now.

Great, so that wraps up today's lesson. Hope you have learned something helpful. Download our app to access our Chinese lessons. Remember, you can learn Chinese anywhere, anytime with ***ChineseAny***.

Word List

Main Vocabulary		
让[ràng] to let	担心[dānxīn] to worry	表演[biǎoyǎn] to perform, performances

Notes

1. A + "让[ràng]" + B + verb

E. g. ① 公司决定让我去中国工作。

[Gōngsī juédìng ràng wǒ qù Zhōngguó gōngzuò]

My Company decided to send me to China for working.

② 他让我不忙的时候给他打电话。

[Tā ràng wǒ bù máng de shíhou gěi tā dǎ diànhuà]

He asked me to call him when I am not busy.

③ 我没让他买那本书，可是他已经买了。

[Wǒ méi ràng tā mǎi nà běn shū, kěshì tā yǐjīng mǎi le]

I didn't ask him to buy that book, but he already bought it.

2. A + "让[ràng]" + B + adjective

① 他一个人生活在这里，让家人很担心。

[Tā yí gè rén shēnghuó zài zhèlǐ, ràng jiārén hěn dānxīn]
He lives here alone, which makes his family worried.

② 这件事让我们都很难过。
[Zhè jiàn shì ràng wǒmen dōu hěn nánguò]
This thing makes us sad.

③ 最近工作不忙,有时间休息让他很高兴。
[Zuìjìn gōngzuò bù máng, yǒu shíjiān xiūxi ràng tā hěn gāoxìng]
Recently he is not busy; having time to take rest makes him happy.

Quiz

I. Pronunciation.

1. Please choose the initials or finals you heard.

1) A. dānxīn B. dānjīng
2) A. biǎoyǎn B. diàoyán
3) A. nánguò B. nángkuò
4) A. zhōngxīn B. zhòngxīn
5) A. zhēngqì B. shēngqì
6) A. chūcǎi B. chūchāi

2. Please choose the Pinyin you heard.

1) A. lǎoshī ràng wǒ xiūxi B. lǎoshī ràng wǒ xuéxí
2) A. wǒ hěn dānxīn tā B. wǒ hěn guānxīn tā
3) A. jīntiān de biǎoxiàn hěn hǎo
B. jīntiān de biǎoyǎn hěn hǎo
4) A. wǒ de gōngzuò zhōngxīn B. wǒ de gōngzuò zhòngxīn
5) A. wǒ ràng tā duō chūqù B. wǒ ràng tā duō chǔxù
6) A. nǐ kàn shénme biǎoyǎn B. nǐ kàn zěnme biǎoyǎn

II. Form sentences.

1. ràng(1) shénme(2) nǐ(3) tā(4) xuǎn(5)

____

2. nǐ(1) tā(2) ràng(3) shénme(4) biǎoyǎn(5) xiǎng(6)

____

3. wǒ(1) bù(2) zěnme(3) tā(4) zhīdào(5) dānxīn(6) zǒu(7)

____

4. wǒ(1) tāmen(2) zài(3) shénme(4) biǎoyǎn(5) míngbai(6)

____

5. tā(1) ràng(2) shuì(3) háizi(4) bú(5) lǎnjiào(6)

____

6. nǐmen(1) ràng(2) dānxīn(3) duìbuqǐ(4) le(5)

____

III. Please translate the following sentences into Chinese.

1. I worried that he was not satisfied with my answer.

____

2. My teacher asks me to speak Chinese everyday.

____

3. They let me have three days to consider.

____

4. I am a little worried that I cannot find that book.

____

5. I asked him to perform this.

____

6. I worried that he did not give us a good price.

____

What's the Matter

Welcome to Elementary Level Nine, Lesson Six of our ***ChineseAny*** podcast series teaching Mandarin Chinese. Today we will learn three new vocabulary words: one noun, one phrase and one adverb. Let's look at them now.

The 1st new word is "*shìqing* 事情". "*shìqing* 事情" is a noun; it means "affair, matter, thing".

事情
[shìqing]
affair, matter, thing noun

Yes, we learned "*shì* 事" before in spoken Chinese, we can also say "*shìr* 事儿". The meaning of these three words is the same. 事情 = 事 = 事儿

事情 = 事 = 事儿
[shìqing] [shì] [shìr]
affair, matter, thing

The measure word of them is "*jiàn* 件". "one thing" in Chinese is "*yí jiàn shìqing/ shì/ shìr* 一件事情/ 事/ 事儿"

For example:

- 什么事情/事/事儿? [shénme shìqing/ shì/ shìr]
  What's the matter?

- 这件事情对我很重要。[Zhè jiàn shìqing duì wǒ hěn zhòngyào]
  This thing is very important for me.
- 你可以帮我解决这件事情吗?
  [Nǐ kěyǐ bāng wǒ jiějué zhè jiàn shìqing ma]
  Can you help me to solve this problem?
- 什么事情让你这么高兴?
  [Shénme shìqing ràng nǐ zhème gāoxìng]
  What makes you so happy?
- 他一定知道这件事情。[Tā yídìng zhīdào zhè jiàn shìqing]
  He must know this thing.
- 请别把这件事情告诉我妈妈。
  [Qǐng bié bǎ zhè jiàn shìqing gàosu wǒ māma]
  Please don't tell this thing to my Mum.
- 最近有一件事让我特别难过。
  [Zuìjìn yǒu yí jiàn shì ràng wǒ tèbié nánguò]
  There is a thing that makes me so sad recently.

OK, let's move to the 2nd vocabulary "*zěnme huí shì 怎么回事*". "*zěnme huí shì 怎么回事*" means "what's the matter, what happened", which is often used in spoken Chinese.

怎么回事?
[zěnme huí shì]
what's the matter
what happened? phrase

"*huí 回*" as a verb, means "return", which we learned before. But "*huí 回*" here is a measure word for "*shì 事*".

Yes, we just learned "*yíjiàn shìqing 一件事情*" means "one thing", but "*yì huí shì 一回事*" not only means "one thing", but also means "the same thing".

For example：

- 你怎么回事，最近总是迟到？
  [Nǐ zěnme huí shì，zuìjìn zǒngshì chídào]
  What's the matter with you；you're always late recently?
- 怎么回事，这个灯又坏了？
  [Zěnme huí shì，zhè ge dēng yòu huài le]
  What's wrong? The lamp is broken again.
- 我终于知道是怎么回事了。
  [Wǒ zhōngyú zhīdào shì zěnme huí shì le]
  I finally know what happened.
- 我家的空调怎么回事？ [Wǒ jiā de kōngtiáo zěnme huí shì]
  What's wrong with my air-conditioner?
- 怎么回事？ 那里站着很多人。
  [Zěnme huí shì，Nàlǐ zhàn zhe hěn duō rén]
  What happened? Many people are standing here.
- 现在我们说的不是一回事。
  [Xiànzài wǒmen shuō de bú shì yì huí shì]
  We are not talking the same thing now.
- 你能告诉我这是怎么回事吗？
  [Nǐ néng gàosu wǒ zhè shì zěnme huí shì ma]
  Can you tell me what happened?

OK, let's finish the 3rd vocabulary "*bìxū 必须*". "*bìxū 必须*" is an adverb, means "must, have to". You may put a verb after it, which indicates it is not impossible to do something.

必须 [bìxū] must, have to   adverb

Let's see some sentences:

- 这件事情必须你自己完成。
  [Zhè jiàn shìqing nǐ bìxū zìjǐ wánchéng]
  You must complete this thing by yourself.
- 你这个周六以前必须交房租。
  [Nǐ zhè ge zhōuliù yǐqián bìxū jiāo fángzū]
  You have to pay the rent by this Saturday.
- 他病得很厉害,必须每天吃药。
  [Tā bìng de hěn lìhai, bìxū měitiān chī yào]
  He is very sick; he must take medicine everyday.
- 如果想要健康,你必须多运动。
  [Rúguǒ xiǎng yào jiànkāng, nǐ bìxū duō yùndòng]
  If you want to be healthy, you must do more exercise.
- 他的工作很忙,必须要加班,所以他每天都很累。
  [Tā de gōngzuò hěn mǎng, bìxū yào jiābān, suǒyǐ tā měitiān dōu hěn lèi]
  He is very busy; and must work overtime, so he is very tired everyday.
- 这是必须的。[Zhè shì bìxū de]
  This is what we have to do.

Great, let's do some exercises to review what we have learned today.

- 这件事情让我再考虑一下。
  [Zhè jiàn shìqing ràng wǒ zài kǎolǜ yíxià]
  Let me think this thing over again.
- 你找我有什么事情?
  [Nǐ zhǎo wǒ yǒu shénme shìqing]
  What brings you here?

- 他怎么回事，还没有来。
  [Tā zěnme huíshì, hái méiyǒu lái]
  What's matter with him? He hasn't come yet.
- 你必须把你的护照带来。
  [Nǐ bìxū bǎ nǐde hùzhào dàilái]
  You must bring your passport.

- 你知道怎么回事吗，经理为什么那么生气?
  [Nǐ zhīdào zěnme huíshì ma, jīnglǐ wèi shénme nàme shēngqì]
  Do you know what happened? Why is our manager so angry?

- 这个问题必须马上解决。
  [Zhè ge wèntí bìxū mǎshàng jiějué]
  This problem must be solved right now.
- 这件事情必须他去办。
  [Zhè jiàn shìqíng bìxū tā qù bàn]
  We must let him handle this thing.

Great, so that wraps up today's lesson. Hope you have learned something helpful. Download our app to access our Chinese lessons. Remember, you can learn Chinese anywhere, anytime with ***ChineseAny***.

Word List

Main Vocabulary		
事情[shìqing] affair, matter, thing	怎么回事 [zěnme huíshì] what's the matter	必须[bìxū] have to, must
Additional Vocabulary		
事[shì] affair, matter, thing	事儿[shìr] affair, matter, thing	

Notes

"必须[bìxū]" + verb: have to do something

E. g. ① 如果你想在这个公司工作,必须更努力。

[Rúguǒ nǐ xiǎng zài zhè ge gōngsī gōngzuò, bìxū gèng nǔlì]

If you want to work in this company, you have to work harder.

② 这件事必须我的老板同意。

[Zhè jiàn shì bìxū wǒ de lǎobǎn tóngyì]

It must be agreed by my boss.

③ 这是怎么回事? 你今天必须告诉我。

[Zhè shì zěnme huí shì, nǐ jīntiān bìxū gàosu wǒ]

Today you must tell me what happened.

④ 我们必须六点以前到机场。

[Wǒmen bìxū liù diǎn yǐqián dào jīchǎng]

We must arrive at the airport before six o'clock.

Quiz

I. Pronunciation.

1. Please choose the initials or finals you heard.

	A.	B.
1)	A. shìqing	B. shíqíng
2)	A. zhíshì	B. jíshì
3)	A. bìxiū	B. bìxū
4)	A. huīshǒu	B. huóshǒu
5)	A. hùzhào	B. gùzhàng
6)	A. xiāngjìn	B. xiānjìn

2. Please choose the Pinyin you heard.

	A.	B.
1)	A. míngtiān bìxū zǎo dào	B. míngtiān bìxū zhǎodào
2)	A. zěnme bàn de shìqing	B. shénme yàng de shìqing
3)	A. zhè ge zěnme huífù	B. zhè ge zěnme huīfù
4)	A. bìxū děi zuò wán	B. bìxū děi zǒu wán
5)	A. fángzū hǎo guì	B. fángzū hěn guì
6)	A. wǒ bìxū zhòng xiàqù	B. wǒ bìxū sòng tā qù

II. Form sentences.

1.

zěnme	shuō	huí	yòu	le	cuò	shì
1	2	3	4	5	6	7

____

2.

bìxū	wǒ	xīngqīwǔ	gěi	jiāo	yào
1	2	3	4	5	6

____

3.

bìxū	tiān	kāi	rè	tài	kōngtiáo	le
1	2	3	4	5	6	7

4. bié zhè gàosu shìqing tā jiàn
1 2 3 4 5 6

____

5. nǐ mǎshàng jiějué ge wèntí zhè bìxū
1 2 3 4 5 6 7

____

6. zhè zuò bìxū jīntiān gōngzuò wán ge
1 2 3 4 5 6 7

____

III. Please translate the following sentences into Chinese.

1. If you want to do this job, you must speak Chinese.

____

2. What has happened; why did you forget to bring computer again?

____

3. You should solve this issue well.

____

4. I think "interest" and "hobby" is the same thing.

____

5. I must send friend to the airport before six.

____

6. They helped me to do a lot of things.

____

He Is Singing Happily

Welcome to Elementary Level Nine, Lesson Seven of our ***ChineseAny*** podcast series teaching Mandarin Chinese. Today we will learn three new words: two verbs and one particle. Let's look at them now.

The 1st new word is "*nǔlì 努力*".

"*nǔlì 努力*" as a verb, means "to make a great effort, try hard". "*nǔlì 努力*" as a adjective, means "work hard or study hard". You may put a verb after it, which means "try hard to do something".

努力 [nǔlì]	
to make great effort	verb
hard	adjective

For example:

- 你必须努力学习汉语。[Nǐ bìxū nùlì xuéxí Hànyǔ]
  You must study Chinese hard.
- 如果你不努力学习,就不能学得很好。
  [Rúguǒ nǐ bù nǔlì xuéxí, jiù bù néng xué de hěn hǎo]
  If you don't study hard, you'll not learn well.
- 为了这次比赛,他正在努力练习。
  [Wèile zhè cì bǐsài, tā zhèngzài nǔlì liànxí]
  He is working hard to practice for this match.
- 他学习比以前更努力了。[Tā xuéxí bǐ yǐqián gèng nǔlì le]

He studies harder than before.

- 别难过，你已经努力了。[Bié nánguò, nǐ yǐjīng nǔlì le]
  Don't feel sad, you have worked hard.

OK, let's move to the 2nd new word "*tígāo 提高*". "*tígāo 提高*" is a verb, it means "to raise, to improve, to increase". "*tí 提*" is a verb, it means "to carry, to raise, to lift". "*gāo 高*" means "high, tall". To rise higher in Chinese is "*tígāo 提高*".

提高
[tígāo]
to rise, improve verb

"to carry things, to lift things" in Chinese is "*tí dōngxi 提东西*" "handbag" in Chinese would be "*shǒutíbāo 手提包*", hand carrying bag.

Let's see some sentences:

- 他的汉语提高得特别快。[Tā de Hànyǔ tígāo de tèbié kuài]
  His Chinese is improving very quickly.
- 船票的价格又提高了。[Chuánpiào de jiàgé yòu tígāo le]
  The price of ship ticket rose up again.
- 你们应该提高服务质量。[Nǐmen yīnggāi tígāo fúwù zhìliàng]
  You should improve your service quality.
- 他把租金提高了一百元。[Tā bǎ zūjīn tígāo le yì bǎi yuán]
  He raised the rent 100 RMB up.
- 麻烦你帮我提一下这个包。
  [Máfan nǐ bāng wǒ tí yíxià zhè ge bāo]
  Would you please help me carry this bag?

OK, let's finish the 3rd vocabulary "*de 地*". "*de 地*" is a structural particle.

地
[de]
structural particle

Yes, we have learned two "*de* " before, now let's do a summary of the usage of them.

➢ The first one, "*de 的*", the format is "*pronoun/noun +de 的+ noun* " or "*adj. + de 的+ noun* ", which expresses the relationship of belonging to.

pronoun/noun/adj
+ 的 + noun
[de]

For example:

- 我的老师 [wǒ de lǎoshī]
  my teacher
- 医院的门口 [yīyuàn de ménkǒu]
  the gate of hospital
- 漂亮的裙子 [piàoliang de qúnzi]
  nice skirt

➢ The other format is "*verb phrase + de 的+ noun* " is used as an attributive to modify a noun.

verb phrase + 的 + noun
[de]

For example:

- 妈妈做的菜 [māma zuò de cài]
  the dish that mom cooked
- 昨天发的邮件 [zuótiān fā de yóujiàn]
  the E-mail that sent yesterday

● 我买的衣服 [wǒ mǎi de yīfu]
the clothes I bought

➢ The second "*de 得*" format is: "*verb +de 得+ adj.*" to indicate the degree that the result of the action has reached, or indicate the possibility of the action.

verb + 得 + adj.
[de]

For example:

● 你说得太快了。[Nǐ shuō de tài kuài le]
You speak so fast.
● 他来得很早。[Tā lái de hěn zǎo]
He comes very early.
● 他唱得很好。[Tā chàng de hěn hǎo]
He sings very well.

➢ In this lesson we will learn another "*de 地*".

It is used after an adjective, indicating that the words or phrases before it are adverbials.

adj. + 地 + verb
[de]

OK, let us make some phrases:

● 高兴地跳[gāoxìng de tiào]
jump with joy
● 清楚地写[qīngchu de xiě]
write clearly
● 生气地说[shēngqì de shuō]
say angrily

Let's see some sentences：

- 为了买新房子，他每天努力地工作。
  [Wèile mǎi xīn fángzi, tā měitiān nǔlì de gōngzuò]
  In order to buy a new house, he worked hard every day.
- 他高兴地唱着歌。[Tā gāoxìng de chàng zhe gē]
  He is singing happily.
- 这里清楚地写着你的名字。
  [Zhèlǐ qīngchǔ de xiě zhe nǐ de míngzi]
  Your name is clearly written here.
- 他高兴地告诉我们，他要结婚了。
  [Tā gāoxìng de gàosu wǒmen, tā yào jiéhūn le]
  He tells us happily that he's getting married.

Great, let's do some exercises to review what we have learned today.

- 她做每件事都很努力。
  [Tā zuò měi jiàn shì dōu hěn nǔlì]
  She does everything very hard.
- 我觉得努力比聪明更重要。
  [Wǒ juéde nǔlì bǐ cōngming gèng zhòngyào]
  I think working hard is more important than being clever.

- 我想很快地提高我的汉语。
  [Wǒ xiǎng hěn kuài de tígāo wǒ de Hànyǔ]
  I want to improve my Chinese quickly.
- 马克正在努力地练习汉字。
  [Mike zhèngzài nǔlì de liànxì Hànzì]
  Mike is working hard to practise his Chinese characters.

● 说完那些话以后,他生气地离开了。
[Shuō wán nàxiē huà yǐhòu, tā shēngqì de líkāi le]
After saying that, he left angrily.

● 最近房子的价格提高得特别快。
[Zuìjìn fángzi de jiàgé tígāo de tèbié kuài]
The price of the house is increasing very fast recently.

● 他正在努力帮助我们解决这个问题。
[Tā zhèngzài nǔlì bāngzhù wǒmen jiějué zhè ge wèntí]
He's trying to help us solve this problem.

● 我们一定努力完成这个工作。
[Wǒmen yídìng nǔlì wánchéng zhè ge gōngzuò]
We would work hard to complete this job definitely.

Great, so that wraps up today's lesson. Congratulations, you have finished the learning of level Eight. Hope you have learned something helpful. Download our app to access our Chinese lessons. Remember, you can learn Chinese anywhere, anytime with ***ChineseAny***.

Word List

Main Vocabulary		
努力[nǔlì] to make great effort; hard	提高[tígāo] to raise, to improve	地[de] structural particle
Additional Vocabulary		
提[tí] to carry, to raise	手提包[shǒutíbāo] handbag	

Notes

The structural particle：地[de]

Adj. + 地[de] + verb

E.g. ① 他正在努力地做运动。[Tā zhèngzài nǔlì de zuò yùndòng]
He is working hard to do exercise.

② 孩子们安静地坐在那里。[Háizi men ānjìng de zuò zài nàlǐ]
The children are sitting there quietly.

③ 他给我们简单地介绍了一下他的家人。
[Tā gěi wǒmen jiǎndān de jièshào le yíxià tā de jiārén]
He introduced his families simply to us.

④ 我希望你的儿子健康地长大。
[Wǒ xīwàng nǐ de érzi jiànkāng de zhǎngdà]
I hope your son will grow up healthily.

⑤ 这儿清楚地写着我的电话号码。
[Zhèr qīngchu de xiě zhe wǒ de diànhuà hàomǎ]
My telephone number is clearly written here.

Quiz

I. Pronunciation.

1. Please choose the initials or finals you heard.

1) A. nǔlì　　B. núlì
2) A. tǐgǎi　　B. tígāo
3) A. gāojí　　B. kǎojí
4) A. dānxīn　　B. dāngxīn

5) A. gōngzhù B. gōngzuò
6) A. tí dào B. tí diào

2. Please choose the Pinyin you heard.

1) A. tā bèi tí dào yí cì B. tā bèi tī dǎo yí cì
2) A. shǒutí bāo hěn hǎokàn B. shǒujī bāo hěn hǎokàn
3) A. mànman de shuō B. mànman de shōu
4) A. kàn le bàntiān B. tán le bàntiān
5) A. pǎo le yí ge xiǎoshí B. pào le yí ge xiǎoshí
6) A. qù kàn jīngjù B. qù kàn jīnyú

II. Form sentences.

1. xuéxí (1) měitiān (2) nǔlì (3) tā (4) de (5) Hànyǔ (6)

____

2. bìxū (1) nǐ (2) nǔlì (3) yóuyǒng (4) liànxí (5) de (6)

____

3. tā (1) yǐqián (2) nǔlì (3) le (4) nàme (5) méiyǒu (6)

____

4. fúwù (1) tāmen (2) tígāo (3) le (4) zhìliàng (5) de (6)

____

5. de (1) shēngqì (2) dàjiā (3) duì (4) tā (5) shuō (6)

____

6. yǐjīng (1) wǒ (2) gàosu (3) de (4) qīngchu (5) nǐ (6) le (7)

____

III. Please translate the following sentences into Chinese.

1. I study hard every morning.

____

2. My Mom often tells me that I must study hard.

____

3. Can I help you carry the box?

____

4. They raised the price of their house again.

____

5. Where did you buy this handbag?

____

6. The children are dancing happily.

____

I Am Full

Welcome to Elementary Level Nine, Lesson Eight of our ***ChineseAny*** podcast series teaching Mandarin Chinese. Today we will learn three new words, two adjectives and one noun. Let's look at them now.

The 1st new character is "*bǎo 饱*".
"*bǎo 饱*" is an adjective, it means "full".
The negative form of "*bǎo 饱*" is "*è 饿*".

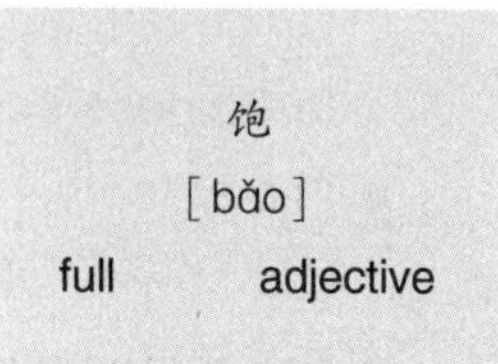

For example:

- 今天的午饭我吃得太饱了。[Jīntiān de wǔfàn wǒ chī de tài bǎo le]
  I had a full lunch today.
- 你饱了吗? [Nǐ bǎo le ma]
  Are you full?
- 你刚吃饱,别跑! [Nǐ gāng chī bǎo, bié pǎo]
  Don't run! You are already full.
- 晚上不要吃得太饱。[Wǎnshang bú yào chī de tài bǎo]
  Don't eat too much at night.
- 我吃得很好,而且吃得很饱。
  [Wǒ chī de hěn hǎo, érqiě chī de hěn bǎo]
  I ate very well. I feel very full.
- 你还饿吗? 我已经饱了。[Nǐ hái è ma? Wǒ yǐjīng bǎo le]

Are you still hungry? I'm full already.

OK, let's move to the 2nd new word "*wēndù 温度*". "*wēndù 温度*" is a noun, means "temperature". "*wēn 温*" is a adjective, means "warm". "*dù 度*" means "degree".

温度
[wēndù]
temperature noun

We may put "*wēndù 温度*" after the noun and linked by "*de 的*", which can be used to describe the temperature of anything.

For example：

- "water temperature", "*shuǐ de wēndù 水的温度*" or we just say "*shuǐwēn 水温*".
  In Chinese some words can be used in abbreviated form.
- "body temperature","*shēntǐ de wēndù 身体的温度*" or we just say "*tǐwēn 体温*".
- "air temperature" in Chinese is "*tiānqì de wēndù 天气的温度*" or we may just say "*qìwēn 气温*".

Great, let's see some sentences：

- 你知不知道今天的温度是多少?
  [Nǐ zhī bù zhīdào jīntiān de wēndù shì duōshao]
  Do you know what the temperature is today?
- 今天的温度太高了，把空调开一下。
  [Jīntiān de wēndù tài gāo le, bǎ kōngtiáo kāi yíxià]
  The temperature is too high, please turn on the air-conditioner.
- 今天的最高温度是 32 度。
  [Jīntiān de zuì gāo wēndù shì sānshíèr dù]
  Today's highest temperature is 32 degrees.

- 你觉得这个温度怎么样？[Nǐ juéde zhè ge wēndù zěnmeyàng]
  What do you think about this temperature?
- 最近温度常常变化。[Zuìjìn wēndù chángcháng biànhuà]
  The temperature varies from time to time.
- 家里的温度比外边的高一点。
  [Jiālǐ de wēndù bǐ wàibian de gāo yìdiǎnr]
  Home temperature is higher than outside.

OK, let's finish the 3rd new word "*dī 低*".

"*dī 低*" is an adjective, it means "low".

In Chinese, we normally use it to describe something is low, but it can't be used for person. The negative form of "*dī 低" is "gāo 高*".

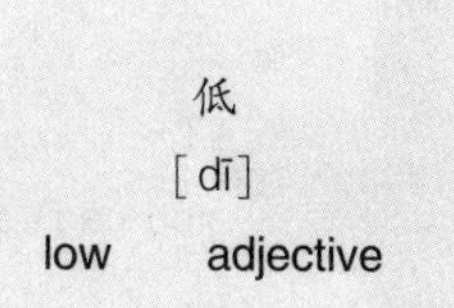

For example：

- 那个楼比这个楼低。[Nà ge lóu bǐ zhè ge lóu dī]
  That building is lower than this building.
- 空调的温度太低了。[Kōngtiáo de wēndù tài dī le]
  The temperature of air-conditioner is too low.
- 猪肉的价格比上周低了。[Zhūròu de jiàgé bǐ shàng zhōu dī le]
  The price of pork is lower than last week.
- 水温太低了，不能洗澡。[Shuǐwēn tài dī le, bù néng xǐzǎo]
  The water temperature is too low to take a bath.
- 这个商店的东西不但价格低，而且质量不错。
  [Zhè ge shāngdiàn de dōngxi búdàn jiàgé dī, érqiě zhìliàng búcuò]
  The things in this shop are not only low priced, but also good-qualitied.

Great, let's do some exercises to review what we have learned today.

- 再给他一碗米饭，他还没有吃饱。
  [Zài gěi tā yì wǎn mǐfàn, tā hái méiyǒu chī bǎo]
  Please give him another bowl of rice, he's not full.

- 外边的温度很低，你要多穿一点。
  [Wàibian de wēndù hěn dī, nǐ yào duō chuān yìdiǎn]
  The temperature outside is low, you should wear more clothes.

- 吃饱以后不能马上游泳。
  [Chī bǎo yǐhòu bù néng mǎshàng yóuyǒng]
  You can't swim immediately after a big meal.

- 上班以前你应该吃饱早饭。
  [Shàng bān yǐqián nǐ yīnggāi chī bǎo zǎofàn]
  You should eat your breakfast before going to work.

- 太高了，放低一点好吗？
  [Tài gāo le, fàng dī yìdiǎn hǎo ma]
  It's too high, can you put it a little lower?

- 这几天水果的价格低了。
  [Zhè jǐ tiān shuǐguǒ de jiàgé dī le]
  The price of fruits has come down these days.

- 我喜欢上海春天的温度。
  [Wǒ xǐhuan Shànghǎi chūntiān de wēndù]
  I like spring temperature in Shanghai.

- 那个房子又低又旧。
  [Nà ge fángzi yòu dī yòu jiù]
  That house is low and old.

Great, so that wraps up today's lesson. Hope you have learned something useful. Download our app to access our Chinese lessons. Remember, you can learn Chinese anywhere, anytime with ***ChineseAny***.

Word List

Main Vocabulary		
饱[bǎo] full	温度[wēndù] temperature	低[dī] low
Additional Vocabulary		
温[wēn] warm	度[dù] degree	水温[shuǐwēn] water temperature
体温[tǐwēn] body temperature	气温[qìwēn] air temperature	

Notes

Review comparative sentence:

1. A 和[hé]**B 一样**[yíyàng] **+ (adj.)**

E.g. ① 他和我一样高。[Tā hé wǒ yíyàng gāo]

He has the same height as I.

② 今天的温度和昨天的一样。

[Jīntiān de wēndù hé zuótiān de yíyàng]

Today's temperature is the same as yesterday's.

③ 我的车的颜色和你的一样。
[Wǒ de chē de yánsè hé nǐ de yíyàng]
The color of my car is the same as yours.

④ 我的办法和大家的一样。[Wǒ de bànfǎ hé dàjiā de yíyàng]
My way is the same as everyone's.

2. A 比[bǐ]**B + adj. + 一点**[yìdiǎn]/**多了**[duo le]/**得多**[de duo]

E. g. ① 今天的温度比昨天的低一点。
[Jīntiān de wēndù bǐ zuótiān de dī yìdiǎn]
Today's temperature is lower than yesterday.

② 飞机票比船票贵得多。[Fēijī piào bǐ chuán piào guì de duō]
The plane ticket is more expensive than the boat ticket.

④ 我觉得他比我年轻多了。
[Wǒ juéde tā bǐ wǒ niánqīng duō le]
I think he is much younger than me.

⑤ 上海比苏州大多了。[Shànghǎi bǐ Sūzhōu dà duō le]
Shanghai is much bigger than Suzhou.

⑥ 我游泳游得比马克快得多。
[Wǒ yóuyǒng yóu de bǐ Mǎkè kuài de duō]
I can swim much faster than Mike.

I. Pronunciation.

1. Please choose the initials or finals you heard.

1) A. bǎo le B. pǎo le
2) A. bàozhǐ B. bāozi
3) A. xǐyàn B. xīyān

4) A. wēndù B. wāndù
5) A. xìshuǐ B. qìshuǐ
6) A. dǎitú B. dǎidú

2. Please choose the Pinyin you heard.
1) A. tā yǐjīng pǎo le B. tā yǐjīng bǎo le
2) A. qìwēn shì duōshao B. tǐwēn shì duōshao
3) A. wǒmen bù jiǎngjià B. wǒmen bú jiàngjià
4) A. xiànzài jǐ dù B. xiànzài qī dù
5) A. wǒ jīntiān bú lèi B. wǒ jīntiān bù lái
6) A. yǒu hěn duō huìyì B. yǒu hěn duō huíyì

II. Form sentences.

1. méiyǒu (1) chī (2) wǒ (3) hái (4) bǎo (5)

____

2. jīntiān (1) wēndù (2) de (3) hěn (4) gāo (5) wàibian (6)

____

3. tā (1) chī (2) bǎo (3) hěn (4) de (5) zǒngshì (6)

____

4. zuì (1) wēndù (2) jīntiān (3) gāo (4) duōshao (5) shì (6)

____

5. shuǐ wēn (1) nǐ (2) juéde (3) dī (4) ma (5)

____

6. dī (1) néng (2) jiàgé (3) yìdiǎnr (4) zài (5) ma (6)

____

III. Please translate the following sentences into Chinese.

1. I'm hungry and tired.

____

2. It's not good for the heath to fill up your stomach at dinner.

____

3. The temperature has changed a lot recently.

____

4. Today's temperature is lower than yesterday's.

____

5. The temperature in this room is fifteen degrees.

____

6. I can't see clearly, please put it a little lower.

____

In Fact, I'm from China

Welcome to Elementary Level Nine, Lesson Nine of our ***ChineseAny*** podcast series teaching Mandarin Chinese. Today we will learn three new words, one adverb, one preposition and one verb. Let's look at them now.

The 1st new word is "*qíshí 其实*".

"*qíshí 其实*" is an adverb, it means "in fact, actually". We normally use it at the beginning of the sentence.

其实
[qíshí]
in fact, actually   adverb

For example:

- 其实,今天不是我的生日。
  [Qíshí, jīntiān bú shì wǒ de shēngrì]
  Actually, today is not my birthday.
- 其实,我很害怕长大。[Qíshí, wǒ hěn hàipà zhǎngdà]
  Actually, I'm afraid to grow up.
- 他们都觉得我是美国人,其实我是中国人。
  [Tāmen dōu juéde wǒ shì Měiguó rén, qíshí wǒ shì Zhōngguó rén]
  They all think I'm from USA, in fact, I'm from China.
- 这个练习看起来很简单,其实有点儿难。
  [Zhè ge liànxí kàn qǐlái hěn jiǎndān,qíshí yǒudiǎnr nán]

It seems that this exercise is easy, it's a little hard actually.

- 其实我早就知道这件事了。
  [Qíshí wǒ zǎo jiù zhīdào zhè jiàn shì le]
  Actually I knew about this thing a long time ago.

OK, let's move on to the 2nd character, "*wèi 为*". "*wèi 为*" is a preposition, it means "for, instead of"

为
[wèi]
for preposition

The format that we usually use is "*S. + wèi 为 + sb. + verb* ", which means "do something for somebody".

S. + 为 + Sb. + verb
[wèi]

For example:

- 我为他准备了早饭。[Wǒ wèi tā zhǔnbèi le zǎofàn]
  I prepared breakfast for him.
- 他为他的家人选择了几本书。
  [Tā wèi tā de jiārén xuǎnzé le jǐ běn shū]
  He chose several books for his families.
- 他为我介绍了一位汉语老师。
  [Tā wèi wǒ jièshào le yí wèi Hànyǔ lǎoshī]
  He introduced a Chinese teacher to me.
- 朋友们为我唱了生日歌。
  [Péngyou men wèi wǒ chàng le shēngrì gē]
  My friends sang a birthday song for me.

In lesson three, we learned "*wèile 为了*", which means "in order to".

We may only put a noun after "*wèi 为*", but a verb phrase, a sentence or a noun, which indicates the purpose is placed after "*wèile 为了*", and we also need a cause to follow.

S. + 为 + Sb. + verb
S. + 为了 + verb / sentence / noun

Actually, we may use "*gěi 给*" to replace "*wèi 为*" verbally. So "prepare for me" you may say both "*wèi wǒ zhǔnbèi 为我准备*" and "*gěi wǒ zhǔnbèi 给我准备*".

Let's look at some more sentences:

- 为了工作,他上个星期搬家了。
  [Wèile gōngzuò, tā shàng ge xīngqī bān jiā le]
  He moved out his house last week for his job.
- 为了明天的考试,我昨晚没睡觉。
  [Wèile míngtiān de kǎoshì, wǒ zuówǎn méi shuìjiào]
  I didn't sleep last night for tomorrow's examination.
- 服务员为我们准备好了刀叉。
  [Fúwùyuán wèi wǒmen zhǔnbèi hǎo le dāo chā]
  Waiter prepared the forks and knives for us.
- 他常常为我解决问题。[Tā chángcháng wèi wǒ jiějué wèntí]
  He often solves the problems for me.

OK, let's finish the 3rd new word "*xīwàng 希望*". "*xīwàng 希望*" can be both a noun and a verb.

希望
[xīwàng]
hope/ to hope noun/verb

➢ As a noun, it means "hope".
For example:

- 孩子就是希望。[Háizi jiù shì xīwàng]
  Children are hope.
- 这是我最后的希望。[Zhè shì wǒ zuìhòu de xīwàng]
  This is my last hope.
- 我们已经没有希望了。[Wǒmen yǐjīng méiyǒu xīwàng le]
  We are hopeless (have no hope) already.
- 你还有其他希望吗? [Nǐ háiyǒu qītā xīwàng ma]
  Do you have any other hope?

➢ As a verb, "*xīwàng 希望*" means "to hope, to wish".
For example:

- 我希望我的家人都很健康。
  [Wǒ xīwàng wǒ de jiārén dōu hěn jiànkāng]
  I hope my family members are healthy.
- 我希望明天不要下雨。[Wǒ xīwàng míngtiān búyào xià yǔ]
  I hope it won't rain tomorrow.
- 他希望找一个好工作。[Tā xīwàng zhǎo yí gè hǎo gōngzuò]
  He hopes to find a good job.
- 我希望我的汉语越来越好。[Wǒ xīwàng wǒ de Hànyǔ yuèláiyuè hǎo]
  I hope my Chinese is getting better and better.

Great, let's do some exercises to review what we learned today.

- 其实，这是我第一次来中国。
  [Qíshí, zhè shì wǒ dì yī cì lái Zhōngguó]
  In fact, this is the first time I came to China.
- 虽然看起来这个菜很难做，但是其实很简单。
  [Suīrán kàn qǐlái zhè ge cài hěn nán zuò, dànshì qíshí hěn jiǎndān]
  Although this dish looks very hard to make, it is actually very simple.

- 他不是学生，其实他是老师。
  [Tā bú shì xuésheng, qíshí tā shì lǎoshī]
  He is not a student, he is a teacher actually.
- 她为我做了我最喜欢吃的菜。
  [Tā wèi wǒ zuò le wǒ zuì xǐhuan chī de cài]
  She cooked my favorite meal for me.

- 朋友为我修好了自行车。
  [Péngyou wèi wǒ xiū hǎo le zìxíngchē]
  My friend fixed the bicycle for me.
- 我希望你过得很好。
  [Wǒ xīwàng nǐ guò de hěn hǎo]
  I hope you have a happy life.

- 他希望能参加这次足球比赛。
  [Tā xīwàng néng cānjiā zhè cì zúqiú bǐsài]
  He hopes he can take part in this football match.
- 我希望找一个中国女朋友。
  [Wǒ xīwàng zhǎo yí gè Zhōngguó nǚ péngyou]
  I hope to find a Chinese girlfriend.

Great, so that wraps up today's lesson. Hope you have learned something helpful. Download our app to access our Chinese lessons. Remember, you can learn Chinese anywhere, anytime with ***ChineseAny***.

Word List

Main Vocabulary		
其实[qíshí] in fact，actually	为[wèi] for	希望[xīwàng] hope

Notes

1. The preposition “为[wèi]”，“给[gěi]” &“为了[wèile]”

Subject +为[wèi]/ 给[gěi] + Sb. + verb

We may use “给[gěi]” to replace “为[wèi]” verbally.

E.g. ① 妈妈为/给我买了一双鞋。

[Māma wèi/gěi wǒ mǎi le yì shuāng xié]

My mother bought a pair of shoes for me.

② 他正在为/给孩子们讲故事。

[Tā zhèngzài wèi/gěi háizi men jiǎng gùshi]

He is telling stories for the children.

③ 我为/给老师准备了新年礼物。

[Wǒ wèi/gěi lǎoshī zhǔnbèi le xīnnián lǐwù]

I prepared a New Year gift for the teacher.

④ 朋友们为/给我唱了生日歌。

[Péngyou men wèi/gěi wǒ chàng le shēngrì gē]

My friends sang a birthday song for me.

2. Subject + 为了 [wèile] + verb/ sentence / noun

E.g. ① 他为了家人,每天都努力工作。
[Tā wèile jiārén, měitiān dōu nǔlì gōngzuò]
He works hard everyday for his families.

② 我为了工作学习汉语。[Wǒ wèile gōngzuò xuéxí Hànyǔ]
I am learning Chinese for my work.

③ 他为了送朋友去机场,早上五点就起床了。
[Tā wèile sòng péngyou qù jīchǎng, zǎoshang wǔ diǎn jiù qǐchuáng le]
He got up at five in the morning in order to send his friend to the airport.

④ 他为了健康常常做运动。
[Tā wèile jiànkāng chángcháng zuò yùndòng]
He often does sports for his health.

Quiz

I. Pronunciation.

1. Please choose the initials or finals you heard.

1) A. qīshí B. qíshí
2) A. xīwàng B. qīwàng
3) A. wàiyǔ B. wèi yú
4) A. tuìxiū B. tuīxiāo
5) A. gǎnjǐn B. gānjìng
6) A. jiǎnzhí B. jiānchí

2. Please choose the Pinyin you heard.

1) A. xīwàng hěn dà B. qīwàng hěn dà
2) A. pénzi fàng zài nǎr B. běnzi fàng zài nǎr

3) A. nà shì shuí de túdì　　B. nà shì shuí de tǔdì
4) A. tā měi tiān dōu qǐ zǎo　　B. tā měi tiān dōu xǐzǎo
5) A. tāmen méiyǒu fěnbǐ　　B. tāmen méiyǒu fēnbié
6) A. tā qù mǎi yán　　B. tā qù mǎi yáng

II. Form sentences.

1. yě (1)　wǒ (2)　bú (3)　qíshí (4)　qīngchu (5)　tài (6)

____

2. tā (1)　guo (2)　qíshí (3)　yǐqián (4)　lái (5)　zhèlǐ (6)

____

3. tā (1)　xiě (2)　le (3)　wèi (4)　érzi (5)　shū (6)　yì (7)　běn (8)

____

4. zuò (1)　jiārén (2)　shénme (3)　wèi (4)　jīntiān (5)　nǐ (6)　cài (7)

____

5. xīwàng (1)　zài (2)　jiàn miàn (3)　wǒmen (4)　néng (5)

____

6. wǒ (1)　néng (2)　cānjiā (3)　huìyì (4)　zhè (5)　cì (6)　xīwàng (7)

____

III. Please translate the following sentences into Chinese.

1. In fact, he is from America.

____

2. In fact, he can't swim.

____

3. In fact, it's my first day to learn Chinese today.

____

4. My mom bought a new dress for me.

____

5. We prepared a lot of presents for kids.

____

6. I hope I don't need to work overtime this weekend.

____

The Problem Was Solved

Welcome to Elementary Level Nine, Lesson Ten of our ***ChineseAny*** podcast series teaching Mandarin Chinese. Today we will learn three new words, one preposition, one noun and one adjective. Let's look at them now.

The 1st new preposition is "*bèi* 被".

The "*bèi* 被" sentence is to express a passive meaning, the preposition "*bèi* 被" is used as "by" in English, and it's the object as the adverbial in the sentence.

> 被
> [bèi]
> passive meaning preposition

The sentence structure is:

"*S. + bèi 被 + O. + Verb + other elements*"

> S. + 被 + O. + verb + other elements

Let's see some examples:

- 床被他放在房间里了。[Chuáng bèi tā fàng zài fángjiān lǐ le]
  The bed is put in the room by him.
- 他的名字被他爸爸改了。[Tā de míngzi bèi tā bàba gǎi le]
  His name is changed by his father.
- 冰箱里的牛奶被孩子们喝了。
  [Bīngxiāng lǐ de niúnǎi bèi háizi men hē le]

The milk in the refrigerator was drunk by children.

- 昨天的事情被妈妈知道了。
  [Zuótiān de shìqing bèi māma zhīdào le]
  The thing that happened yesterday was known by Mom.
- 灯已经被他修好了。[Dēng yǐjīng bèi tā xiū hǎo le]
  The light has been repaired by him.

When the agent of an action is not necessary to be emphasized, the object of "*bèi 被*" can be omitted.

For example:

- 问题被解决了。[Wèntí bèi jiějué le]
  The problem is solved (by somebody).
- 价格被改了。[Jiàgé bèi gǎi le]
  The price is changed (by somebody).

The negative adverbs and modal verbs are placed before "*bèi 被*". They can not be placed after the verb. And in a negative sentence, "*le 了*" is not allowed to appear at the end of sentence.

For example:

- 他的名字没被他爸爸改。[Tā de míngzi méi bèi tā bàba gǎi]
  His name has not changed by his father.
- 问题没被解决。[Wèntí méi bèi jiějué]
  The problem has not been solved.

Great, we learned "*bǎ 把*" in lesson one. Let's take a look at the difference between "*bǎ 把*" and "*bèi 被*".

From this form, you may find that we put the subject and the object in the different

S. + 把 + O. + V + other element
O. + 被 + S. + V + other element

place. Hope that will help you to understand "*bǎ* 把" and "*bèi* 被" sentence better.

OK, let's move on to the 2nd vocabulary, "*xíngli xiāng* 行李箱". "*xíngli xiāng* 行李箱" means "luggage case, suitcase". "*xíngli* 行李" is a noun, it means "luggage". "*xiāng* 箱" is a noun, it means "(big) box".

行李箱
[xíngli xiāng]
luggage case　　noun

Let's see some examples:

- 我上个星期买了一个新行李箱。
  [Wǒ Shàng ge xīngqī mǎi le yí gè xīn xíngli xiāng]
  I bought a new luggage case last week.
- 你的行李箱太重了。[Nǐ de xíngli xiāng tài zhòng le]
  Your luggage case is too heavy.
- 我们需要一个大一点儿的行李箱。
  [Wǒmen xūyào yí gè dà yìdiǎnr de xíngli xiāng]
  We need a little bigger suitcase.
- 下车的时候，别忘了拿你的行李箱。
  [Xià chē de shíhou, bié wàng le ná nǐ de xíngli xiāng]
  Don't forget to take your suitcase when you get off.

"*xiāng* 箱" means "big box", we may use it as a noun, also as a measure word.

For example:

- 一箱啤酒 [yì xiāng píjiǔ]
  One box of beer
- 他们昨天喝了一箱啤酒。[Tāmen zuótiān hē le yì xiāng píjiǔ]

They drank one box of beer yesterday.

- 一箱水多少钱? [Yì xiāng shuǐ duōshao qián]
  How much is one box of bottle water?

OK, let's finish the 3rd vocabulary "*zhǔyào* 主要". "*zhǔyào* 主要" is an adjective, and it means "main". Normally we put a noun after it.

主要	
[zhǔyào]	
main	adjective

Let's see some examples:

- 我主要的工作是发电子邮件。
  [Wǒ zhǔyào de gōngzuò shì fā diànzǐ yóujiàn]
  My main job is to send E-mail.
- 主要的问题是堵车。[Zhǔyào de wèntí shì dǔchē]
  The main problem is the traffic jam.
- 现在我们最主要的事情是考试。
  [Xiànzài wǒmen zuì zhǔyào de shìqing shì kǎoshì]
  Our main thing is to prepare the examination now.
- 除了北京,上海也是中国主要的城市。
  [Chúle Běijīng, Shànghǎi yě shì Zhōngguó zhǔyào de chéngshì]
  Besides Beijing, Shanghai is also the main city of China.
- 我们先解决主要的问题。
  [Wǒmen xiān jiějué zhǔyào de wèntí]
  We solve the main problem firstly.
- 最主要的是,这儿的租金比别的地方便宜。
  [Zuì zhǔyào de shì, zhèr de zūjīn bǐ biéde dìfang piányi]
  All the matter is the rent here is cheaper than other places.

Great, let's do some exercises to review what we learned today.

- 便宜的东西都被买了。
  [Piányi de dōngxi dōu bèi mǎi le]
  All the cheap things have been bought.

- 那条裙子已经被卖了。
  [Nà tiáo qúnzi yǐjīng bèi mài le]
  That skirt has been sold.

- 那张桌子被爸爸修好了。
  [Nà zhāng zhuōzi bèi bàba xiū hǎo le]
  That table was fixed well by my dad.

- 这个故事主要讲的是什么？
  [Zhè ge gùshi zhǔyào jiǎng de shì shénme]
  What is this story mainly about?

- 他带的行李太多了。
  [Tā dài de xíngli tài duō le]
  He brought a lot of luggage.

- 他主要的工作是教汉语。
  [Tā zhǔyào de gōngzuò shì jiāo Hànyǔ]
  His main job is to teach Chinese.

- 请不要把行李箱放在这里。
  [Qǐng búyào bǎ xíngli xiāng fàng zài zhèlǐ]
  Please don't put your suitcase here.

- 他来中国主要是为了工作。
  [Tā lái Zhōngguó zhǔyào shì wèile gōngzuò]
  He came to China mainly for work.

Great, so that wraps up today's lesson. Congratulations, you have finished the learning of level Eight. Hope you have learned something helpful. Download our app to access our Chinese lessons. Remember, you can learn Chinese anywhere, anytime with ***ChineseAny***.

Word List

Main Vocabulary		
被[bèi] by(passive meaning)	行李箱[xíngli xiāng] luggage case	主要[zhǔyào] main
Additional Vocabulary		
行李[xíngli] luggage	箱[xiāng] box	

Notes

The preposition "被[bèi]": passive voice

Subject + 被 + (object) + verb + other elements

E. g. ① 行李箱被他放在车里了。[Xíngli xiāng bèi tā fàng zài chē lǐ le]
The suitcase was put in the car by him.

② 桌子上的面包被我吃完了。
[Zhuōzi shang de miànbāo bèi wǒ chī wán le]
The bread on the table was eaten by me.

③ 房间被阿姨打扫得很干净。[Fángjiān bèi āyí dǎsǎo de hěn gānjìng]
The room was cleaned by Ayi.

④ 那双鞋被爸爸修好了。[Nà shuāng xié bèi bàba xiū hǎo le]

That pair of shoes were repaired by my father.

⑤ 这件事还没有被解决。[Zhè jiàn shì hái méiyǒu bèi jiějué]

This thing has not solved yet.

Quiz

I. Pronunciation.

1. Please choose the initials or finals you heard.

1)	A. bèizi	B. bēizi
2)	A. xíngli	B. xínglǐ
3)	A. zhǐyào	B. zhǔyào
4)	A. yìxiāng	B. yíxiàng
5)	A. chuántóu	B. chuángtóu
6)	A. huìqi	B. huìjí

2. Please choose the Pinyin you heard.

1)	A. tā bèi dǎ dào le	B. tā bèi dǎi dào le
2)	A. dōngxi bèi tā ná zǒu le	B. dōngxi bèi tā lā zǒu le
3)	A. jiào le liǎng cì wàimài	B. shōu le liǎng cì wàimài
4)	A. nǐ de jīnglǐ zài nǎr	B. nǐ de xíngli zài nǎr
5)	A. tā jiào le péngyou	B. tā jiāo le péngyou
6)	A. bāozi mài wán le	B. bàozhǐ mài wán le

II. Form sentences.

1. bèi (1) wán (2) miànbāo (3) wǒ (4) chī (5) le (6)

____

2. háizi (1) ge (2) bàba (3) nà (4) bèi (5) le (6) dǎ (7)

____

3.

āyí	fángjiān	bèi	dǎsǎo	le	gānjìng
1	2	3	4	5	6

____

4.

bǎ	nǐ	wàng	nǎr	le	xíngli xiāng	zài
1	2	3	4	5	6	7

____

5.

zhǔyào	zuò	nǐ	shénme	gōngzuò
1	2	3	4	5

____

6.

jiějué	nǐ	xiān	shìqing	zhǔyào	de
1	2	3	4	5	6

____

III. Please translate the following sentences into Chinese.

1. That problem has been solved by him at last.

____

2. The dog was found by them yesterday.

____

3. She spent all the money.

____

4. He is preparing for his luggage.

____

5. I need two big luggage cases.

____

6. I want to ask you some main questions.

____

Which Season Do You Like

Welcome to Elementary Level Nine, Lesson Eleven of our ***ChineseAny*** podcast series teaching Mandarin Chinese. Today we will learn five nouns.

The 1st new word is "*jìjié 季节*".

"*jìjié 季节*" is a noun, and it means "season". "*jì 季*" is a noun, it also means "season". "Four seasons" in Chinese is "*sìjì 四季*". "*jié 节*" is a noun, it means "festival, red-letter day".

> 季节
> [jìjié]
> season noun

Generally we put the festival name in front. Like "*chūnjié 春节*", it means "Spring festival".

Before we learned "*rì 日*", we can make the formal form of festival, festival day, which in Chinese is "*jiérì 节日*".

> 春 + 节 → Spring festival
> [chūn][jié]
> 节 + 日 → festival
> [jié][rì]

Let's see some examples:

- 你喜欢哪个季节? [Nǐ xǐhuan nǎ ge jìjié]
  Which season do you like?
- 一年有四个季节。[Yì nián yǒu sì gè jìjié]
  There are four seasons in a year.

- 快到吃西瓜的季节了。[Kuài dào chī xīguā de jìjié le]
  The watermelon season is coming.
- 出差的时候，我们常常住四季酒店。
  [Chūchāi de shíhou, wǒmen chángcháng zhù Sìjì jiǔdiàn]
  We often live in Four Seasons Hotel when we go on a business trip.
- 昆明的一年四季都很暖和。
  [Kūnmíng de yì nián sìjì dōu hěn nuǎnhuo]
  It is very warm all the year around in Kunming.
- 在中国，你们怎么过春节?
  [Zài Zhōngguó, nǐmen zěnme guò Chūnjié]
  In China, how do you celebrate the Spring Festival?

OK, the 2nd new word is "*xiàtiān 夏天*".

"*xiàtiān 夏天*" is a noun, it means "summer". "*xià 夏*" is the abbreviate form of summer.

夏天
[xiàtiān]
summer noun

Let's see some sentences:

- 夏天我不喜欢穿裙子。[Xiàtiān wǒ bù xǐhuan chuān qúnzi]
  I do not like to wear skirt in summer.
- 这里夏天的天气怎么样? [Zhèlǐ xiàtiān de tiānqì zěnmeyàng]
  How is the weather of summer here?
- 夏天的时候总是又刮风又下雨。
  [Xiàtiān de shíhou zǒngshì yòu guāfēng yòu xiàyǔ]
  In summer, it always winds and rains.
- 今年夏天我想学习游泳。
  [Jīnnián xiàtiān wǒ xiǎng xuéxí yóuyǒng]
  I want to learn to swim this summer.

OK, let's move to the 3rd vocabulary "*qiūtiān 秋天*". "*qiūtiān 秋天*" is a noun, and it means "autumn, fall". "*qiū 秋*" is the abbreviate form.

秋天
[qiūtiān]
autumn, fall   noun

Let's see some sentences:

- 秋天的时候有很多水果。
  [Qiūtiān de shíhou yǒu hěn duō shuǐguǒ]
  There are a lot of fruits in autumn.
- 秋天的时候人爱睡懒觉。
  [Qiūtiān de shíhou rén ài shuì lǎn jiào]
  People love to wake up late in autumn.
- 秋天是旅行的好季节。[Qiūtiān shì lǚxíng de hǎo jìjié]
  Autumn is a good season for traveling.
- 我比较喜欢秋天。[Wǒ bǐjiào xǐhuan qiūtiān]
  I like autumn quite more.

Let's look at the 4th vocabulary "*dōngtiān 冬天*". "*dōngtiān 冬天*" is a noun, and it means "winter". "*dōng 冬*" can be the abbreviate form.

冬天
[dōngtiān]
winter   noun

Let's see some sentences:

- 哈尔滨的冬天又冷又干。
  [Hā'ěrbīn de dōngtiān yòu lěng yòu gān]
  The winter in Harbin is cold and dry.
- 冬天白天很短。[Dōngtiān báitiān hěn duǎn]
  The daytime is very short in winter.
- 今年的冬天比去年的冷。

[Jīnnián de dōngtiān bǐ qùnián de lěng]
The winter of this year is colder than last year.

- 这是一本关于冬天的书。
[Zhè shì yì běn guānyú dōngtiān de shū]
This is a book about winter.

Let's finish the 5th vocabulary "*wēnchā 温差*". "*wēnchā 温差*" is a noun, and it means "the difference of temperature".

"*wēn 温*" is a noun, and it means "temperature".

"*chā 差*" is noun, and it means "difference". We learned "*shíjiān 时间*" before, so "time difference, jet lag" in Chinese is "*shíchā 时差*".

温差
[wēnchā]
difference of temperature
noun

温 + 差 temperature difference
[wēn][chā]
时 + 差 time difference
[shí][chā]

Let's see some sentences:

- 这里四季温差不大。[Zhèlǐ sìjì wēnchā bú dà]
The temperature difference of four seasons here is not big.
- 那个城市的白天和晚上的温差是二十度。
[Nà ge chéngshì de báitiān hé wǎnshang de wēnchā shì èrshí dù]
The difference in temperature between the day and the night in that city is twenty degrees.
- 我刚来这里,还不习惯这里的温差。
[Wǒ gāng lái zhèlǐ, hái bù xíguàn zhèlǐ de wēnchā]
I just came here, and I am not accustomed to the temperature difference.

- 北京和美国的时差是多少?
  [Běijīng hé Měiguó de shíchā shì duōshao]
  How many hours of time difference between Beijing and America?

Great, let's do some exercises to review what we learned today.

- 他去年秋天才来上海。
  [Tā qùnián qiūtiān cái lái Shànghǎi]
  Last autumn he just came to Shanghai.
- 我最喜欢春天和夏天。
  [Wǒ zuì xǐhuan chūntiān hé xiàtiān]
  I like spring and summer the most.

- 他们想冬天结婚。
  [Tāmen xiǎng dōngtiān jiéhūn]
  They want to get married in winter.
- 这几天早晚温差很大。
  [zhè jǐ tiān zǎo wǎn wēnchā hěn dà]
  These few days, the temperature difference is very big.

- 今年的夏天比去年来得早。
  [Jīnnián de xiàtiān bǐ qùnián lái de zǎo]
  The summer of this year comes earlier than last year.
- 我们是去年秋天认识的。
  [Wǒmen shì qùnián qiūtiān rènshi de]
  It was last autumn that we knew.

- 他只带了一些夏天的衣服。
  [Tā zhǐ dài le yì xiē xiàtiān de yīfu]
  He only brought some summer clothes.
- 这个季节特别容易生病。
  [Zhè ge jìjié tèbié róngyi shēngbìng]
  It is especially easy to get sick in this season.

Great, so that wraps up today's lesson. Hope you have learned something helpful. Download our app to access our Chinese lessons. Remember, you can learn Chinese anywhere, anytime with ***ChineseAny***.

Word List

Main Vocabulary		
季节[jìjié] season	夏天[xiàtiān] summer	秋天[qiūtiān] autumn, fall
冬天[dōngtiān] winter	温差[wēnchā] temperature difference	
Additional Vocabulary		
季[jì] season	节[jié] festival	四季[sìjì] four seasons
春节[Chūnjié] Spring festival	节日[jiérì] festival day	差[chā] difference
时差[shíchā] time difference		

Notes

Review the preposition "被[bèi]".

Subject ＋ 被[bèi] ＋ (object) ＋ verb ＋ other elements

E.g. ① 我的书被她拿错了。[Wǒ de shū bèi tā ná cuò le]
My book is taken wrong by her.
② 钱被他花完了。[Qián bèi tā huā wán le]
The money was used up by him.
③ 他们被带到了一个安静的地方。
[Tāmen bèi dài dào le yí gè ānjìng de dì fang]
They are brought to a quiet place.
④ 牛肉被孩子吃完了。[Niúròu bèi háizi chī wán le]
The beef was eaten up by the children.
⑤ 那张桌子被放在了一层的办公室。
[Nà zhāng zhuōzi bèi fàng zài le yī céng de bàngōngshì]
That desk was put in the office of the first floor.

Quiz

I. Pronunciation.

1. Please choose the initials or finals you heard.

	A.	B.
1)	A. wēnchā	B. wēnchuáng
2)	A. qiūqiān	B. qiūtiān
3)	A. qíngtiān	B. jīntiān
4)	A. jìjié	B. qìjié
5)	A. chábēi	B. chābié

6) A. hē shuǐ B. hé shuí

2. Please choose the Pinyin you heard.

1) A. yì nián sì jì B. yì nián sì qī

2) A. nǐ xǐhuan nǎ ge jiérì B. nǐ xǐhuan nǎ ge jiéqì

3) A. wǒ juéde tài chǎo le B. wǒ juéde tài zǎo le

4) A. zǎowǎn wēnchā sì dù B. zǎowǎn wēnchā shí dù

5) A. tā bèi tī dào hǎo jǐ cì B. tā bèi tí dào hǎo jǐ cì

6) A. wǒ jiā de xiǎomài B. wǒ jiā de xiǎo mèi

II. Form sentences.

1. dào(1) táozi(2) jìjié(3) de(4) kuài(5) chī(6) le(7)

____

2. xǐhuan(1) wǒ(2) jìjié(3) de(4) shì(5) zuì(6) xiàtiān(7)

____

3. dōngtiān(1) de(2) Shànghǎi(3) tài(4) lěng(5) bú(6)

____

4. zuì(1) shénme(2) nǐ(3) xǐhuan(4) jiérì(5)

____

5. xiǎng(1) tāmen(2) chūnjié(3) guó(4) huí(5) guò(6)

____

6. tīngshuō(1) dōngtiān(2) wǒ(3) Kūnmíng(4) méiyǒu(5)

____

III. Please translate the following sentences into Chinese.

1. Excuse me, how can I go to the Four Seasons Hotel?

____

2. I prefer summer to winter.

____

3. I plan to have a tour in Beijing this fall.

____

4. It was last spring that we came to this city.

____

5. There is one hour time difference between Shanghai and Seoul.

____

6. How much the temperature difference is it between morning and evening?

____

I Like to Stay Here

Welcome to Elementary Level Nine, Lesson Twelve of our ***ChineseAny*** podcast series teaching Chinese. Today we will learn three verbs.

The 1st new vocabulary is "*yuànyì 愿意*". "*yuànyì 愿意*" is a verb, and it means "be willing to do something".

愿意
[yuànyì]
be willing verb

We can put degree adverb or auxiliary in front of "*yuànyì 愿意*", and also you may add a verb after it to indicate sb is/are willing to do something.

很 + 愿意 + verb
[hěn] [yuànyì]
可能/ 能/ 会 / 愿意 +verb
[kěnéng][néng][huì][yuànyì]

For example:

- 你愿意和我结婚吗? [Nǐ yuànyì hé wǒ jiéhūn ma]
  Would you like to marry me?
- 我很愿意帮你这个忙。[Wǒ hěn yuànyì bāng nǐ zhè ge máng]
  It's my pleasure to help you.
- 如果你愿意和我们一起去,就给我打电话。
  [Rúguǒ nǐ yuànyì hé wǒmen yìqǐ qù, jiù gěi wǒ dǎ diànhuà]
  Just call me if you are willing to go with us.

- 经理问我愿不愿意去南京工作。
  [Jīnglǐ wèn wǒ yuàn bu yuànyì qù Nánjīng gōngzuò]
  Manager asked me if I would like to work in Nanjing.
- 他可能不愿意喝咖啡。[Tā kěnéng bú yuànyì hē kāfēi]
  Maybe he would not like to drink coffee.
- 他不太愿意做这个工作。[Tā bú tài yuànyì zuò zhè ge gōngzuò]
  He is not willing to do this job.

OK, let's move to the 2nd new word "*dāi 呆*". "*dāi 呆*" is a verb, it means "to stay".

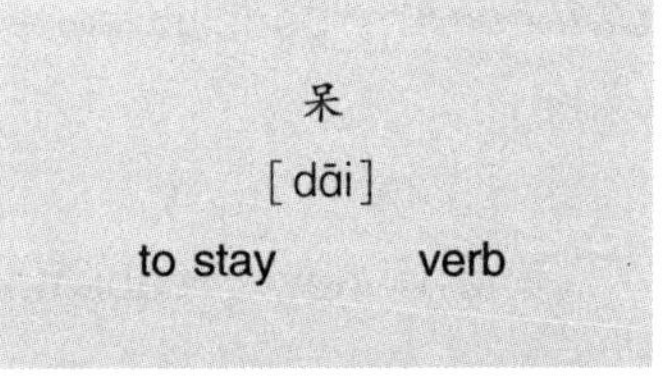

We normally add a place word to indicate "to stay at some place". Also you may add a time period word after it to indicate how long time to stay at some place.

呆 +place/time
[dāi]

Let's see some sentences:

- 周末我喜欢呆在家里看电影。
  [Zhōumò wǒ xǐhuan dāi zài jiā lǐ kàn diànyǐng]
  I like to stay at home to watch movie at weekends.
- 我可以呆在这里等你。[Wǒ kěyǐ dāi zài zhèlǐ děng nǐ]
  I can stay here to wait for you.
- 请呆在这儿，不要离开。[Qǐng dāi zài zhèr, bú yào líkāi]
  Please stay here, don't leave.
- 你在这个公司呆多久了？[Nǐ zài zhè ge gōngsī dāi duō jiǔ le]
  How long have you, been in this company?

- 你为什么不愿意呆在那里?
  [Nǐ wèi shénme bú yuànyì dāi zài nàlǐ]
  Why don't you want to stay there?
- 我想自己呆一会儿。[Wǒ xiǎng zìjǐ dāi yíhuìr]
  I'd like to be alone for a while.
- 不要在这儿呆很长时间。[Bú yào zài zhèr dāi hěn cháng shíjiān]
  Please don't stay here for a long time.

OK, the 3rd vocabulary, "*yǐwéi 以为*".

"*yǐwéi 以为*" is a verb, and it means "to thought". After "*yǐwéi 以为*", we always add the wrong things that you have already recognized.

> 以为
> [yǐwéi]
> to thought verb

For example:

- 我以为你是对的。[Wǒ yǐwéi nǐ shì duì de]
  I thought you were right. (That means I already knew you were wrong.)
- 我以为她的男朋友是中国人。
  [Wǒ yǐwéi tā de nán péngyou shì Zhōngguó rén]
  I thought her boyfriend was Chinese.
- 我以为今天很容易叫车。[Wǒ yǐwéi jīntiān hěn róngyi jiào chē]
  I thought it was easy to call taxi today.
- 我们都以为他参加这次比赛。
  [Wǒmen dōu yǐwéi tā cānjiā zhè cì bǐsài]
  We all thought he would take part in this match.
- 我以为我先生把行李拿走了。
  [Wǒ yǐwéi wǒ xiānsheng bǎ xíngli ná zǒu le]
  I thought my husband took the luggage away.

- 我以为你听过这个故事了。
  [Wǒ yǐwéi nǐ tīng guo zhè ge gùshi le]
  I thought you would have heard of the story.

Great, let's do some exercises to review what we learned today.

- 他不愿意和我住在一起。
  [Tā bú yuànyì hé wǒ zhù zài yìqǐ]
  He would not like to live with me.
- 他以为我喜欢红色。
  [Tā yǐwéi wǒ xǐhuan hóngsè]
  He thought I like red color.

- 我想再呆五分钟。
  [Wǒ xiǎng zài dāi wǔ fēnzhōng]
  I want to stay another five minutes.
- 我以为这是你照的照片。
  [Wǒ yǐwéi zhè shì nǐ zhào de zhàopiàn]
  I thought this photo was taken by you.

- 我不愿意把这件事情告诉他。
  [Wǒ bú yuànyì bǎ zhè jiàn shìqing gàosu tā]
  I don't want to tell him about this thing.
- 他们打算在这儿呆一个星期。
  [Tāmen dǎsuàn zài zhèr dāi yí ge xīngqī]
  They plan to stay here for a week.

- 她愿意和我一起参加表演。
  [Tā yuànyì hé wǒ yìqǐ cānjiā biǎoyǎn]
  She would like to take part in the play with me.
- 我以为你把我的生日忘了。
  [Wǒ yǐwéi nǐ bǎ wǒ de shēngrì wàng le]
  I thought you forgot my birthday.

Great, so that wraps up today's lesson. Hope you have learned something helpful. Download our app to access our Chinese lessons. Remember, you can learn Chinese anywhere, anytime with ***ChineseAny***.

Word List

Main Vocabulary		
愿意[yuànyì] to be willing	呆[dāi] to stay	以为[yǐwéi] to think

Notes

The verb "愿意[yuànyì]": be willing

愿意[yuànyì] + verb

E. g. ① 你愿意再给他一次机会吗? [Nǐ yuànyì zài gěi tā yí cì jīhuì ma]
Would you like to give him another chance?
② 我不愿意听他说的话。[Wǒ bú yuànyì tīng tā shuō de huà]

I don't want to hear what he said.

③ 他愿意和我们一起去出差。
[Tā yuànyì hé wǒmen yìqǐ qù chūchā]
He is willing to go on a business trip with us.

④ 他愿意呆在北京工作三年。
[Tā yuànyì dāi zài Běijīng gōngzuò sān nián]
He is willing to work in Beijing for three years.

⑤ 我不愿意让他知道这件事。
[Wǒ bú yuànyì ràng tā zhīdào zhè jiàn shì]
I don't want to let him know this.

Quiz

I. Pronunciation.

1. Please choose the initials or finals you heard.

1)	A. yuànyì	B. yuànqì
2)	A. fādāi	B. fādá
3)	A. yǐwéi	B. yí wèi
4)	A. qīhēi	B. qǐfēi
5)	A. jiāzhǎng	B. jiācháng
6)	A. yánjiū	B. yǎnqiú

2. Please choose the Pinyin you heard.

1)	A. wǒ yǐwéi nǐ shǔ le	B. wǒ yǐwéi nǐ shū le
2)	A. zǔzhǎng bú zài	B. zúzhǎng bú zài
3)	A. tā shīliàn le	B. tā shīlián le
4)	A. pái le bàntiān	B. pāi le bàntiān
5)	A. yí piàn cǎoyuán	B. yí piàn zǎoyuán
6)	A. zhōngyú bān hǎo le	B. zhōngyú bàn hǎo le

II. Form sentences.

1. bāng (1) yuànyì (2) máng (3) nǐ (4) de (5) wǒ (6) ma (7)

______

2. bú (1) tā (2) yuànyì (3) wèntí (4) ge (5) zhè (6) huídá (7)

______

3. bú yào (1) nàr (2) nǐ (3) dāi (4) tài (5) wǎn (6) zài (7) le (8)

______

4. tā (1) xiàwǔ (2) dào (3) dāi (4) líkāi (5) cái (6)

______

5. yǐwéi (1) tā (2) Hánguó (3) rén (4) wǒ (5) shì (6)

______

6. jīntiān (1) yǐwéi (2) tā (3) bù (4) lái (5) gōngsī (6) wǒ (7)

______

III. Please translate the following sentences into Chinese.

1. Would you like to dance with me?

______

2. He may not be willing to take part in the match.

______

3. We will stay in America for two months.

______

4. If it rains, I will stay at home to read books.

____

5. I thought I have to wait a long time.

____

6. The weather is so good today, so don't stay at home.

____

Did You Still Remember Me

Welcome to Elementary Level Nine, Lesson Thirteen of our ***ChineseAny*** podcast series teaching Chinese. Today we will learn three new words: two verbs and one measure word.

The 1st new word is "*fàngxīn* 放心". "*fàngxīn* 放心" is a verb, and it means "do not worry, set one's mind at rest". "*fàng* 放" means "to release, to carry off, to put down". "*xīn* 心" is a noun, which means "heart". "*fàngxīn* 放心" means "to release the heart, to carry your heart off", which we translate as "don't worry". The negative form of "*fàngxīn* 放心" *is* "*dānxīn* 担心".

Let's see some examples:

- 我不放心他一个人住。[Wǒ bú fàngxīn tā yí ge rén zhù]
  I am worried that he lives alone.
- 他对这件事情不放心。[Tā duì zhè jiàn shìqíng bú fàngxīn]
  He is worried about this issue.
- 他最小，所以妈妈最不放心他。
  [Tā zuì xiǎo, suǒyǐ māma zuì bú fàngxīn tā]
  He is the youngest, so his mom is worried about him the most.
- 我们不放心他自己去看病。

[Wǒmen bú fàngxīn tā zìjǐ qù kàn bìng]
We are worried that he went to see the doctor alone.

- 放心吧！我们尽量帮你办好。
  [Fàngxīn ba! Wǒmen jǐnliàng bāng nǐ bàn hǎo]
  Don't worry! We will do our best to help you complete it well.

OK, let's move to the 2nd new word "*jìde 记得*". "*jìde 记得*" is a verb, it means "to remember". Normally we use that for remembering something, which happened in the past. So you may add a noun or a sentence after it.

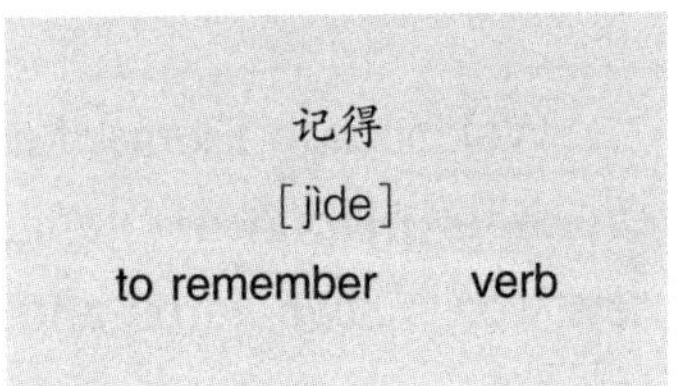

The negative form of "*jìde 记得*" is "*bú jìde 不记得*", not "*méi 没*", no matter it is used in the past tense, present tense or future tense.

Let's see some sentences:

- 你记得我吗? [Nǐ jìde wǒ ma]
  Do you remember me?
- 我记得你以前学过汉语。[Wǒ jìde nǐ yǐqián xué guo Hànyǔ]
  I remembered that you have studied Chinese before.
- 我已经不记得他说的那件事了。
  [Wǒ yǐjīng bú jìde tā shuō de nà jiàn shì le]
  I have already forgotten that issue he said.
- 我不记得他的电话号码。[Wǒ bú jìde tā de diànhuà hàomǎ]
  I do not remember his phone number.
- 我还记得我们第一次见面的地方。
  [Wǒ hái jìde wǒmen dì yī cì jiànmiàn de dìfang]
  I still remember the place where we first met.

Ok, let's finish the 3rd character "*céng* 层". "*céng* 层" is a measure word, and it means floor, layer. Before we learned "*lóu* 楼", "*lóu* 楼" also is a measure word for floor, which means building.

层
[céng]
level measure word

For example:

- "the third floor" you can say "*sān céng* 三层" or "*sān lóu* 三楼"
- 上海中心有一百层。[Shànghǎi zhōngxīn yǒu yìbǎi céng]
  There are one hundred floors in Shanghai Center.
- 这个楼一共有多少层? [Zhè ge lóu yígòng yǒu duōshao céng]
  How many floors are there in this building altogether?
- 这个楼有六层,我住在第四层。
  [Zhè ge lóu yǒu liù céng, wǒ zhù zài dì sì céng]
  This building has six floors, and I live on the fourth floor.
- 冬天的时候,路上常常有一层冰。
  [Dōngtiān de shíhou, lù shàng chángcháng yǒu yì céng bīng]
  In winter, the road often has a layer of ice.
- 我不记得你的办公室在几层了。
  [Wǒ bú jìde nǐ de bàngōngshì zài jǐ céng le]
  I don't remember on which floor your office is.
- 这个楼的第五层有三个大房间。
  [Zhè ge lóu de dì wǔ céng yǒu sān gè dà fángjiān]
  There are five big rooms on the fifth floor of this building.

Great, let's do some exercises to review what we learned today.

- 放心，我一定帮你修好。
  [Fàngxīn, wǒ yídìng bāng nǐ xiū hǎo]
  Do not worry, I will help you to fix it well definitely.

- 他的名字我真不记得了。
  [Tā de míngzi wǒ zhēn bú jìde le]
  I really do not remember his name.

- 你家在几层?
  [Nǐ jiā zài jǐ céng]
  In which storey is your home?

- 我总是不记得路。
  [Wǒ zǒngshì bú jìde lù]
  I always forget the road.

- 老板不放心把这件事交给他。
  [Lǎobǎn bú fàngxīn bǎ zhè jiàn shì jiāo gěi tā]
  The boss is not relieved to leave this matter to him.

- 我清楚地记得那个旧房子。
  [Wǒ qīngchu de jìde nà ge jiù fángzi]
  I remembered clearly that old house.

- 你可以把车可以停在第二层。
  [Nǐ kěyǐ bǎ chē tíng zài dì èr céng]
  You can stop your car on the second floor.

- 那个店每一层都有洗手间。
  [Nà ge diàn měi yì céng dōu yǒu xǐshǒujiān]
  There's a restroom on every floor of this shop.

Great, so that wraps up today's lesson. Hope you have learned something helpful. Download our app to access our Chinese lessons. Remember, you can learn Chinese anywhere, anytime with ***ChineseAny***.

Word List

Main Vocabulary		
放心[fàngxīn] do not worry	记得[jìde] to remember	层[céng] floor
Additional Vocabulary		
放[fàng] to release, to carry off	心[xīn] heart	

Notes

The verb "记得[jìde]": to remember

"记得[jìde]" + verb/sentence

E.g. ① 我不记得把包放在哪儿了? [Wǒ bú jìde bǎ bāo fàng zài nǎr le]
I don't remember where I put my bag.

② 我记得你的手机号码。[Wǒ jìde nǐ de shǒujī hàomǎ]
I remember your phone number.

③ 我记得那个饭店在什么路。
[Wǒ jìde nà ge fàndiàn zài shénme lù]
I remember which road that restaurant was on.

④ 我清楚地记得你说过那件事。

[Wǒ qīngchu de jìde nǐ shuō guo nà jiàn shì]

I remember clearly you said that thing.

⑤ 我不记得这个汉字怎么读了。

[Wǒ bú jìde zhè ge Hànzì zěnme dú le]

I don't remember how to read this character.

Quiz

I. Pronunciation.

1. Please choose the initials or finals you heard.

1) A. dāngxīn B. fàngxīn
2) A. jìde B. jīdé
3) A. shí céng B. sì céng
4) A. yī lóu B. yì luó
5) A. huǒchē B. huòzhě
6) A. shíhou B. shìhòu

2. Please choose the Pinyin you heard.

1) A. shì nǎ yì céng B. shì nà yì céng
2) A. wǒ bú fàngxīn tā B. wǒ bù dānxīn tā
3) A. tā jìde wǒ B. tā qì de wǒ
4) A. tā tèbié fàngxīn B. tā tèbié fánxīn
5) A. ná zhe zhè jiàn yīfu B. lāzhe zhè jiàn yīfu
6) A. qì de tā kū le B. jí de tā kū le

II. Form sentences.

1. de (1) gōngsī (2) nǐ (3) jǐ (4) zài (5) céng (6)

____

2. jìde (1) le (2) wǒ (3) yǐjīng (4) de (5) tā (6) bú (7) míngzi (8)

____

3. hái (1) zhè (2) wǒ (3) jìde (4) gè (5) dìfang (6)

____

4. chídào (1) wǒ (2) qǐng (3) bú (4) ba (5) huì (6) fàngxīn (7)

____

5. shuō (1) tā (2) de (3) wǒ (4) jìde (5) huà (6)

____

6. wǒ (1) bú (2) fàngxīn (3) tā (4) zhēnde (5) tài (6)

____

III. Please translate the following sentences into Chinese.

1. My friend lives on the third floor, building six.

____

2. In fact, I am worried about him.

____

3. Do you still remember his phone number?

____

4. Is your office on 24th floor?

____

5. I don't remember his birthday.

____

6. You must remember to bring the money.

____

I Also Think So

Welcome to Elementary Level Nine, Lesson Fourteen of our ***ChineseAny*** podcast series teaching Chinese. Today we will learn three new words: One pronoun, one noun and one verb.

The 1st new word is "*zhèyàng* 这样".

"*zhèyàng* 这样" is a pronoun, it means "this kind of" or "like this".

"*zhè* 这" means "this", and "*yàng* 样" means "kind, style". You may make "that way, like that" in Chinese by yourself, yes, that is "*nàyàng* 那样".

这样 [zhèyàng]	
this kind of	pronoun
like this	adverb

In English we always say "do something like this", but in Chinese we should say "like this to do something". "*Zhèyàng zuò* 这样做".

这样 + verb
[zhèyàng]
那样 + verb
[nàyàng]

"*zhèyàng* 这样" also means "this kind of", we use it to describe the noun with the "*de* 的"

这样 / 那样 + 的 + NOUN
[zhèyàng] [nàyàng] [de]

Let's see some examples：

- 这样锻炼对身体不好。[Zhèyàng duànliàn duì shēntǐ bù hǎo]
  Exercising in this way is not good for health.
- 这样的温度不可以游泳。[Zhèyàng de wēndù bù kěyǐ yóuyǒng]
  You cannot swim in this temperature.
- 周末我总是这样过。[Zhōumò wǒ zǒngshì zhèyàng guò]
  I always spend weekend in this way.
- 我们以为不可以那样说。[Wǒmen yǐwéi bù kěyǐ nàyàng shuō]
  We thought we cannot say it in that way.
- 我觉得你不应该那样做。[Wǒ juéde nǐ bù yīnggāi nàyàng zuò]
  I don't think you should do it like that.

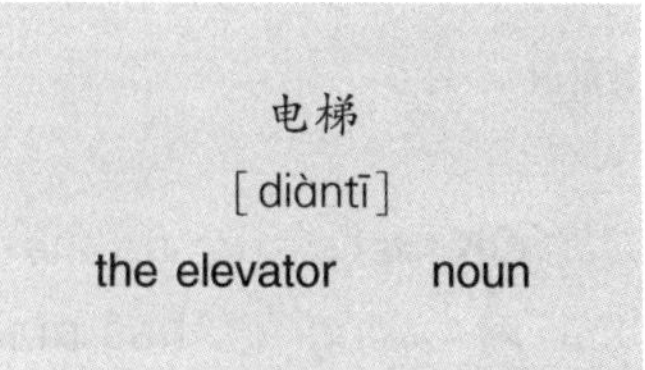

OK, let's move to the 2nd new word "*diàntī* 电梯". "*diàntī* 电梯" is a noun, it means "elevator". "*diàn* 电" means "electricity". "*tī* 梯" is a noun, it means "stair". "*lóu* 楼" means "floor". "*tī* 梯" means "stair", so "*lóu tī* 楼梯" is a noun, it means "stairs of the building".

For example：

- "take the elevator" in Chinese is "*zuò diàntī* 坐电梯".
- "go by stairs" in Chinese would be "*zǒu lóutī* 走楼梯".
- 我们坐电梯下楼吧。[Wǒmen zuò diàntī xià lóu ba]
  Let's go downstairs by elevator.
- 对不起，电梯坏了。[Duìbuqǐ, diàntī huài le]
  Sorry, this elevator is broken.
- 这个电梯不是每层都停。[Zhè ge diàntī bú shì měi céng dōu tíng]
  This elevator does not stop at every storey.

- 在电梯里你不可以这样跳。[Zài diàntī lǐ nǐ bù kěyǐ zhèyàng tiào]
  You cannot jump like this in the elevator.
- 请不要让孩子一个人坐电梯。
  [Qǐng bú yào ràng háizi yí gè rén zuò diàntī]
  Please don't let the children take the lift alone.
- 请不要在电梯里说话。[Qǐng bú yào zài diàtī lǐ shuōhuà]
  Please don't talk in the elevator.

OK, let's finish the 3rd vocabulary "*rènwéi 认为*". "*rènwéi 认为*" is a verb, it means "to think, in one's opinion".

Before we learned "*xiǎng 想*" and "*juéde 觉得*", both of them also mean to think.

认为 [rènwéi]	
to think	verb

OK, let's sum up these three words.

➢ "*xiǎng 想*" has many meanings in Chinese, which means to think, to want, to miss.

➢ "*juéde 觉得*" means to think, to feel, which is used to emphasize the feeling.

➢ "*rènwéi 认为*" is more formal than "*xiǎng 想*" and "*juéde 觉得*".

We learned "*yǐwéi 以为*" in lesson twelve, it also means to think.

Let's see what the difference between "*rènwéi 认为*" and "*yǐwéi 以为*". "*rènwéi 认为*" can be followed by right or wrong thought. "*yǐwéi 以为*" only can be followed by wrong thought.

认为 [rènwéi] + somebody's opinion
以为 [yǐwéi] + wrong thinking way

Let's see some sentences:

- 我认为他说得对。[Wǒ rènwéi tā shuō de duì]
  I think what he said is right.
- 我认为吃很多肉对身体不好。
  [Wǒ rènwéi chī hěnduō ròu duì shēntǐ bù hǎo]
  I think it's not good for your health to eat too much meat.
- 我认为走楼梯更快。[Wǒ rènwéi zǒulóutī gèng kuài]
  I think it will be much faster by stairs.
- 我也这样认为。[Wǒ yě zhèyàng rènwéi]
  I also think so.
- 大家都认为这个办法最好。
  [Dàjiā dōu rènwéi zhè ge bànfǎ zuì hǎo]
  Everybody thinks this is the best way.
- 我不认为他比我画得好。[Wǒ bú rènwéi tā bǐ wǒ huà de hǎo]
  I don't think he draws better than me.

Great, let's do some exercises to review what we learned today.

- 我们一般不这样做。
  [Wǒmen yìbān bú zhèyàng zuò]
  Generally we don't do it like this.
- 这个电梯还没有修好。
  [Zhè ge diàntī hái méiyǒu xiū hǎo]
  This elevator has not been repaired.

- 他们都认为我会说汉语。
  [Tāmen dōu rènwéi wǒ huì shuō Hànyǔ]
  They all think I can speak Chinese.
- 你为什么这样认为?
  [Nǐ wèi shénme zhèyàng rènwéi]
  Why do you think so?

- 我第一次遇到这样的问题。
  [Wǒ dì yī cì yùdào zhèyàng de wèntí]
  It's my first time to face such problem.
- 电梯停在了八层。
  [Diàntī tíng zài le bā céng]
  This elevator stopped at the eighth floor.

- 如果你这样说，我们就明白了。
  [Rúguǒ nǐ zhèyàng shuō, wǒmen jiù míngbái le]
  If you say so, we will understand.
- 他总是认为自己比别人聪明。
  [Tā zǒngshì rènwéi zìjǐ bǐ biérén cōngming]
  He always thinks he is smarter than others.

Great, so that wraps up today's lesson. Hope you have learned something helpful. Download our app to access our Chinese lessons. Remember, you can learn Chinese anywhere, anytime with ***ChineseAny***.

Word List

Main Vocabulary		
这样[zhèyàng] this kind of; like this	电梯[diàntī] elevator	认为[rènwéi] to think
Additional Vocabulary		
那样[nàyàng] like that	梯[tī] stair	楼梯[lóutī] stair of building

Notes

The verb "认为[rènwéi]" & "以为[yǐwéi]": to think
"认为[rènwéi]" + somebody's opinion
"以为[yǐwéi]" + wrong thinking way

E. g. ① 我认为你做得比他好。[Wǒ rènwéi nǐ zuò de bǐ tā hǎo]
I think you do better than him.

② 我认为这次机会很好。[Wǒ rènwéi zhè cì jīhuì hěn hǎo]
I think this opportunity is very good.

③ 我认为健康最重要。[Wǒ rènwéi jiànkāng zuì zhòngyào]
I think the health is most important.

④ 我以为他已经不记得我了。[Wǒ yǐwéi tā yǐjīng bú jìde wǒ le]
I thought he didn't remember me.

⑤ 他以为我生他的气了。[Tā yǐwéi wǒ shēng tā de qì le]
He thought I was angry with him.

⑥ 我以为他们不可能知道这件事。
[Wǒ yǐwéi tāmen bù kěnéng zhīdào zhè jiàn shì]
I thought they couldn't have known about this thing.

⑦ 今天下雨,我以为你不会来这儿了。
[Jīntiān xiàyǔ, wǒ yǐwéi nǐ bú huì lái zhèr le]
It's raining today, I thought you wouldn't be here.

Quiz

I. Pronunciation.

1. Please choose the initials or finals you heard.

1) A. zhèyàng B. zěnyàng

2) A. diàntī B. diǎndī
3) A. nàyàng B. nǎyàng
4) A. rènwéi B. rénwéi
5) A. wěidù B. wēndù
6) A. yǐwéi B. yíwèi

2. Please choose the Pinyin you heard.

1) A. zhè ge hǎo ma B. zhè ge hàomǎ
2) A. nǎ yàng bǐjiào hǎo B. nàyàng bǐjiào hǎo
3) A. zuò diàntī kuài yìdiǎn B. zǒu lóutī kuài yìdiǎn
4) A. dàxiàng zhèyàng zǒu B. tā xiǎng zhèyàng zuò
5) A. diàntī bú tài hǎo B. diàndǐ bú tài hǎo
6) A. wǒ rènwéi tā bù lái B. wǒ rènwéi tā bù lǎn

II. Form sentences.

1. wǒmen (1) zuò (2) ba (3) diàntī (4) yìqǐ (5)

____

2. rènwéi (1) fēicháng (2) wǒ (3) tā (4) de (5) zuò (6) hǎo (7)

____

3. bú (1) rènwéi (2) wǒ (3) zhèyàng (4)

____

4. zhīdào (1) wǒ (2) rènwéi (3) tā (4) bù (5)

____

5. bǐjiào (1) juéde (2) nàyàng (3) wǒ (4) hǎo (5) shuō (6)

____

6. | céng | zài | diàntī | tíng | shí | dì |
|---|---|---|---|---|---|
| 1 | 2 | 3 | 4 | 5 | 6 |

____

III. Please translate the following sentences into Chinese.

1. The elevator was broken, what should I do?

____

2. I don't think it will rain tomorrow.

____

3. It is not convenient to do it like this.

____

4. He thinks I don't believe him.

____

5. This elevator cannot go to the 18th floor.

____

6. He will be very angry if you do that.

____

I Don't Dare to Eat It

Welcome to Elementary Level Nine, Lesson Fifteen of our ***ChineseAny*** podcast series teaching Chinese. Today we will learn three new words: two verbs and one noun. Let's look at them now.

The 1st new word is "*gǎn* 敢".

"*gǎn* 敢" is a verb, it means "to dare". You may add a verb after it to indicate "dare to do something".

敢
[gǎn]
to dare verb

The negative structure of "*gǎn* 敢" is "*bù gǎn* 不敢", which we use in present tense or future tense and "*méi gǎn* 没敢" is used in past tense.

Let's see some examples:

- 晚上我不敢一个人在家。[Wǎnshang wǒ bù gǎn yí gè rén zài jiā]
  I don't dare to stay at home alone in the evening.
- 我没敢告诉她这件事。[Wǒ méi gǎn gàosu tā zhè jiàn shì]
  I did not dare to tell her this matter.
- 我不敢在中国开车。[Wǒ bù gǎn zài Zhōngguó kāi chē]
  I don't dare to drive in China.
- A: 你敢参加这个比赛吗? [Nǐ gǎn cānjiā zhè ge bǐsài ma]
  A: Do you dare to attend this match?
  B: 敢。[Gǎn]

B: Yes, I do.

- 他是一个敢想,敢说,敢做的人。
  [Tā shì yí gè gǎn xiǎng, gǎn shuō, gǎn zuò de rén]
  He is a person who dares to think, dares to speak, and dares to act.
- 他自己不敢做那样的决定。
  [Tā zìjǐn bù gǎn zuò nà yàng de juédìng]
  He doesn't dare to make that decision.
- 因为我怕妈妈担心,所以没敢让她知道。
  [Yīnwèi wǒ pà māma dānxīn, suǒyǐ wǒ méi gǎn ràng tā zhīdào]
  Because I was afraid my mother would be worried, I did not dare to let her know.

OK, let's move to the 2nd word "*gǒu 狗*".
"*gǒu 狗*" is a noun, and it means "dog".

The measure word of it is "*tiáo 条*". "one dog" "*yì tiáo gǒu 一条狗*".

Let's see some sentences:

- 你喜欢狗吗? [Nǐ xǐhuan gǒu ma]
  Do you like dog?
- 他家有狗,我不敢去。[Tā jiā yǒu gǒu, wǒ bù gǎn qù]
  I don't dare to go to his house because of his dog.
- 他的行李箱里有一条狗。[Tā de xíngli xiāng lǐ yǒu yì tiáo gǒu]
  There is a dog in his luggage case.
- 在中国很多人不吃狗肉。
  [Zài Zhōngguó hěn duō rén bù chī gǒu ròu]
  Many people do not eat dog in China.

- 那条狗又漂亮又聪明。[Nà tiáo gǒu yòu piàoliang yòu cōngming]
  That dog is pretty and smart.
- 我家的狗每天都爱睡懒觉。
  [Wǒ jiā de gǒu měitiān dōu ài shuì lǎnjiào]
  My dog loves to lie-in everyday.
- 我的狗病了,我得给它吃药。
  [Wǒ de gǒu bìng le, wǒ děi gěi tā chī yào]
  My dog is sick, and I have to give him medicine.

Today's 3rd vocabulary "*zhàogù 照顾*". "*zhàogù 照顾*" is a verb, it means "to take care".

照顾
[zhàogù]
to take care verb

Let's see some sentences:

- 我去出差的时候,你可以帮我照顾我的狗吗?
  [Wǒ qù chūchāi de shíhou, nǐ kěyǐ bāng wǒ zhàogù wǒ de gǒu ma]
  Can you help me to take care of my dog during my business trip?
- 照顾人不是一件简单的事。
  [Zhàogù rén bú shì yí jiàn jiǎndān de shì]
  It is not easy to take care of someone.
- 以后我要照顾我的家人。[Yǐhòu wǒ yào zhàogù wǒ de jiārén]
  I will take care of my family in the future.
- 你一定要照顾好自己。[Nǐ yídìng yào zhàogù hǎo zìjǐ]
  You should take care of yourself definitely.
- 如果你去工作,谁帮你照顾儿子?
  [Rúguǒ nǐ qù gōngzuò, shuí bāng nǐ zhàogù érzi]
  If you go to work, who helps you to take care of your son?
- 他已经长大了,可以照顾自己了。

[Tā yǐjīng zhǎngdà le, kěyǐ zhàogù zìjǐ le]
He is old enough to take care of himself.

- 孩子们被她照顾得很好。[Háizi men bèi tā zhàogù de hěn hǎo]
  The children were taken good care of by her.

Great, let's do some exercises to review what we learned today.

- 我不敢用冷水洗澡。
  [Wǒ bù gǎn yòng lěngshuǐ xǐzǎo]
  I don't dare to take shower in cold water.
- 那条狗跑得太快了。
  [Nà tiáo gǒu pǎo de tài kuài le]
  That dog runs too fast.

- 他们把我的朋友照顾得很好。
  [Tāmen bǎ wǒ de péngyou zhàogù de hěn hǎo]
  They took good care of my friend.
- 我不敢吃狗肉。
  [Wǒ bù gǎn chī gǒu ròu]
  I do not dare to eat dog.

- 我不敢相信这是真的。
  [Wǒ bù gǎn xiāngxìn zhè shì zhēn de]
  I can't believe this is true.
- 狗不能被带到商店里面。
  [Gǒu bù néng bèi dài dào shāngdiàn lǐmian]
  Dogs are not allowed to go into the shop.

- 她主要的工作就是照顾孩子。
  [Tā zhǔyào de gōngzuò jiù shì zhàogù háizi]
  Her main job is to take care of the children.

- 她有很多病人需要照顾。
  [Tā yǒu hěn duō bìngrén xūyào zhàogù]
  She has many patients to take care of.

Great, so that wraps up today's lesson. Congratulations, you have finished the learning of level Eight. Hope you have learned something helpful. Download our app to access our Chinese lessons. Remember, you can learn Chinese anywhere, anytime with ***ChineseAny***.

Word List

Main Vocabulary		
敢[gǎn] to dare	狗[gǒu] dog	照顾[zhàogù] to take care

Notes

The verb "敢[gǎn]"
"敢[gǎn]" + verb: dare to do sth.
The negative form is "不敢[bù gǎn]" or "没敢[méi gǎn]".
"不敢[bù gǎn]" is used in present tense or future tense.
"没敢[méi gǎn]" is used in past tense.
E.g. ① 因为我怕胖，所以我不敢吃得太多。

[Yīnwèi wǒ pà pàng, suǒyǐ wǒ bù gǎn chī de tài duō]
Because I'm afraid of fat, I don't dare to eat too much.

② 孩子做错了事情,不敢告诉他的爸爸。
[Háizi zuò cuò le shìqing, bù gǎn gàosu tā de bàba]
The child did something wrong, so he did not dare to tell his father.

③ 我没敢那样想。[Wǒ méi gǎn nàyàng xiǎng]
I did not dare to think that way.

④ 外面太黑了,我一个人不敢回家。
[Wàimian tài hēi le, wǒ yí gè rén bù gǎn huí jiā]
It's too dark outside, and I'm afraid to go home by myself.

⑤ 他敢这样做,他不怕被别人笑话。
[Tā gǎn zhèyàng zuò, tā bú pà bèi biérén xiàohuà]
He dares to do like this, and he's not afraid to be laughed at by others.

Quiz

I. Pronunciation.

1. Please choose the initials or finals you heard.

1) A. yìwài　　B. yǐwéi
2) A. qítā　　B. qípā
3) A. xiǎo gǒu　　B. xiǎo kǒu
4) A. bú gàn　　B. bù gǎn
5) A. chǎogǔ　　B. zhàogù
6) A. dà gǒu　　B. dài gòu

2. Please choose the Pinyin you heard.

1) A. nǐ gǎn zuò ma　　B. nǐ gǎn zhuō ma

2) A. yì tiáo xiǎo gǒu　　B. yì tiáo shuǐgōu
3) A. duō chī shūcài　　B. duō chī sùcài
4) A. zhàogù hé jiānguǎn　　B. zhàogù hé kānguǎn
5) A. nǐ bù gǎn ma　　B. nǐ bú gàn ma
6) A. nàr yǒu tiáo gǒu　　B. nàr yǒu tiáo gōu

II. Form sentences.

1.

gàosu	nǐ	ma	gǎn	tā
1	2	3	4	5

____

2.

yǒu	tiáo	sān	xiǎo	tā	jiā	gǒu
1	2	3	4	5	6	7

____

3.

zhàogù	tā	nǐ	yào	yídìng	hǎo
1	2	3	4	5	6

____

4.

men	hěn	duì	péngyou	wǒ	zhàogù
1	2	3	4	5	6

____

5.

gǎn	qù	bù	wǒ	nàlǐ	zìjǐ
1	2	3	4	5	6

____

6.

méi	huídá	tā	lǎoshī	de	gǎn	wèntí
1	2	3	4	5	6	7

____

III. Please translate the following sentences into Chinese.

1. I am too afraid that I don't dare to do this.

____

2. This dog is smart and cute.

____

3. I like my dog so much.

____

4. No one dares to do that thing except him.

____

5. Can you help me to take care of my dog?

____

6. Thank you for taking care of my children.

____

She Had a Big Influence on Me

Welcome to Elementary Level Nine, Lesson Sixteen of our ***ChineseAny*** podcast series teaching Chinese. Today we will learn three new words: two verbs and one measure word. Let's look at them now.

The 1st new word is "*duàn 段*".

段
[duàn]
a part of ...
measure word

"*duàn 段*" is a measure word, which means "one part or period of the longer things".

Let's learn some nouns which we may use to match "*duàn 段*". "*yí duàn shíjiān 一段时间*", one period of time. "*yí duàn lù 一段路*", one part of road. "*yí duàn huà 一段话*", one paragraph of words. We can also put "this or that" in front of "*duàn 段*".

For example:
这段时间 [zhè duàn shíjiān]
this period of time
那段路 [nà duàn lù]
that part of road

Let's see some examples:

- 这段时间我太忙了。[Zhè duàn shíjiān wǒ tài máng le]

I was too busy during this period.

- 这段时间他没来看我。[Zhè duàn shíjiān tā méi lái kàn wǒ]
  He didn't visit me during this period of time.
- 因为那段路非常难走，所以我们迟到了。
  [Yīnwèi nà duàn lù fēicháng nán zǒu, suǒyǐ wǒmen chídào le]
  We are late because that part of road is extremely hard to walk.
- 你明白那段话的意思吗？[Nǐ míngbai nà duàn huà de yìsi ma]
  Do you understand the meaning of that paragraph?
- 在中国的这段时间我学习了很多。
  [Zài Zhōngguó de zhè duàn shíjiān wǒ xuéxí le hěn duō]
  I learned a lot during this period of time in China.

OK, let's move to the 2nd new word "*yǐngxiǎng 影响*". "*yǐngxiǎng 影响*" can be a verb, and it means "to influence, to affect". Also can be a noun, which means "influence".

影响
[yǐngxiǎng]

influence	noun
to influence	verb

Let's look at some sentences (as a verb):

- 我们不要影响他们表演节目。
  [Wǒmen búyào yǐngxiǎng tāmen biǎoyǎn jiémù]
  We don't influence their performance.
- 喝咖啡会影响我睡觉。[Hē kāfēi huì yǐngxiǎng wǒ shuìjiào]
  Drinking coffee will affect my sleeping.
- 他的习惯常常影响我。[Tā de xíguàn chángcháng yǐngxiǎng wǒ]
  His habit will influence me often.

As a noun, we need to remember two useful formats.

① A + *duì 对* + B + *yǒu 有 yǐngxiǎng 影响* which means "A has

influence on B".

For example：

- 病对他的身体有很大的影响。
  [Bìng duì tā de shēntǐ yǒu hěn dà yǐngxiǎng]
  The disease has a big influence to his heath.
- 下雨对我们没有影响。[Xià yǔ duì wǒmen méiyǒu yǐngxiǎng]
  The rain does not influence us.
- 我觉得质量对价格一定有影响。
  [Wǒ juéde zhìliàng duì jiàgé yídìng yǒu yǐngxiǎng]
  I think quality must have influence of price.

② A + *duì 对* + B + *de yǐngxiǎng 的影响 + adj.* The adjective here normally would be big, "*dà 大*" or deep.

For example：

- 老师对我的影响很大。[Lǎoshī duì wǒ de yǐngxiǎng hěn dà]
  The teacher gives me a big influence.
- 这件事对我们公司的影响不太大。
  [Zhè jiàn shì duì wǒmen gōngsī de yǐngxiǎng bú tài dà]
  This matter didn't influence our company much.

OK, let's finish the 3rd vocabulary "*pá shān 爬山*". "*pá shān 爬山*" is a verb, which means "to climb the mountain". It is a separable verb. "*pá 爬*" it is a verb, it means "to climb". "*shān 山*" it is a noun, which means "mountain".

> 爬山
> [pá shān]
> to climb the mountain　verb

Let's see some sentences：

- 这个周末我们一起去爬山吧。

[Zhè ge zhōumò wǒmen yìqǐ qù pá shān ba]
Let's go to climb mountain together this weekend.

- 他们一个星期爬几次山? [Tāmen yí gè xīngqī pá jǐ cì shān]
  How many times do they climb the Mountain per week?
- 杭州有很多山可以爬。[Hángzhōu yǒu hěn duō shān kěyǐ pá]
  There are a lot of mountains we can climb in Hangzhou.
- 那个孩子已经会爬了。[Nà ge háizi yǐjīng huì pá le]
  That kid can climb already.
- 今天电梯坏了,我们爬了十七层楼,累极了。
  [Jīntiān diàntī huài le, wǒmen pá le shíqī céng lóu, lèi jíle]
  Today the lift is broken, so we climb seventeen floors, and it is too tired.

Great, let's do some exercises to review what we learned today.

- 那段时间谁在办公室?
  [Nà duàn shíjiān shéi zài bàngōngshì]
  Who is in the office at that period of that time?
- 他们已经爬完山了。
  [Tāmen yǐjīng pá wán shān le]
  They already finish climbing.

- 他的一段话影响了我。
  [Tā de yí duàn huà yǐngxiǎng le wǒ]
  His words influenced me.
- 有一段时间,他很喜欢爬山。
  [Yǒu yí duàn shíjiān, tā hěn xǐhuan pá shān]
  He likes climbing mountains so much during a period of time.

- 酒对身体的影响很大。
  [Jiǔ duì shēntǐ de yǐngxiǎng hěn dà]
  The influence of alcohol is very deep to the health.

- 他选择的那段路，堵车很严重，所以现在还没有到。
  [Tā xuǎnzé de nà duàn lù，dǔchē hěn yánzhòng，suǒyǐ xiànzài hái méiyǒu dào]
  He chose that part of road on which traffic jam is very serious, so he hasn't arrived now.

Great, so that wraps up today's lesson. Congratulations, you have finished the learning of level Eight. Hope you have learned something helpful. Download our app to access our Chinese lessons. Remember, you can learn Chinese anywhere, anytime with ***ChineseAny***.

Word List

Main Vocabulary		
段[duàn] A part of ...	影响[yǐngxiǎng] Influence, to influence	爬山[pá shān] climb
Additional Vocabulary		
爬[pá] climb	山[shān] mountain	

Notes

1. A + 对[duì] **+ B + 有**[yǒu] **影响**[yǐngxiǎng]

E.g. ① 天气对这次比赛有很大影响。

[Tiānqì duì zhè cì bǐsài yǒu hěn dà yǐngxiǎng]
The weather has big effect on the match.
② 我的朋友们对我有一些影响。
[Wǒ de péngyou men duì wǒ yǒu yì xiē yǐngxiǎng]
My friends have some effects on me.
③ 这件事对我没有影响,请不要担心。
[Zhè jiàn shì duì wǒ méiyǒu yǐngxiǎng, qǐng búyào dānxīn]
This thing didn't affect me, please don't worry.

2. A + 对[duì] + B + 的[de]影响[yǐngxiǎng] + adj.

E.g. ① 我没想过这件事对他的影响那么大。
[Wǒ méi xiǎng guo zhè jiàn shì duì tā de yǐngxiǎng nàme dà]
I didn't think this thing has such a big effect on him.
② 看起来我说的话对他的影响不太大。
[Kàn qǐlai wǒ shuō de huà duì tā de yǐngxiǎng bú tài dà]
It looks like my word didn't affect him too much.
③ 这次去上海工作的机会对我朋友的影响非常大。
[Zhè cì qù Shànghǎi gōngzuò de jīhuì duì wǒ péngyou de yǐngxiǎng fēicháng dà]
This opportunity to work in Shanghai influenced my friend a lot.

Quiz

I. Pronunciation.

1. Please choose the initials or finals you heard.

1) A. yǐngxiàng B. yǐngxiǎng
2) A. jìjié B. qìjié
3) A. yí duàn B. yì tuán

4) A. pà shài　　B. pá shān
5) A. sì duàn　　B. shí duàn
6) A. qíshí　　B. jíshì

2. Please choose the Pinyin you heard.
1) A. sì duàn diànyǐng　　B. shí duàn diànyǐng
2) A. yào yǐngxiǎng dào tā　　B. yòu yǐngxiǎng dào tā
3) A. zhè ge shíduàn　　B. zhè ge shìduān
4) A. zhè ge yīnxiǎng bù hǎo　　B. zhè ge yǐngxiǎng bù hǎo
5) A. búyào pá le　　B. búyào pà le
6) A. duì tā yìnxiàng hěn shēn　　B. duì tā yǐngxiǎng hěn shēn

II. Form sentences.

1. wǒ (1)　tā (2)　de (3)　duì (4)　yǐngxiǎng (5)　hěn (6)　dà (7)

____

2. àihào (1)　wǒ (2)　pá shān (3)　shì (4)　de (5)

____

3. chúle (1)　hái (2)　nǐ (3)　xǐhuan (4)　shénme (5)　pá shān (6)

____

4. zhè (1)　wǒmen (2)　duàn (3)　hěn (4)　dōu (5)　shíjiān (6)　máng (7)

____

5. duì (1)　zhìliàng (2)　yǒu (3)　jiàgé (4)　yǐngxiǎng (5)

____

6. zhè (1)　huà (2)　duàn (3)　shì (4)　yìsi (5)　shénme (6)

____

III. Please translate the following sentences into Chinese.

1. It affects the health to drink wine too much.

____

2. This part of road is not easy to walk.

____

3. The elevator was broken, we need to climb to 12 floor.

____

4. My friends have a big influence of me.

____

5. I didn't understand the words of that paragraph.

____

6. They climb mountain twice a month.

____

Do They Agree

Welcome to Elementary Level Nine, Lesson Seventeen of our ***ChineseAny*** podcast series teaching Chinese. Today we will learn three new words: one verb, one noun and one auxiliary word. Let's look at them now.

The 1st new word is "*tóngyì 同意*".

同意

[tóngyì]

to agree verb

"*tóngyì 同意*" is verb, it means "to agree". "*tóng 同*" is an adverb, which means "the same". "*yì 意*" is a noun, and the meaning is "mind". Having the same mind, we say that "*tóngyì 同意*" in Chinese.

You may use adverb before it to describe the degree of "*tóngyì 同意*".

For example:

- 他不同意叫外卖。[Tā bù tóngyì jiào wàimài]
  He does not agree to call the delivery.
- 经理同意你来中国工作了。
  [Jīnglǐ tóngyì nǐ lái Zhōngguó gōngzuò le]
  The manager agreed that you may come to China for work.
- 妈妈同意我去看比赛了。[Māma tóngyì wǒ qù kàn bǐsài le]
  Mom agreed that I can go to watch that match.

- 虽然他不同意,但是我已经决定离开了。
  [Suīrán tā bù tóngyì, dànshì wǒ yǐjīng juédìng líkāi le]
  Although he doesn't agree, I have already decided to leave.
- 大家商量以后,都同意了他的这个决定。
  [Dàjiā shāngliang yǐhòu, dōu tóngyì le tā de zhè ge juédìng]
  After discussion, everyone agrees his decision.

同事
[tóngshì]
colleague noun

OK, let's move to the 2nd new word "*tóngshì 同事*". "*tóngshì 同事*" is a noun, it means "colleague". "*tóng 同*" means "the same", and "*shì 事*" means "matter", The people who do the same work with you together, that would be your colleague. After this way, you may also make a new vocabulary, "classmate", and the people who study with you together. That is "*tóngxué 同学*".

Great, let's use them to make some sentences:

- 我的同事都会说英语。[Wǒ de tóngshì dōu huì shuō Yīngyǔ]
  All my colleagues can speak English.
- 我昨天就和同事商量好了。
  [Wǒ zuótiān jiù hé tóngshì shāngliang hǎo le]
  I have already discussed with colleague well yesterday.
- 我向大家介绍一下我们的新同事。
  [Wǒ xiàng dàjiā jièshào yíxià wǒmen de xīn tóngshì]
  Let me introduce our new colleague.
- 他是我以前的同事。[Tā shì wǒ yǐqián de tóngshì]
  He is my former colleague.
- 刚来中国的时候,我不会说汉语,我的同事们帮了我很多。
  [Gāng lái Zhōngguó de shíhou, wǒ bú huì shuō Hànyǔ, wǒ de

tóngshì men bāng le wǒ hěn duō]

When I just came to China, I didn't know how to speak Chinese, my colleagues help me a lot.

- 这个周末我的大学同学要来上海旅游。

  [Zhè ge zhōumò wǒ de dàxué tóngxué yào lái Shànghǎi lǚyóu]

  My college classmate will come to Shanghai for travel this weekend.

OK, let's finish the 3rd vocabulary "*… dehuà ……的话*". "*… dehuà ……的话*" is an auxiliary word, it means "if".

Normally we use it with "*rúguǒ 如果*" to make a sentence structure to express the meaning of "if", say "*rúguǒ 如果……dehuà 的话*". But in oral language, you may just choose any one of them.

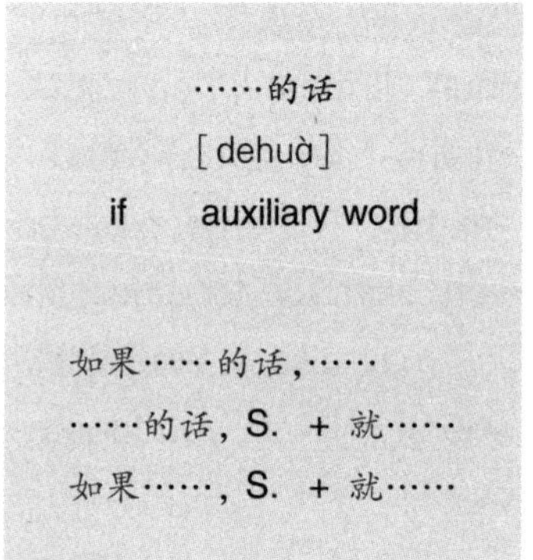

Let's see some sentences:

- 如果质量有问题的话，我可以换吗？

  [Rúguǒ zhìliàng yǒu wèntí dehuà, wǒ kěyǐ huàn ma]

  If there is something wrong with the quality, can I change it?

- 下雨的话，我们就坐出租车去。

  [Xià yǔ dehuà, wǒmen jiù zuò chūzūchē qù]

  If it rains, we will go by taxi.

- 考虑好了的话，就告诉我。[Kǎolǜ hǎo le dehuà, jiù gàosu wǒ]

  After you consider it well, please just tell me.

- 你不知道的话，可以打电话或者发邮件问我。

  [Nǐ bù zhīdào dehuà, kěyǐ dǎ diànhuà huòzhě fā yóujiàn wèn wǒ]

If you don't know, you can call me or send E-mail to me.

- 你对这个比赛感兴趣的话,也可以参加。
  [Nǐ duì zhè ge bǐsài gǎn xìngqù dehuà, yě kěyǐ cānjiā]
  If you are interested in this match, you can join.
- 如果你不高兴,我可以给你讲一个笑话。
  [Rúguǒ nǐ bù gāoxìng, wǒ kěyǐ gěi nǐ jiǎng yí gè xiàohuà]
  If you are unhappy, I can tell you a joke.

Great, let's do some exercises to review what we learned today.

- 他不同意这个价格。
  [Tā bù tóngyì zhè ge jiàgé]
  He does not agree on this price.
- 同事们都到了。
  [Tóngshì men dōu dào le]
  Colleagues are all arrived.

- 坐飞机的话,更快一点。
  [Zuò fēijī dehuà, gèng kuài yìdiǎn]
  If we take the plane, it will be a little faster.
- 没有肉的话,点鱼也可以。
  [Méiyǒu ròu dehuà, diǎn yú yě kěyǐ]
  If there is no meat, you can order the fish.

- 虽然你说没有问题,但是我还是不能同意。
  [Suīrán nǐ shuō de méiyǒu wèntí, dànshì wǒ háishi bù néng tóngyì]
  Although what you said is no problem, I still cannot agree.

- 以前我们是同学,现在我们是同事。
  [Yǐqián wǒmen shì tóngxué, xiànzài wǒmen shì tóngshì]
  We were classmates before, now we are colleagues.

Great, so that wraps up today's lesson. Congratulations, you have finished the learning of level Eight. Hope you have learned something helpful. Download our app to access our Chinese lessons. Remember, you can learn Chinese anywhere, anytime with ***ChineseAny***.

Word List

Main Vocabulary		
同意[tóngyì] to agree	同事[tóngshì] colleague	的话[dehuà] if
Additional Vocabulary		
同学[tóngxué] classmate		

Notes

……**的话**[dehuà]……: **if**

E. g. ① 你不忙的话,可以来帮忙吗?
[Nǐ bù máng dehuà, kěyǐ lái bāngmáng ma]
Can you help me if you are not busy?

② 你真的不喜欢这个工作的话,就不要做了。

[Nǐ zhēnde bù xǐhuan zhè ge gōngzuò dehuà, jiù bú yào zuò le]

If you really don't like this job, don't do it.

③ 下雨的话,我们今天就不去爬山了。

[Xià yǔ dehuà, wǒmen jīntiān jiù bú qù pá shān le]

If it is raining, we don't go to climb the mountain today.

④ 你喜欢这件衣服的话,就试试吧。

[Nǐ xǐhuan zhè jiàn yīfu dehuà, jiù shìshi ba]

If you like this clothes, try it.

Quiz

I. Pronunciation.

1. Please choose the initials or finals you heard.

	A.	B.
1)	tǒngyī	tóngyì
2)	shìqing	shíqíng
3)	tóngshì	dǒngshì
4)	tóngxié	tóngxué
5)	dàsuàn	dǎsuàn
6)	dàjiā	dǎjià

2. Please choose the Pinyin you heard.

	A.	B.
1)	kǎoshì dehuà	kāishǐ dehuà
2)	tāmen yǒu tóngxué	tāmen yǒu tóngqù
3)	tóngyì zhè jiàn shìqing	chóngyì zhè jiàn shìqing
4)	hái méi tóngyì	hái méi tǒngyī
5)	tóngshì qù de	tóngshí qǔdé
6)	bú shì nà ge	bù chī nà ge

II. Form sentences.

1. shì (1)　de (2)　tā (3)　dàxué (4)　tóngxué (5)　wǒ (6)

____

2. pá (1)　xià yǔ (2)　wǒ (3)　dehuà (4)　qù (5)　bú (6)　shān (7)

____

3. tāmen (1)　tóngyì (2)　wǒ (3)　bù (4)　jiéhūn (5)

____

4. zhèyàng (1)　ma (2)　tóngyì (3)　tāmen (4)　zuò (5)

____

5. xīn (1)　zhè (2)　de (3)　wǒ (4)　shì (5)　tóngshì (6)

____

6. cānjiā (1)　tā (2)　tóngyì (3)　méiyǒu (4)　hái (5)　bǐsài (6)

____

III. Please translate the following sentences into Chinese.

1. If you don't agree, you can tell me.

____

2. I want to have lunch with my colleagues today.

____

3. Actually I didn't agree that thing.

____

4. If you want to improve your Chinese, you need to exercise more.

____

5. If you don't understand, you can ask me.

____

6. Some of my classmates are Chinese, some are American.

____

I Want to ...

Welcome to Elementary Level Nine, Lesson Eighteen of our ***ChineseAny*** podcast series teaching Chinese. Today we will learn three new words: one verb, one adverb and one noun. Let's look at them now.

The 1st new word is "*duō* 多".

We learned "*duō* 多", before it means "many", "*duō* 多" has many meanings in Chinese. Today we learn "*duō* 多" is an adverb, it means "how or what".

> 多
> [duō]
> how, what　　adverb

But it is not the interrogative sentence, it is the exclamatory sentence. We can use "*duō* 多" before the adjective.

> S. + 多 + adj + 啊!
> 　　[duō]　　　[ā]

Let's see some examples:

- 那个孩子多聪明啊! [Nà ge háizi duō cōngming a]
  How clever that child is!
- 你的女朋友多漂亮啊! [Nǐ de nǚ péngyou duō piàoliang a]
  How beautiful your girlfriend is!
- 那次的比赛多有意思啊! [Nà cì de bǐsài duō yǒuyìsi a]

How interesting that match is!

- 上海中心多高啊!
  [Shànghǎi Zhōngxīn duō gāo a]
  How high the Shanghai Center is!
- 今天天气多好啊！他为什么不一起来爬山。
  [Jīntiān tiānqì duō hǎo a! tā wèi shénme bú yìqǐ lái pá shān]
  How nice weather today is! Why didn't he come to climb mountain together.

Let's see the difference among "*zěnme 怎么*", "*nàme 那么*" and "*zhème 这么*".

"*zěnme 怎么+verb* " means "how to do".

"*zhème 这么+adjective* ", means "such".

"*nàme 那么+adjective* ", means "such".

"*zěnme 怎么 +zhème 这么/nàme 那么* +adjective", means "how such".

Let's see more sentences:

- 请问,这个用汉语怎么说?
  [Qǐng wèn, zhè ge yòng Hànyǔ zěnme shuō]
  Excuse me, how to say this in Chinese?
- 你要考虑这么长时间。[Nǐ yào kǎlǜ zhème cháng shíjiān]
  You need such a long time to consider it.
- 他怎么演得这么好? [Tā zěnme yǎn de zhème hǎo]
  How does he play so well?
- 你原来的工作那么好,为什么要换新的?
  [Nǐ yuánlái de gōngzuò nàme hǎo,wèi shénme yào huàn xīn de]
  You former job is really good. Why do you want to change a new one?

OK, let's move to the 2nd word "*Pǔtōnghuà 普通话*". "*Pǔtōnghuà 普通话*" is a noun, and it means "Mandarin". "*pǔtōng 普通*" it is an adjective, which means "common". "*huà 话*" means "word". "*Pǔtōnghuà 普通话*" common word.

普通话
[Pǔtōnghuà]
Mandarin noun

Let's see some sentences:

- 我喜欢在网上学习普通话。
  [Wǒ xǐhuan zài wǎng shàng xuéxí Pǔtōnghuà]
  I like to learn Mandarin online.
- 在办公室我们只可以说普通话。
  [Zài bàngōngshì wǒmen zhǐ kěyǐ shuō Pǔtōnghuà]
  We only can speak Mandarin in the office.
- 他已经在中国工作三年了，普通话说得越来越好。
  [Tā yǐjīng zài Zhōngguó gōngzuò sān nián le, Pǔtōnghuà shuō de yuèláiyuè hǎo]
  He has been working in China for three years, now his Mandarin is getting better and better.
- 为了学习普通话，他在网上认识了一个中国朋友。
  [Wèile xuéxí Pǔtōnghuà, tā zài wǎng shang rènshi le yí gè Zhōngguó péngyou]
  He knows a Chinese friend online for learning Mandarin.
- 我们都是普通人。[Wǒmen dōu shì pǔtōng rén]
  We are the common people.
- 我们只是普通朋友。[Wǒmen zhǐ shì pǔtōng péngyou]
  We are only the common friends.

关心
[guānxīn]
to be concerned with verb

OK, let's finish the 3rd vocabulary "*guānxīn 关心*". "*guānxīn 关心*" is a verb, it means "be concerned with". "*guān 关*" it is a verb, which means "to close". "*xīn 心*" it is a noun, and it means "heart". If you close something or somebody to your heart, you will be concerned with something or somebody.

Let's see some sentences:

- 现在你最关心什么? [Xiànzài nǐ zuì guānxīn shénme]
  What are you most concerned about now?
- 经理对这件事情不关心。
  [Jīnglǐ duì zhè jiàn shìqing bù guānxīn]
  Manager is not concerned with this matter.
- 看起来,他不太关心我们正在商量的事情。
  [Kàn qǐlai, tā bú tài guānxīn wǒmen zhèngzài shāngliang de shìqing]
  It seems that he doesn't care about what we are discussing.
- 我很关心他在中国生活得怎么样。
  [Wǒ hěn guānxīn tā zài Zhōngguó shēnghuó de zěnme yàng]
  I am really caring about his life in China.
- 她没关心过我。[Tā méi guānxīn guo wǒ]
  She has not concerned about me.
- 我们应该多关心关心她。
  [Wǒmen yīnggāi duō guānxīn guānxīn tā]
  We should care about her more.

Great, let's do some exercises to review what we learned today.

- 我不会说普通话。
  [Wǒ bú huì shuō Pǔtōnghuà]
  I cannot speak Mandarin.

- 时间过得多快啊！
  [Shíjiān guò de duō kuài a]
  How fast time flies!

- 我觉得这是一件很普通的事情，可是我的朋友特别生气。
  [Wǒ juéde zhè shì yí jiàn hěn pǔtōng de shìqing, kěshì wǒ de péngyou tèbié shēngqì]
  I think it is a really normal thing, but my friend is so angry.

- 地铁多方便啊！
  [Dìtiě duō fāngbiàn a]
  How convenient the subway is!

- 我不但关心他的身体，也关心他的工作和学习。
  [Wǒ búdàn guānxīn tā de shēntǐ, yě guānxīn tā de gōngzuò hé xuéxí]
  I care not only about his health, but also about his work and study.

Great, so that wraps up today's lesson. Congratulations, you have finished the learning of Level Eight. Hope you have learned something helpful. Download our app to access our Chinese lessons. Remember, you can learn Chinese anywhere, anytime with ***ChineseAny***.

Word List

Main Vocabulary		
多么[duōme] how, what	普通话[Pǔtōnghuà] Mandarin	关心[guānxīn] to be concerned with
Additional Vocabulary		
普通[pǔtōng] common	话[[huà] word	

Notes

S. +“多么[duōme]**” + adj + 啊**[a]!

E.g. ① 这个孩子长得多么可爱啊!

[Zhè ge háizi zhǎng de duōme kěài a]

How cute that kid is!

② 这里多么漂亮啊!

[Zhèlǐ duōme piàoliang a]

How pretty here is!

③ 那个超市的东西多么贵啊! 我们还是在网上买吧。

[Nà ge chāoshì de dōngxi duōme guì a! wǒmen háishi zài wǎng shàng mǎi ba]

How expensive that supermarket is! We should buy it online.

④ 周末和我们一起去健身房多么好啊!

[Zhōumò hé wǒmen yìqǐ qù jiànshēnfáng duōme hǎo a]

How great it is to go gym with us on weekend!

Quiz

I. Pronunciation.

1. Please choose the initials or finals you heard.

1) A. pǔtōng	B. bùtóng
2) A. guānxīn	B. huānxīn
3) A. yuànyì	B. yuányì
4) A. duōměi	B. duōme
5) A. xīwàng	B. shīwàng
6) A. sān wǎn	B. sān wàn

2. Please choose the Pinyin you heard.

1) A. guānxīn tā de shēnghuó	B. guānxīn tā de chéngguǒ
2) A. bù tóng de shìqing	B. pǔtōng de shìqing
3) A. duōme hǎo a	B. duōme gāo a
4) A. xiǎng xué Pǔtōnghuà	B. xiān xué Pǔtōnghuà
5) A. wǒ zhēn xīwàng	B. wǒ hěn shīwàng
6) A. hěn duō fángjiān	B. hěn duō fàndiàn

II. Form sentences.

1. duōme (1) wǒmen (2) xīwàng (3) tā (4) huì (5) lái (6)

____

2. xiànzài (1) xuéxí (2) Pǔtōnghuà (3) tāmen (4) yě (5) zài (6)

____

3. duōme (1) zhè (2) gǒu (3) tiáo (4) kě'ài (5) a (6)

____

4. duō (1) nǐ (2) háizi (3) guānxīn (4) yīnggāi (5) yíxià (6)

____

5. tiānqì (1) duōme (2) jīntiān (3) a (4) hǎo (5)

____

6. yòng (1) shuō (2) Hànyǔ (3) zhè ge (4) zěnme (5)

____

III. Please translate the following sentences into Chinese.

1. I don't care about his thing.

____

2. I care about my mother's health.

____

3. It is very common for me to work overtime.

____

4. He speaks Mandarin very well.

____

5. Everyone needs to speak Mandarin here.

____

6. How beautiful the picture is!

____